_____ 님의 소중한 미래를 위해
이 책을 드립니다.

나의 운을
알면 오르는
주식이 보인다

사주명리학으로 보는 나만의 맞춤 주식투자 전략

나의 운을
알면 오르는
주식이 보인다

양대천 지음

메이트북스

메이트북스 우리는 책이 독자를 위한 것임을 잊지 않는다.
우리는 독자의 꿈을 사랑하고,
그 꿈이 실현될 수 있는 도구를 세상에 내놓는다.

나의 운을 알면 오르는 주식이 보인다

초판 1쇄 발행 2024년 3월 5일 | **지은이** 양대천
펴낸곳 (주)원앤원콘텐츠그룹 | **펴낸이** 강현규·정영훈
편집 안정연·정은미·최주연 | **디자인** 최선희
마케팅 김형진·이선미·정채훈 | **경영지원** 최향숙
등록번호 제301-2006-001호 | **등록일자** 2013년 5월 24일
주소 04607 서울시 중구 다산로 139 랜더스빌딩 5층 | **전화** (02)2234-7117
팩스 (02)2234-1086 | **홈페이지** matebooks.co.kr | **이메일** khg0109@hanmail.net
값 21,500원 | **ISBN** 979-11-6002-428-9 (03320)

사업을 정확하게 판단하는 것과 동시에
무섭게 확산하는 시장 심리에 휩쓸리지 않을 때 성공할 것이다.

• 워런 버핏(기업인이자 주식투자자) •

주식을 사고파는 때를
사주명리가 알려준다

　세상만사 모든 일이 뜻대로 되지 않는 것이 더 많겠지만, 결국 실력을 갖추고 꾸준히 노력하면 언젠가는 결실을 보기 마련이다. 그렇지만 주식투자는 어떤가? 주식시장이라는 전쟁터에서 살아남기 위해서는 신기에 가까운 감각이 있어야 한다. 나름 실력을 갖출수록 시야가 확장되게 마련인데 도리어 그것 때문에 물리는 곳이 주식시장이기도 하다. 즉 실력이 좋아 시장을 정확하게 예측하고 적합한 기업을 골랐다고 하더라도 정작 주식투자로 수익을 내기는 결코 쉽지 않다.

　정말 뜻대로 안 되는 게 주식이다! 실력이 있고 행운이 따라 몇 번의 투자에 성공했다고 해서 앞으로 계속 잘할 수 있는 것도 아니다. 나의 실력과 지금까지의 성과만을 믿고 과감한 베팅을 하면 여지없이 큰 실패를 경험하기 마련이다. 실력이 있다고 해서 주식투자에 쉽게 성공할 수 있다면, 누구든지 실력만 쌓으면 돈을 벌 수 있다. 하지만 과연 주식시장이 그런가?

인간이라는 호모 사피엔스는 감정, 탐욕 그리고 공포로부터 자유롭기는커녕 오히려 그러한 감정들에 의존해 긴긴 역사로부터 생존해왔다. 호모 사피엔스는 불확실한 외부 환경에 직면했을 때 공포에 의한 조건반사적 행동을 보임으로써 그들의 생존 가능성을 높여왔다. 그래서 오늘날 우리 호모 사피엔스의 유전자 속에는 감정의 소용돌이에 과민 반응을 하는 메커니즘이 새겨져 있다.

즉 내가 아무리 뛰어난 실력을 갖췄더라도 나는 그저 호모 사피엔스의 족속일 뿐이다. 시장 변동에 내 감정은 소용돌이치고, 그러한 감정들은 내 실력이나 합리적 판단과 상관없이 남들이 무리 지어 움직이는 방향으로 합류하게 만든다. 과연 당신은 매번 비바람 몰아치는 주식시장에서 남들이 어디로 가는지 아랑곳하지 않고, 이성적 판단에 따라 실력껏 행동하게 될까? 결코 쉽지 않다.

현대의 주식시장은 사바나 평원과 다를 바 없다. 사바나 평원에서의 사냥법이 그대로 적용된다. 아무 때나 전속력으로 질주하는 것만이 능사가 아니다. 우선 당신은 무장을 정비하고 전투 수행 능력을 키워야 한다. 그리고 나서 먹이떼가 이동할 동선을 파악하고, 먹이떼가 나타날 때를 기다려야 한다. 먹이떼가 발견되면 특정 표적을 주시하며 그놈을 사냥할 때를 또다시 기다려야 한다. 그러다가 어느 순간 '확실한 때가 포착되었을 때' 먹이떼를 향해 전속력으로 뛰어들어야 한다.

즉 주식시장에서의 '먹느냐? 먹히느냐?' 싸움에서 살아남기 위해선 전투 수행 능력이라는 실력과 실전 경험을 갖춰야 하지만, 그것만으로는 부족하다. 실력과 실전 경험보다 더욱 중요한 것은 '표적을 공격할 때', 즉 '타이밍'을 포착할 수 있는 능력이다. 결론적으로 무엇보다 공격할 시기와 때를 포착하는 것이 긴요하다.

주식시장은 수많은 예측 불허의 변수들로 점철되어 있다. 우리가 인간으로서 예측할 수 있는 게 사실상 거의 없다. 누군가 무언가를 예측할 수 있다고 말한다면 그건 오만일 뿐이다!

모든 게 우리가 어쩔 수 없는 변수들로만 가득 차 있지만, 다행히도 우리가 순전히 선택할 수 있는 것이 단 한 가지 있다. 그건 우리가 '주식시장에 있는 먹이떼에 언제 뛰어드는가?'이다. 한마디로 공격 타이밍이 완전히 내 손에 달린 셈이다. 그 말은 주식투자에 있어 우리 스스로가 주식을 매수하고 매도하는 시기를 선택하고 결정할 수 있다는 것이다.

그렇다면 우리는 과연 어느 시기에 주식을 사고팔면 좋을까? 그건 동양에서 약 4천 년의 역사에 걸쳐 많은 시행착오를 겪으며 발전해온 '사주명리'가 그 진실을 알려줄 것이다.

사주명리와 관련해서 오해가 없어야 한다. 사주명리는 오늘날 과학이 밝혀낸 원리를 담고 있다. 놀라운 사실은, 수천 년 전에 태동했을 사주명리학이 오늘날 천문학에서 말하고 있는 '태양계의 구조 및 운행의 원리'를 이미 정확히 적용하고 있었다는 것이다.

다소 생뚱맞은 얘기를 해보자. 2022년 노벨 물리학상은 '양자얽힘 이론'을 실험적으로 검증했던 3명의 과학자들인 알랭 아스페, 존 클라우저, 안톤 차일링거에게 돌아갔다. 노벨위원회는 "이 과학자들은 얽힌 상태에 놓인 두 개의 양자가 분리되어 있어도 단일 단위처럼 행동할 것이라는 가설을 설정해 획기적인 실험을 수행했다. 이들의 연구 결과는 양자 정보를 기반으로 하는 새로운 기술의 길을 여는 데 기여했다"고 선정 이유를 밝혔다. 필자는 이 책을 통해 2022년 노벨 물리학상을 수상한 3명의 과학자가 입증하려고 했던 양자얽힘 이론이 사주명리 이론의 주장과 별반 다를 것이 없다는 것을 설명할 것이다. (궁금한 독자는 제2부 1장을 먼저 읽어보길 바란다.)

다시 주식 이야기로 돌아오자. 우리가 특정 주식의 주가가 얼마에서 얼마까지 오를지 그 가격 변동을 정확히 예측하는 것은 사실상 불가능하다. 함부로 주가를 정확히 맞추려 하기보다는, 겸허히 나의 운에 맞는 시기에 주식투자를 함이 우리가 할 수 있는 최선일 것이다. 사주명리를 통해 주식운을 본다는 것은 '내가 언제 주식을 매매하는 것이 좋은지' 그 시기를 알고자 하는 겸허한 노력이다.

이 책을 통해 필자가 제시하는 '주식운을 보는 지도'에 따라 나의 주식운을 찾아 같이 가보자. 주식투자자로서 사주명리에 접근하는 것은 쉽지 않겠지만, 필자의 손을 잡고 같이 가보면 생각보다 어렵지 않다는 것을 알게 될 것이다.

우리가 사주명리를 통해 '내가 언제 주식을 매매하는 것이 좋은지' 그 시기를 추론할 수 있게 되면, 그 이후에는 주식시장이라는 전쟁터에 들어가서 실제 싸움을 해야만 한다. 이러한 싸움에서 나의 운을 알고 있는 것은 분명 엄청난 도움이 되겠지만, 그것이 반드시 주식투자의 성공으로 이어지는 것은 아니다. 전제 조건이 반드시 필요하다.

그 전제 조건은 바로 시장과 기업에 대해 알아야 한다는 것이다! 다시 말해, 주식투자는 본질적으로 주식시장이라는 싸움터에 뛰어들어 기업에 투자하는 것이므로 현재의 시장을 이해하고 있어야 하며, 기업에 대한 팩트를 알고 있어야 한다.

필자는 행동회계학자로서 '우리 호모 사피엔스 족속이 왜 주식시장에 어울리지 않는지'를 역설하면서 '주식시장을 제대로 바라보는 눈'을 제시할 것이다. 또한 기업을 이해하기 위한 출발은 언제나 기업에 대한 팩트를 아는 것이며, 기업에 대한 모든 팩트는 바로 재무제표에 있음을 역설할 것이다.

주식시장에 참여하는 우리 모두는 실수와 실패를 되풀이한다. 안 되는 줄 알면서 '계란으로 바위 치기'를 반복한다. 우리는 누구나 감정적일 수밖에 없는 인간으로서 명백한 한계를 가지며, 우리가 행하는 많은 결정은 오류투성이일 수 있다. 문제는 이유조차 모른 채 이러한 오류를 계속 반복하는 것이다.

주식시장에서 더 이상의 반복적 오류를 범하지 않기 위해, 필자는 이 책을 통해 주식투자에 성공하기 위한 3대 법칙을 제시할 것이다. 단언컨대, 당신은 이 3대 법칙을 통해 주식 매매의 '시기'와 함께 주식이 거래되는 '주식시장'과 기업이 보여주는 '숫자'를 정확히 직시할 수 있게 될 것이다.

이 책에서 제시한, 반복적 오류를 범하지 않기 위한 주식투자의 3대 법칙은 다음과 같다.

반복적 오류를 범하지 않기 위한 주식투자의 3대 법칙

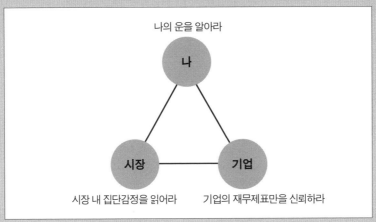

[제1법칙] 나의 운을 알아라
[제2법칙] 시장 내 집단감정을 읽어라
[제3법칙] 기업의 재무제표만을 신뢰하라

이 책은 불필요하게 난해하거나 모호한 것은 배제하고, 오직 주식 투자자가 오르는 주식을 잡아낼 수 있는 강력한 수단을 알려줄 것이다. 그래서 군더더기 없이 정말 쉽게 설명할 것이다. 그렇지만 주식 투자자가 꼭 알아야 할 내용에 대해서는 이 3대 법칙의 순으로 가능한 충실히 접근하고자 한다. 필자는 이 책을 통해 당신이 청룡검을 가진 강호의 진정한 고수가 되리라 믿어 의심치 않는다.

차례

제1부

나의 운을 모르면 주식투자하지 마라

───────────── 제4부 ─────────────

[주식투자의 제2법칙] 시장 내 집단감정을 읽어라

제5부

[주식투자의 제3법칙] 기업의 재무제표만을 신뢰하라

사바나 평원의 싸움터에서 사자가 사냥법이라는 실력을 갖추고 실전에 나섰을 때, 승패의 결정적인 요인은 '표적으로 달려드는 때'이다. 주식투자도 마찬가지다. 실력이 기본임은 말할 필요가 없고, 내가 실력을 갖췄다면 무엇보다 공격할 시기와 때를 포착하는 것이 중요하다.

제 **1** 부

나의 운을 모르면
주식투자하지 마라

1장

실력만 있으면
주식투자에
성공할까?

실력이 있다고 주식투자에 성공하는 것은 아니다

주식으로 돈 번다는 게 결코 쉽지 않다

제대로 된 주식투자자라면 실력을 갖추기 위해 많은 노력을 한다. 주식투자자가 실력을 쌓지 않고 투자를 하게 되면, 근거 없는 소문이나 막연한 감에 의존하므로 '묻지마 투자'가 되기 마련이다. 자신은 분명한 소신을 가지고 '묻지마 투자'를 강행하지만, 결국 처참한 결말만 직시하게 될 뿐이다.

그래서 합리적인 투자자라면 주식투자를 실행하기 이전에 실력을 쌓고자 한다. 각종 차트 분석이나 재무제표 분석 등 다양한 주식투자 방법론을 터득하고 익히고자 한다. 이후 뉴스나 정보 채널에서 발표되는 각종 지표와 자료 등을 통해 거시 경제, 관심 산업 및 기업에 대해서도 분석한다. 또한 유튜브, 증권 방송 등에 출연하는 증권

전문가들을 통해 많은 지식과 정보를 입수하며 이를 종합해 판단하기도 한다.

그렇지만 주식에 대한 실력은 단순히 방법론을 공부하면 나아지는 게 아니기 때문에 반드시 실전에서 충분한 경험을 쌓아야 한다. 순전히 경험만을 쌓기 위해 주식투자를 하는 사람은 사실상 없을 것이고, 금액이 크든 작든 일단 투자를 실행하면 돈을 벌기 위해 최선의 노력을 다할 것이다. 그러나 많은 사람들이 주식시장에 뛰어들어보고 뒤늦게 깨닫는 것은 '주식으로 돈 벌기가 그리 쉽지 않다'는 것이다.

🏔 확신을 갖고 예견해도 주가는 제멋대로다

당신이 실력도 충분히 갖추고, 어느 정도 경험도 쌓았다고 하자. 그러면 당신은 한 번쯤은 다음과 같은 경험들을 해보았을 것이다.

'내가 힘껏 고른 A주식을 큰맘 먹고 매수했는데, 매수한 이후에 주가가 크게 하락해 손절매를 했다. 그런데 안타깝게도 내가 손절매를 하자마자 A주식은 급등했다.'

'주식시장의 분위기가 좋지 않아 대부분의 주식들이 연일 하락했고, 이에 나는 우량주인 B주식의 주가가 충분히 싸졌다고 판단해 용기 있게 매수에 들어갔다. 이후 주식시장이 다소 안정을 찾는 듯하다가 갑자기 엄청 큰 사건이 터지면서 주식시장에 패닉이 왔다. 이에 투자자들은 주식들을 내던지다시피 했지만 나는 급락을 지켜보

며 차마 B주식을 팔 엄두조차 내지 못했다.'

'나는 미국의 C주식이 미래 전기차 시장을 장악할 것을 확신하며 조금씩 사모았다. 드디어 1천 달러를 돌파하자 이제 본격적으로 상승을 시작하리라는 확신이 들었고, 물리더라도 대물림할 각오로 모든 자금을 영끌해서 투자했다. 영끌한 자금의 이자는 월급에서 충당하기로 하고, 한 달 월급을 쪼개고 쪼개 자린고비 생활을 하기로 했다. 하지만 이후 C주식의 주가는 기대를 무참하게 저버린 채 반토막이 나버렸고, 나는 투자 원금을 회복하지 못한 상태에서 월급의 대부분이 값비싼 이자로 빠져나가 결국 가난에 허덕이며 컵밥으로 저녁 한 끼를 달래고 있다.'

'나는 평소 D주식을 주의 깊게 보고 있었는데 D주식의 일봉, 주봉, 월봉과 함께 보조 지표들이 너무나 완벽하게 앞으로의 급등을 예견하고 있어 매수를 감행했다. 때마침 바이오 신사업 진출이라는 뉴스 호재가 뜨고 이와 함께 주가가 출렁이며 급등하는 듯해 간만에 점심 식사를 푸짐하게 먹고 들어왔더니, 당일 오후 2시 이후 갑작스레 주가가 급락했고, 이어 연일 계속 급락을 거듭해 결국 내가 매수한 가격의 1/10이 되고 말았다.'

주식시장이라는 전쟁터에서 살아남기 위해서는 신기에 가까운 감각이 있어야 한다. 나름 실력을 갖출수록 보이는 것도 많아지지만 그것 때문에 도리어 물리는 곳이기도 하다. 즉 나의 실력이 좋아 시장 변동을 정확하게 예측하고 적합한 기업을 선택했더라도 정작 수익을 내기는 쉽지 않다.

실력이 있고 행운이 따라서 설령 몇 번의 투자에 성공했다고 해서, 앞으로 계속 잘할 수 있는 것도 아니다. 나의 실력과 지금까지의 성과만을 믿고 과감한 베팅을 하면 여지없이 큰 실패를 경험하기 마련이다.

실력이 있다고 해서 주식투자에 쉽게 성공할 수 있다면 누구든지 실력만 쌓으면 주식시장에서 돈을 벌 수 있다. 하지만 과연 주식시장이 그런가?

왜 실력만 가지고는
주식시장에서 안 통할까?

🔺 내 믿음과는 다르게 주식시장은 충동적일 뿐!

안타깝게도 투자 실력이 주식시장에서의 성공을 보장해주지는 않는다. 그건 왜 그럴까? 실력이 어느 정도 예측 가능한 결과로 이어지기 위해서는, 당신을 포함한 주식시장의 참여자가 합리적이어야 하고 이에 따라 주식시장이 효율적으로 잘 작동한다는 최소한의 전제가 우선되어야 한다.

잠시 경제학 분야에 대해 이야기해보자. 전통적으로 경제학은 '인간의 합리성과 시장의 효율성'을 가정해 학문을 발전시켜왔다. 2008년 말 미국 금융위기가 촉발된 이후 이러한 기본 가정에 문제가 있다는 직시와 반성을 통해 행동경제학(Behavioral Economics)이 급속도로 발전해 지금까지 수많은 노벨상 수상 경제학자를 배출하고 있다.

2017년 노벨 경제학상을 수상한 리처드 세일러(Richard Thaler) 미국 시카고대 교수는 '인간의 합리성과 시장의 효율성'이라는 가정을 신봉하는 전통 경제학자(Traditional Economist)를 비꼬며 한 경제학회에서 다음과 같은 발언을 한 적이 있다.

"당신과 나와의 차이는, 당신은 사람들이 당신만큼 영리하다고 믿는 것이고, 나는 사람들이 나만큼 어리석다고 믿는 것이다(The difference between us is that you assume people as smart, as you are, while I assume people as dumb, as I am)."

이렇듯 투자의 세계는 결코 합리적이거나 과학적이지 않다. 인간이라는 호모 사피엔스는 감정, 탐욕 그리고 공포로부터 자유롭기는커녕 오히려 그러한 감정들에 의존해 긴 역사로부터 생존해왔다. 인류 호모 사피엔스는 불확실한 외부 환경에 직면했을 때 공포에 의한 조건반사적 행동을 통해 그들의 생존 가능성을 높여왔다. 그래서 오늘날 우리 호모 사피엔스의 유전자 속에는 감정들의 소용돌이에 과민 반응을 하는 메커니즘이 새겨져 있다.

나는 지극히 감정적인 호모 사피엔스 족속일 뿐!

아무리 뛰어난 실력을 갖췄더라도 나는 그저 호모 사피엔스 족속일 뿐이다. 시장 변동에 내 감정은 소용돌이치고, 그러한 감정들은 나의 실력이나 합리적 판단과 상관없이 무작정 행동하게 만든다.

시장 패닉은 집단 전체가 외부 환경으로부터 생존 위협이 극대화되었다고 일시에 느꼈을 때 발생한다. 이러한 시장 패닉에서는 나도 남들처럼 무조건 달아나는 행동을 취하는 것이 생존 가능성을 높여 줄 것이다. 물론 이때 남들이 무리 지어 달아나는 방향으로 뛰는 것이 상책이다.

실력을 갖추고 있고 언제나 이성적으로 판단할 수 있을 것이라는 확신에도 불구하고, 나는 강력한 감정이 이끄는 대로 행동하게 될 뿐이다. 때론 세찬 비바람에 상처를 입더라도 남들의 무리 짓기 행동에 재빨리 합류하면 적어도 생존은 보장받을 수 있을 것이다.

과연 당신은 매번 비바람 몰아치는 주식시장에서 남들이 어디로 튈지 아랑곳하지 않고, 이성적 판단에 따라 실력껏 행동하게 될까? 결코 쉽지 않다.

2장

나의 운을
알아야
공격할 때를
안다

주식시장은
야생의 싸움터다

🏔 한 마리 먹이조차 잡기가 어려운 야생의 세계

아프리카 북부 케냐의 사바나 평원에는 3천여 종의 야생동물이 살고 있다고 한다. 그곳에는 사자, 치타, 하이에나 등 무서운 포식자들부터 영양, 얼룩말, 물소 등 크고 작은 덩치의 피식자들까지 즐비하다.

이 사바나 평원에서도 약육강식, 적자생존의 논리가 예외 없이 적용된다. 야생동물의 모든 행동은 '먹느냐? 먹히느냐?' 또는 '사느냐? 죽느냐?'의 문제로 귀결된다. 물론 평화가 공존하는 잠시의 여유로운 시간을 제외하고 말이다.

사바나 평원에서 동물의 왕은 단연코 사자이다. 우리는 익히 알려진 다큐멘터리 프로그램 〈동물의 왕국〉에서 사자들의 사냥법을 보면서 자랐다. 이들의 사냥법은 한마디로 표적 사냥이라 할 수 있다. 우선 표적을 정하고, 이후 그 표적을 잡기 위해 협공하는 것이다.

당신이 사바나 평원 위의 한 마리 사자라고 하자. 당신은 맛있는 먹이떼를 만나기 위해 많은 시간을 허비해야 하고, 때론 그 과정에서 기다림에 지쳐버릴 수도 있다.

자, 한참의 시간을 허비한 당신은 마침내 운이 좋게도 1km 앞에 검은 물소들이 무리 지어 있는 것을 발견한다. 사자에게는 최고의 영양식이지만 결코 만만치 않은 상대이다. 이때 당신이 막연히 물소들이 많이 군집되어 있는 곳에 무작정 전속력으로 뛰어 들어가면 과연 물소 한 마리라도 잡을 수 있을까?

물소는 덩치가 매우 커서 당신 혼자 상대하기에 만만치 않다. 더구나 당신은 짧은 거리를 빨리 뛸 수는 있어도 오래 뛰기에는 젬병이다. 전속력으로 달리다가는 금방 지쳐서 먹이를 잡아먹을 힘마저 없어질 것이다. 운이 나쁘면 덩치 큰 수컷의 뿔에 받혀서 쓰러지거나 큰 상처를 입기도 한다.

🌲 야생에서는 적기를 포착해야 살아남는다

그렇다면 당신은 어떻게 해야 물소를 잡아먹는 데 성공할 수 있을까? 당신은 무리 속에서 한 놈의 표적만을 골라야 한다. 당신의 눈에 어느 순간 표적이 선명하게 들어오기 시작하면 그놈만을 주시하고 있어야 한다. 때를 포착하기 위해 기다리다가, 적기라고 판단이 서면 전속력을 다해 뛰어야 한다. 이때 잠시라도 시선이 분산되고 감정의 기복이 요동치면 표적을 놓치고 만다. 즉 표적 사냥의 진리는 다음과 같다.

'다른 놈들은 볼 것도 없다. 오직 네가 잡을 만한 놈만 지켜보는 것이다. 그리고 기다리고 기다려라. 적기라는 판단이 서는 순간 목숨 걸고 뛰어야 한다.'

현대의 주식시장은 사바나 평원과 다를 바 없다. 사바나 평원에서의 사냥법이 그대로 적용된다. 아무 때나 전속력 질주를 해서는 안 된다. 우선 당신의 무장을 정비하고 전투 수행 능력을 향상시켜야 한다. 그러고 나서 먹이떼가 이동할 동선을 파악하곤, 먹이떼가 나타날 때를 기다려야 한다. 마침내 먹이떼가 발견되면 특정 표적을 주시하며 그놈을 사냥할 때를 기다려야 한다. 어느 순간 '확실한 때가 포착되었을 때' 먹이를 향해 전속력으로 뛰어들어야 한다.

다소 생뚱맞은 얘기가 길었지만, 사실 간단한 말이다. '먹느냐? 먹히느냐?'인 주식시장의 싸움에서 살아남기 위해선 전투 수행 능력이라는 실력과 실전 경험을 우선 갖춰야 하지만, 그것만으로 부족하다. 실력과 경험보다도 더욱 중요한 것은 '표적을 공격할 때', 즉 '타이밍'을 포착할 수 있는 능력이다. 결론적으로 무엇보다 공격할 시기와 때를 포착하는 것이 긴요하다.

주식투자로 성공하려면 실력 말고 꼭 필요한 것

도대체 실력 말고 무엇이 필요할까?

앞서 실력만으로는 주식시장에서 성공하는 게 만만치 않다는 말을 했었다. 그러나 이 말이 실력 자체가 필요 없다는 뜻은 아니다. 주식투자에 성공하기 위해서 실력과 경험은 기본이다. 이 기본조차 없으면 성공할 확률은 복권에 당첨될 가능성과 별반 다를 게 없다.

여기서 잠시 첨언을 하자면, 필자는 주식투자에 성공하기 위해 반드시 갖추어야 기본이자 필법에 대해 앞으로 상세하게 제시할 것이다. 이 기본이자 필법을 터득하면 실력도 동시에 갖출 수 있다고 확신한다.

좌우간 주식투자에 성공하기 위해서는 실력을 갖추는 일이 기본이다. 그렇지만 실력을 갖추었다고 해서 곧바로 기대한 수익을 창출할 수 있는 것은 아니다. 또한 실력을 갖추고 운이 좋아 지금의 투자에 성공했다고 해서 앞으로 계속 주식투자를 잘할 수 있는 것도 아니다.

앞서 예시로 든 사바나 평원에서의 사자 얘기를 다시 해보자. 사자는 태어난 후 먹이를 잡기 위한 사냥법을 익혀나간다. 야생에서는 생존을 담보할 수 없으며, 피식자에게 역으로 당하지 않으리라는 법이 없다. 그래서 '먹느냐? 먹히느냐?'의 싸움에서 살아남기 위해서 어릴 적부터 사냥법을 익히고 연마해야만 한다.

그러나 사냥법을 충분히 익혀도 먹이를 공격할 시기와 때를 맞추지 못하면 모든 것이 허사다. 제때를 맞추지 못하면, 아무리 노력해도 피식자는 달아나버린다. 또한 운이 나쁠 때는 역공을 당해 큰 부상을 입을 수 있다.

주식시장이라는 곳의 본질은 사바나 평원의 싸움터와 다를 바가 없다. 돈이라는 목표물을 놓고 주식시장이라는 싸움터에서 자신의 모든 지략과 힘을 동원해 싸우는 곳이다. 눈에 보이지도 않는 '합리성'이나 '이성'이라는 허상에 기대어 잠재적인 경쟁자들에게 어떤 기대를 해서도 안 된다. 이는 마치 권투 시합에서 상대가 합리적이고 이성적으로 공격해오길 기대하는 것과 같다. 경쟁자는 경쟁자일 뿐, 내가 어떤 바람을 가지거나 기댈 대상이 아니다. 무엇보다 상대가 어떤 정형화된 룰에 입각해 날 공격할 것이라고 예측하는 건 금물이다. 언제나 공격과 수비의 타이밍이 관건이며, 잠깐 한눈파는 사이에 허를 찔릴 수 있다.

앞서 사바나 평원의 싸움터에서 사자가 사냥법이라는 실력을 갖추고 실전에 나섰을 때, 승패의 결정적인 요인은 '표적으로 달려드는 때'라고 이야기했다. 주식투자도 마찬가지다. 실력이 기본임은 말할 필요가 없고, 내가 실력을 갖췄다면 무엇보다 공격할 시기와 때를 포착하는 것이 중요하다.

🦁 주식시장에선 내가 싸울 시기를 선택할 수 있다

그런데 사바나 평원과 주식시장은 이 '시기와 때'와 관련해 중요한 차이가 있다. 사바나 평원에서는 먹잇떼가 보이면 사냥을 시작해야 하고, 사냥이 시작되면 그 안에서 기필코 타이밍을 포착해야 한다. 반면 주식시장에서는 내가 목표군을 주시할 수 있는 시간이 선뜻 주어지거나 촌각을 다투는 공략 시기가 따로 정해져 있는 것이 아니다.

사바나 평원에서는 오직 표적에 달려드는 순간만 결정할 수 있고, 애초에 사냥 시기는 환경적 혹은 수동적으로 결정된다. 그러나 주식시장에서는 누군가의 명령이나 환경에 의해 공격을 감행해야 하는 것이 아니라, 내가 공격할 시기를 내가 자의적 혹은 능동적으로 선택해야 한다.

즉 사바나 평원에서의 사냥 시기는 환경이나 타의에 의해 결정되고, 사자는 촌각을 다투는 순간만 결정할 수 있다. 반면 주식시장에서는 폭넓은 기간에 걸쳐 예의주시하면서 투자자 스스로가 공격 시기를 선택하고 결정할 수 있다는 점이 다르다. 한마디로 주식시장에서는 공격 타이밍이 완전히 내 손에 달린 셈이다.

결론적으로 주식시장에서는 '시간이 내 편'이라는 말이다. 다른 말로, '내가 선적으로 시산을 선택할 수 있다'는 말이다. 그 말은 주식투자에 있어 '주식을 매수하고 매도하는 시기를 선택함'이 무엇보다도 중요한 변수라는 뜻이기도 하다.

나의 주식운을 알면
투자 시기를 선택할 수 있다

🔼 인간으로서의 한계를 분명히 인정하자

실력이 좋으면 시장 상황을 어느 정도 예측할 수 있고, 향후 주가가 오를 가능성이 높은 주식을 잘 발굴할 수도 있다. 어떠한 근거에 의해 특정 주식의 매수 시점과 매도 시점을 예측했는데 그것이 때론 현실과 잘 들어맞기도 한다. 그러나 혹자가 "나는 대단한 실력가이기에 어떤 주식이 어느 가격부터 올라서 얼마까지 오를지를 정확히 맞출 수 있다"고 주장한다면, 그는 분명 사기꾼일 뿐이다.

앞서 실력은 기본이고, 실력보다 중요한 것은 '주식을 매수하고 매도하는 시기를 선택함'이라 말했다. 여기서 '주식 매매 시기를 선택함'은 '주가가 오를 것인지 내릴 것인지를 예측함'과는 완전히 다른 문제다. 전자는 시기의 문제이고, 후자는 가격의 문제이다.

우리는 한 인간으로서 누구도 어떤 주식이 얼마부터 얼마까지 오를지 정확히 알 수 없다는 것을 분명히 인정해야 한다. 그래서 개별 기업의 주가 예측 능력을 높이기 위한 부단한 노력들은 노력한 만큼의 성과를 얻기가 어렵다. 비효율적임은 말할 것도 없고, 어느 순간 한계에 직면하기 마련이다.

주식투자의 본질이 주가를 잘 맞추는 능력이라면, 한 인간에 불과한 우리가 주식투자의 본질에 다가서는 시도는 너무나 힘겨운 일이 될 것이다. 우리가 어찌해볼 도리가 없는 주가를 애써 맞추려 하기보다는, 겸허히 우리가 선택할 수 있는 변수를 이용하는 것이 더 낫지 않을까?

앞에서 한 얘기를 다시 한 번 써보자. 주식시장에서는 시간이 내 편이고, 내가 전적으로 시간을 선택할 수 있다. 그래서 '주식을 매수하고 매도하는 시기를 선택함'이 중요하다고 말했다. 이 지점에서 관점의 변화가 필요하다. '내가 어느 가격에 사서 어느 가격에 팔면 좋을지'에서 '내가 언제 사서 언제쯤 팔면 좋을지'로 고민의 관점을 바꿀 필요가 있다.

즉 주식의 매수 가격과 매도 가격을 예측하고 맞추고자 하는 노력에서 주식을 매매하는 시기를 선택하는 문제로 관점을 바꿀 필요가 있다. 다시 말해 우리는 어떤 주식의 최적의 매수 가격과 매도 가격을 정확히 맞출 수는 없지만, '어느 시기에 주식을 사고팔면 좋을지'는 충분히 고민해볼 만하다는 뜻이다.

그렇다면 우리는 과연 어느 시기에 주식을 사고팔면 좋을까? 그건 동양의 약 4천 년(추정)의 역사를 가지고 많은 시행착오를 통해 발전해온 '사주명리'가 그 진실을 알려준다. 정확히는 사주명리가 나의 운의 큰 그림(빅피처)을 알려준다.

갑자기 사주명리를 말하니 다소 생뚱맞게 들릴지도 모르겠다. 그렇지만 이 책을 통해 필자는 사주명리가 미신이라는 세간의 오해를 불식시키고, 오히려 과학적이라는 사실을 역설할 것이다. 인류 역사에서 4천 년 전부터 발전해온 사주명리가 현대의 천문학이 발견해낸 태양계의 행성과 그 운행의 법칙을 정확히 반영하고 있기 때문이다. 뿐만 아니라 아직 밝혀져야 할 사실이 많지만, 3명의 노벨상 수상 물리학자들이 입증한 양자얽힘 이론과 사주역학은 분명 괘를 같이 하고 있다.

다만 여기에 오해가 없어야 한다. 어떤 사람의 운이 숙명적으로 확정이 되어 있는 것은 아니다. 운은 큰 그림을 가지고 있을 뿐이다. 거기에 내가 구체적 운을 그려가는 것이다. 즉 운의 큰 흐름을 알고 그 운을 백분 활용하는 것이다. 그래서 '나의 운에 맞는 시기에 맞추어 주식투자를 함'은 그 운을 백분 활용하는 것이고, 우리가 한 인간으로서 할 수 있는 최선일 것이다.

다시 말해, 특정 주식의 주가가 얼마에서 얼마까지 오를지 그 가격 변동을 인간인 우리가 정확히 예측하는 것은 사실상 불가능하다.

그러니 함부로 주가의 미래를 정확히 맞추려고 하기보다는 겸허히 나의 운에 맞는 시기에 주식투자를 하는 것이 우리가 할 수 있는 최선일 것이다.

결론은 간단하다. 사주명리를 통해 주식운을 본다는 것은 '내가 언제 주식을 매매하는 것이 좋은지' 그 시기를 알고자 하는 겸허한 노력이라고 할 수 있다.

과학이 밝혀낸 원리를
사주명리는 이미 알았다

천문학보다 사주명리가 이미 먼저 안 진리

필자는 학부 때 자연과학 대학을 다녔는데, 그중 지구과학의 한 분야인 해양학을 전공했었다. 필자의 소속 학과에서는 지구과학의 전 분야를 섭렵해야 했고, 필자는 무엇보다 우리 지구를 둘러싼 태양계 내 각 행성들의 운행에 대해 관심이 많았다.

필자가 대학에 입학한 이후 지구과학 및 천문학에 대한 관심이 커지고 있을 때 사주명리를 우연히 접하게 되었다. 그런데 사주명리에 적혀 있는 놀라운 사실에 경탄하지 않을 수 없었다.

수천 년 전에 태동했을 사주명리학이 오늘날 천문학에서 말하고 있는 '태양계의 구조 및 운행의 원리'를 이미 채택하고 있었다. 사주명리는 동양의 음양오행(陰陽五行)설과 십간십이지지(十干十二地支) 이론에 기반을 두고 있다(이 두 이론을 합해 음양오행설이라 하자). 그런데 음양오행설은 태양계 내 행성들의 존재와 운행 원리를 담고 있고, 또한 지구의 운동 원리를 다루고 있다. 이러한 원리는 놀랍게도 정확하고 과학적이다!

여기서 잠시 천문학적 관점에서 중요한 음양오행설의 기본 원리를 살펴보자(추후 십간십이지지에 대한 보다 자세한 설명을 할 것이다). 첫째, 음양(陰陽)을 일월(日月)에 대응시키면, 음은 달을 의미하고, 양은 태양을 의미한다. 둘째, 오행은 목화토금수(木火土金水)를 말하는데, 각각 목성, 화성, 토성, 금성, 수성에 대응시킬 수 있다. 셋째, 12지지(地支)는 계절의 변화를 의미하기도 하는데, 지구의 공전 궤도상 황도 12궁(황도대의 12구획)과 일치한다. 황도는 '천구상에 태양이 지나가는 길'을 의미하는데, 황도 12궁(다음 그림 참조)은 지구가 태양을 공전하

황도 12궁

출처: Vito Technology. Inc

는 이동 경로상 어느 구간(춘분점을 기준으로 황도를 정확히 12등분한 어느 구간)의 특정 좌표를 말한다. 지구의 1년은 365일인데, 365일의 각 계절을 오행에 배속(봄, 여름, 가을, 겨울은 목, 화, 금, 수에 그리고 각 환절기는 토에 배속)시키고 이어 12지지에 배속시키면 12절기가 된다. 이 12지지에 의한 12절기는 황도 12궁과 일치하게 된다.

이처럼 수천 년 전에 태동했던 동양의 음양오행설은 태양계 내 행성들의 존재와 이들의 운행 원리를 담고 있고, 지구의 공전 및 자전 운동과 그 주기를 포함하고 있다. 이러한 원리는 오늘날 과학이 발견한 사실과 일치한다.

사주명리는 과학적 진실과 배척되지 않는다

이와 같은 천문학적 원리를 담고 있는 음양오행설을 기초로 해, 사주명리는 사람이 태어난 연월일시를 가지고 그 사람의 성정, 적성, 인간관계, 건강 및 운 등을 추론하는 학문이다. 사주명리에서 사주는 연월일시를 말하고, 명리는 사람이 태어날 때 가진 기운인 음양오행 집합체인 명(命)의 이치를 의미한다.

특정한 연월일시에 태양과 달을 포함한 태양계 내 각 행성의 위치와 운동 혹은 지구의 공전과 자전상의 위치와 운동에 따라 해당 음양오행의 기운이 집합되고, 이후 계속해 변화를 거듭하게 된다. 아이가 어떤 연월일시에 태어나는 순간 탯줄이 끊어지면서 자발적인 폐호흡을 시작하는데, 이때 해당 연월일시의 운기가 아이에게 수용되고, 이후 지구와 각 행성들의 운동 방향에 따라 운기도 변화를 거듭한다고 본다.

이처럼 사주명리는 오늘날 밝혀진 과학과 다름없는 음양오행의 원리를 뿌리로 해, 몇 가지 가설들을 도입해 인간의 운을 추론하는 사회과학적 접근 방식을 활용하고 있다. 그러니 음양오행의 원리에 대한 이해 없이 사주명리를 무조건적으로 무당의 신점이나 미신 등으로 취급하는 관점은 어디까지나 무지에서 기인한 것이다. 명리는 사회과학적 접근과 같이 논리적 추론 과정에 의지하므로, 그 해석에 문제가 있다면 추론 과정상의 비논리성을 집어내는 것이 올바른 태도이다. (참고로, 사주명리학의 학문적 정체성이 궁금한 독자는 2부 앞쪽의 칼럼들을 먼저 읽어보길 바란다.)

그렇다면 다시 주식 얘기로 돌아와보자. 우리가 인간으로서 특정 주식의 주가 변동을 정확히 예측하는 것은 사실상 불가능하다. 그래서 주가를 정확히 맞추려고 노력하는 것은 계란으로 바위를 치는 행위와 다름없다. 그보다는 겸허히 나의 운에 맞는 시기에 따라 주식투자를 하는 것이 우리가 할 수 있는 최선이다.

정말 다행인 건, 약 4천 년의 역사를 가지고 발전해온 사주명리를 통해 나의 운을 어느 정도 큰 그림에서 추론할 수 있다는 것이다. 즉 사주명리를 통해 '내가 언제 주식을 매매하는 것이 좋은지' 그 시기를 추론해 그것에 맞게 대응할 수 있다. 이 책을 통해 나의 주식운을 합리적으로 추론할 수만 있다면, 주식시장이라는 야생의 싸움터에서 엄청난 무기를 지니게 되는 셈이다.

3장

절대 지지 않을,
주식투자의
3대 법칙

주식운이 좋다고 해서 투자에 반드시 성공할까?

주식운을 아는 것이 투자의 전부는 아니다

주식투자는 다른 돈벌이와 성격이 크게 다르다. 예를 들면, 사업은 사업성을 판단하고 계획, 준비, 착수 및 실제 운영하는 데 많은 시간을 투자한 다음 지속적이고 부단한 노력을 들여 행동으로 옮기는 것이 중요하다. 반면 주식투자는 어느 순간의 판단과 행동이 – 시차는 있겠지만 – 반드시 어떤 결과를 낳는다. 즉 매 순간의 판단과 행동이 곧바로 미래의 어느 시점의 결과가 된다는 뜻이다. 그래서 주식투자는 주식을 매매하는 타이밍이 중요하다.

그렇지만 어떤 사람이 주식 매매 타이밍을 잘 선택할 수 있다고 한다면, 그것으로 과연 충분할까? 답을 하기 전에 여기서 잠시 주식투자의 본질을 얘기해보자.

우리가 어떤 대상에 투자를 한다면, 기본적으로 무엇을 알아야 할까? 그렇다. 투자하고자 하는 대상에 대해 먼저 알아야 한다. 주식투자는 기업에 투자하는 것이다. 그러니 '해당 기업'에 대해 알고 있어야 한다. 또한 그 이전에 주식시장에서 해당 주식이 거래되고 있으니 '시장의 상황'에 대해서도 알아야 한다.

우리가 사주명리를 통해 '내가 언제 주식을 매매하는 것이 좋은지' 시기를 추론할 수 있다면, 그 이후에는 주식시장이라는 전쟁터에 들어가서 실제 싸움을 해야만 한다. 이러한 싸움에서 나의 주식운과 투자 타이밍을 아는 것은 분명 엄청난 도움이 되겠지만, 그것이 반드시 주식투자의 성공으로 이어지는 것은 아니다. 전제 조건이 반드시 필요하다.

싸움터인 주식시장과 먹이인 기업을 알자

그 전제 조건은 바로 시장과 기업에 대해 알아야 한다는 것이다. 다시 말해, 주식투자는 본질적으로 주식시장에 거래되는 기업의 주식에 투자하는 것이므로 현재의 시장 상황과 해당 기업에 대해 알아야 한다.

그런데 여기서 의문점이 생긴다. 시장과 기업에 대해 안다는 것은 무얼 말할까? 좀 더 구체적으로 다음 질문을 통해 예를 들어보겠다. 각종 증권 뉴스, 전문가 채널 등을 통해 경기와 시황을 이해하는 것이 곧 시장을 이해하는 것일까? 기업에 관한 뉴스를 보고 관련 정보를 파악하는 것이 곧 기업을 이해하는 것일까?

이 질문들에 대해서는 보다 상세하고 엄밀한 접근이 필요하다. 필자는 이 책의 상당 부분을 활용해 '시장과 기업을 이해하는 법'에 대해 설명할 것이다. 자세한 내용은 뒤에서 같이 살펴보기로 하고, 일단 결론부터 말해보자.

첫째, 각종 채널로부터 경기와 시황에 대한 해석을 섭렵하는 것이 시장을 이해하는 것은 아니다. 시장을 이해한다는 것은 시장으로부터 한 발짝 떨어져 무언가를 관찰할 수 있다는 것이다. 그 무언가는 바로 집단감정이다! (어려운 말인 듯하지만 앞으로 충분히 얘기해보자). 다시 말해, 시장을 이해하기 위해서는 시장에 같이 함몰되지 않고 시장에 만연한 집단감정을 읽어낼 수 있어야 한다.

둘째, 각종 뉴스와 정보를 파악하는 것이 기업을 이해하는 것은 아니다. 물론 기업에 대한 다양한 뉴스와 정보를 섭렵하는 것은 도움이 된다. 결정적인 문제는 그 다음이다. 우리가 많은 뉴스와 정보를 취득하는 것만으로 과연 팩트를 선별해낼 수 있을까? 누군가는 이것이 가능할지 모르겠지만, 나는 공시되지 않은 정보로부터 정확한 팩트를 선별해낼 자신이 없다.

우리 대부분은 각기 다른 방향들을 가리키는 수많은 정보로부터 팩트를 가려낼 수 없다. 왜냐하면 기업에 대한 팩트는 기업이 공시하지 않는 한 투자자인 우리가 알 수 없기 때문이다. 그러니 기업에 대해 이해하려면 기업에 대한 팩트를 챙겨야 한다. 기업에 대한 모든 팩트는 어딘가에 반드시 있다. 그 어딘가는 바로 재무제표다! (재무제표는 누구에게나 어렵지만, 주식투자자가 반드시 봐야 할 항목이 정해져 있으니 앞으로 충분히 얘기해보자.)

요컨대 기업을 이해하기 위해서는 수많은 기업 정보에 함몰되지 않고 기업의 모든 팩트가 담긴 재무제표를 반드시 먼저 챙겨야 한다. 기업의 팩트를 우선적으로 확인해야만 수많은 뉴스와 정보를 분별할 수 있는 눈이 떠진다.

개인이 주식투자에서 성공하기 위한 3대 법칙

⚶ 사주명리로 나의 운을 큰 그림에서 추론하자

자, 이쯤에서 지금까지의 논의를 정리해보자.

주식투자에서 성공하기 위해서는 실력이 물론 기본이지만 이것만으로는 한계가 있다. 주식시장이라는 전쟁터에서는 공격할 시기와 때를 포착하는 것이 무엇보다도 긴요하다고 누차 말했다.

우리가 어떤 시기와 때를 논의하기에 앞서, 우선 이와 밀접하게 관련된 한 학문에 대한 오해를 풀어야 한다. 그 학문은 바로 사주명리학이다. 이 사주명리학은 마치 종교적이거나 무당이 행하는 접신 같은 것으로 오해를 받고 있으나 이건 무지의 소치이다. 오해가 있든지 그렇지 않든지 간에, 사주명리학은 동양의 약 4천 년 역사 동안 많은 시행착오와 검증을 거쳐 발전해왔다. 사주명리학의 학문적 실체는, 오늘날 과학이 밝혀낸 사실과 다름없는 내용을 담은 음양오행설을 근간으로 인간의 운을 추론하는 사회과학적 접근의 학문이라 하겠다.

사주명리학을 통해 나의 운을 어느 정도 큰 그림에서 추론할 수 있다(이 추론이 맞고 틀림은 몇 차례의 운 테스트를 통해 알 수 있는데, 이는 뒤에서 얘기할 것이다). 우리가 주식투자에 있어 공격할 시기와 때를 포착하고자 할 때, 사주명리학을 통해 나의 운을 큰 그림에서 추론하는 것은 매우 유용하다. (사주명리학을 통해 나의 주식운을 추론하는 방법은 차차 얘기하기로 하자.)

🏠 반복적 오류를 범하지 않게 해주는 세 가지 핵심

이제부터는 주식투자자로서 이해해야 할 세 가지를 꺼내보자.

첫 번째는 나의 주식운을 이해하는 것이다(①). 그것은 '내가 언제 주식을 매매하는 것이 좋은지' 그 시기를 심사숙고한다는 의미이기도 하다. 우리가 어쩌해볼 도리가 없는 주가의 급락을 애써 맞추려 하기보다는, 주식 매매 시기를 겸허히 심사숙고하는 것이 한 인간으로서 할 수 있는 최선이 아닐까? 이 책을 통해 나의 주식운을 합리적으로 추론할 수만 있다면, 주식시장이라는 야생의 싸움터에서 엄청난 무기를 지니게 되는 셈이다.

그런데 주식투자에 성공하기 위해서는 운을 알고자 하는 노력만 가지고는 여전히 부족하다. 주식투자는 본질적으로 주식시장에 거래되는 특정 기업의 주식이 투자 대상이므로, '현재 주식시장의 상황'과 '해당 기업'에 대해 알고 있어야 한다. 그래서 두 번째로 시장에 대해 이해해야 한다(②). 시장을 이해한다는 것은 시장으로부터 한 발싹 떨어져서 집난감정을 관찰한다는 것이다. 각종 채닐로부터 경기와 시황에 대한 해석을 섭렵한다는 것이 시장을 이해하는 것은 아니며, 시장에 같이 함몰되어봤자 남는 건 후회일 뿐이다. 그러니 시장의 집단감정에 매순간 동조해봐야 얻는 것은 없다는 것을 직시해야 한다. 수없이 쏟아지는 시장 해석과 집단적 패닉, 경기 과열에서 한 발짝 떨어져 어떠한 관점을 가지고 시장을 관찰해야 한다. (이러한 관점에 대해 앞으로 충분히 얘기할 것이다.)

마지막으로 기업을 이해하는 것이다(③). 그것은 기업에 대한 팩트부터 챙기는 것이다. 우리들 대부분은 각기 다른 방향들을 가리키는 수많은 뉴스와 정보로부터 팩트를 가려낼 수 없다. 왜냐하면 기업에 대한 팩트는 기업이 공시하지 않는 한 알 수 없기 때문이다. 기업을 이해하는 출발은 언제나 기업에 대한 팩트에 있어야 하고, 기업에 대한 모든 팩트는 바로 재무제표에 있다. 재무제표라는 팩트를 우선적으로 확인해야만, 수많은 뉴스와 정보를 분별할 수 있게 된다. 그래서 재무제표는 모든 정보를 분별하는 초석이 된다. 당장 진위를 알 수 없는 수많은 기업 정보를 내 입맛대로 해석할 것이 아니라 냉철하게 기업의 팩트부터 챙겨야 할 것이다.

🔺 오류투성이인 인간임을 겸허히 인정하자

주식시장에 참여하는 많은 이들이 반복적으로 실수와 실패를 되풀이하는 것을 보면, 안 되는 줄 알면서 '계란으로 바위 치기'를 반복한다는 느낌을 받는다. 우리는 누구나 감정을 지닌 인간으로서 명백한 한계를 가지며 우리가 행하는 많은 결정이 오류투성이일 수 있다. 문제는 이유조차 모른 채 이러한 오류를 계속 반복하는 것이다.

지금부터는 우리가 오류투성이인 한 인간임을 분명히 인정하자. 그래서 우리가 할 수 있는 일만 겸허히 수행하기로 하자. 그것은 첫째, 주가를 맞추려하기보다는 주식 매매 시기를 숙고하고, 둘째, 시장에 휩쓸리기보다는 시장 내 집단감정을 관찰하는 것이다. 마지막으로, 수많은 뉴스와 정보를 내 입맛대로 해석하기보다는 재무제표라는 기업의 팩트에서 출발해 기업을 이해하는 것이다.

이러한 절차를 그림으로 표현하면 다음과 같다.

우리가 더 이상 반복적 오류를 범하지 않기 위해, 필자는 이 책을 통해 주식투자에 성공하기 위한 3대 법칙을 충분히 역설할 것이다. 그것은 다음과 같다.

[제1법칙] 나의 운을 알아라
[제2법칙] 시장 내 집단감정을 읽어라
[제3법칙] 기업의 재무제표만을 신뢰하라

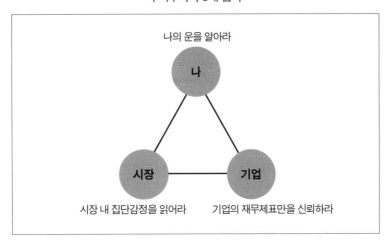

주식투자의 3대 법칙

나의 운을 알아라

나

시장 내 집단감정을 읽어라   기업의 재무제표만을 신뢰하라

시장   기업

이 3대 법칙에 대해 간략히 요약하면 이렇다.

첫째, '[제1법칙] 나의 운을 알아라'에서는, 주식투자자가 반드시 알아야 할 '음양오행의 기초와 사주명리의 필수 원칙'을 설명하고, '나의 주식운'을 추론하는 방법을 간명하게 제시할 것이다. 이에 대한 필자의 관법(觀法)을 설명하면서 불필요하게 지엽적이거나 고루한 내용은 배제할 것이다. 사주명리학의 기본을 훼손하지 않도록 하되, 주식투자자에게 필요한 내용만 군더더기 없이 설명할 것이다.

둘째, '[제2법칙] 시장 내 집단감정을 읽어라'에서는, 호모 사피엔스인 현생 인류가 개인이든 집단이든 그저 감정적으로 행동할 수밖에 없음을 역설한 이후 주식시장을 제대로 바라보는 관점을 제시할 것이다.

약간의 설명을 더 보태자면, 인류의 몸과 마음은 1만 년 전에 멈췄다. 그런데 인류 초창기 환경에서는 존재하지 않았던 현대 자본 시장이라는 상황에서 우리 인간은 그저 집단감정에 휩쓸려 행동하기 마련이다. 그러므로 주식시장의 집단적 패닉과 과열에 한 발짝 떨어져서 자신만의 관점을 견지하고 시장을 관찰해야 하는데, 이러한 관점에 대해서도 차차 얘기하게 될 것이다.

셋째, '[제3법칙] 기업의 재무제표만을 신뢰하라'에서는 주식투자자가 재무제표를 통해 기업의 팩트에 접근하는 핵심적인 방법을 다룬다. 여기에는 복잡하거나 지엽적인 모든 것들을 배제하고 주식투자자가 이해해야 하는 내용만 명확히 전달하니, 재무제표라고 해서 막연히 두려워할 필요가 없다. 이어 재무제표는 주가와 직결되기 때문에 이 책에서는 '중요한 재무제표 항목'만을 간추려 제시하고 설명하고자 한다. 결과적으로 '좋은 기업과 나쁜 기업'을 분별할 수 있는 관점을 전달하고자 한다.

궁극적으로 주식투자자가 지금 실적이 좋든 그렇지 않든 간에 '향후 상황이 나아진다면 주가가 올라가도 이상할 것이 없는 기업'을 간별해낼 수 있다면 그 정도로도 충분하다. 재무제표라는 단단한 팩트의 초석은 분명 투자의 큰 힘이 될 것임을 단언한다.

흔히 사주명리학은 단순한 통계로 알려져 있는데, 이러한 관점도 옳지 않다. 사주명리의 모형을 통해 현실을 예측하고자 하지만, 오직 관측치에만 의존하는 단순 통계와는 다르다. 관측치가 전부가 아니고, 무엇보다 분석 틀과 추론 과정이 중요하기 때문이다. 요컨대 사주명리학은 음양오행이라는 특수한 가정에 근거해 합리적 모형을 설정하고 논리적 추론을 전개한다는 점에서 엄격한 사회과학의 방법론을 채택하고 있다.

제 2 부

노벨 물리학상
수상자가 증명한
사주명리 이론

1장

사주명리는
엄연히
과학적 접근이다

사주명리는 미신이 아니라 사회과학이다

사주명리는 인간을 탐구한 학문적 결과물이다

사주명리학은 미신이 아니라 자연 만물의 원리를 규명해 인간의 삶과 운을 논리적이고도 체계적으로 예측하는 학문이다. 인간의 삶과 운을 예측하고자 하는 학문 중 사주명리학이 가장 체계적이고 과학적이다.

사주명리학의 역사는 약 4천 년으로 추정된다. 인류 역사에 걸쳐 수없이 반복되는 인간의 섭리를 탐구한 학문적 결과물이라고 할 수 있다.

사주명리학의 획기적 발전은 약 1천 년 전 중국 북송 시대의 서자평이 『연해자평』을 저술하면서 이루어진다. 이후 중국 명나라 시대의 유기가 저술한 『적천수』에 이어 청나라 시대의 작자 미상의 『궁통보감』을 거치면서 한·중·일 나라마다 다르게 발전해 오늘날에 이르게 된다.

🔺 사주명리의 방법론은 엄격하며 정교하다

앞서 사주명리학은 인간의 삶과 운을 체계적으로 추론하고자 하는 학문이라고 했다. 이렇게 학문적 위상을 부여하게 된 기반은 그 엄격한 방법론에 있다. 사주명리학은 '음양오행'이라는 가정을 도입한 후 일정한 모형을 설정하고 그 모형 속의 각종 인자(변수)들의 상호작용을 통해 인간의 삶과 운을 논리적으로 설명하고자 한다. 모든 학문이 그렇듯이, 명리학자마다 일부 다른 가정이나 모형 등을 적용하기도 해서 명리 해석이 달라지기도 한다.

이러한 방법론의 정교성에 비추어볼 때 사주명리학은 아무런 설명과 논리가 없는 점술이나 주술과는 명백히 다르다. 사주명리학이 인간 자체의 삶을 다루다 보니 마치 주술적인 어떤 것으로 오해를 받고 있지만 이는 완전히 잘못 알려진 것이다. 사주명리학은 특정한 가정을 도입하고 이러한 가정으로부터 모형을 설정한 뒤 합당한 논리와 합리적 추론 과정을 거쳐 현실을 설명한다는 점에서, 사회과학 중에서도 특히 경제학의 방법론(사회과학 중에서도 경제학의 방법론이 특히 엄격하다)과 유사하다.

경제학에서는 가정이 어찌 되었든 모형이 합리적이고 그 모형이 경제 현상을 잘 설명하고 있다면, 가정과 모형의 타당성도 인정이 된다. 어떠한 가정에도 경제 이론이 받아들여지는 것은 논리학적으로 '가정이 거짓(false)이더라도 결과가 참(true)'이기만 하면 조건명제는 받아들여지기 때문이다.

사주명리학도 마찬가지다. 음양오행이라는 상당히 추상적인 가정을 도입하고 있지만, 이러한 가정으로부터 모형과 논리적 추론 과정을 통해 인간의 현실을 잘 설명한다면 음양오행이라는 가정과 그 모형의 타당성도 충분히 받아들여질 수 있다.

흔히 사주명리학은 단순한 통계로 알려져 있는데, 이러한 관점도 옳지 않다. 사주명리의 모형을 통해 현실을 예측하고자 하지만, 오직 관측치에만 의존하는 단순 통계와는 다르다. 관측치가 전부가 아니고, 무엇보다 분석 틀과 추론 과정이 중요하기 때문이다. 요컨대 사주명리학은 음양오행이라는 특수한 가정에 근거해 합리적 모형을 설정하고 논리적 추론을 전개한다는 점에서 사회과학의 일종인 것이다.

사주명리학을 미신이나 점괘의 일종으로 보는 관점은 무지에서 기인한다. 어떤 사주명리 해석에 문제가 있다면, 모형의 비합리성이나 추론 과정의 비논리성을 탓할 수는 있어도 미신으로 치부하는 것은 올바른 태도가 아니다.

노벨 물리학상 수상자가 증명한 사주명리의 가정

사주명리의 가장 중요한 가정

앞서 경제학에서는 어떠한 가정이 되었든지 간에, 모형이 현실을 잘 설명하고 있다면 가정과 모형의 타당성도 인정이 된다고 이야기했다. 그런데 사주명리에서 상정하는 가정들이 과연 비현실적이기만 할까?

다소 어려운 얘기를 해보자면, 사주명리의 음양오행설은 천문학적 원리를 담고 있다. 사람이 태어날 때 각 행성들의 위치와 운동에 따라 음양오행의 기운이 그 사람에게 집합되고, 그러한 기운은 천문학적 원리에 따라 순환한다는 가정이다. 다시 말해, 특정한 연월일시에 태양과 달을 포함한 태양계 내 각 행성의 위치와 운동 혹은 지구의 공전 및 자전상의 위치와 운동에 따라 해당 음양오행의 기운이 집합된다. 이후에는 계속해 일정한 법칙에 따라 변화와 순환을 거듭하게 된다.

이를 사람의 관점에서 살펴보면, 어떤 사람이 특정 연월일시에 태어나는 순간, 탯줄이 끊어지면서 자발적인 폐호흡을 시작한다. 해당 연월일시의 음양오행의 운기가 그 사람에게 수용되어지고, 이후 지구와 각 행성들의 운동 방향에 따라 음양오행의 운기도 변화를 거듭한다. 어떤 사람이 태어날 때 태양계의 각 행성들의 기운과 그 사람의 기운이 동기화되면, 이후 각 행성들의 기운이 변화함에 따라 그 사람의 기운도 단일 단위처럼 변화한다는 것이다.

이것이 사주명리의 가장 중요한 가정이다. 사람과 행성들 간에 '유령 같은 원격 작용'이 있다는 말이다. 이는 마치 뜬구름 잡는 소설 같아 얼핏 들으면 터무니없게 들릴지도 모르겠다.

얽힌 상태인 두 양자는 동일하게 행동한다

각설하고, 당신은 혹시 양자역학 중 양자얽힘 이론에 대해 들어본 적이 있는가? 얽힌 상태에 있는 두 개의 양자 중 하나의 특성이 결정되면 다른 하나의 특성도 결정된다는 이론이다. 예를 들면, 얽힌 상태인 두 동전은 서로 멀리 떨어져 있어도, 한쪽이 앞면인지 뒷면인지 결정되면 다른 동전이 앞면인지 뒷면인지까지도 자동으로 미리 결정된다는 것이다. 여기서 얽힌 상태의 두 개의 양자는 아무리 서로 멀리 떨어져 있더라도 물리적 거리와 무관하게 단일 단위처럼 행동한다는 것이다. 즉 양자얽힘의 상태에 놓여 있는 태양의 어떤 양자와 지구상 어떤 물체의 양자가 단일 단위처럼 행동할 수 있다는 것이다.

이러한 양자역학의 양자얽힘 이론이 일부 물리학자들에 의해 주장되자, 아인슈타인은 다음과 같은 말을 한다. "어떤 정보가 빛의 속도를 넘어 전달될 수 없다. … 신은 주사위를 던지지 않았다."

아인슈타인은 양자얽힘 이론은 물리적으로 가능하지 않다고 하며 그 가능성을 부인했다. 이를 '아인슈타인-포돌스키-로즌 역설(EPR 패러독스)'이라 한다.

그러나 1964년에 영국의 물리학자 존 스튜어트 벨은 '벨 부등식'을 이용해 EPR 패러독스가 가능하다는 것을 이론적으로 증명했다. 그리고 존 스튜어트 벨의 이론적 증명 이후, 벨 부등식을 검증하기 위한 다양한 실험 연구가 시도되었다. 1980년대 초반 프랑스의 물리학자 알랭 아스페의 일련의 실험들과 1990년대 오스트리아 물리학자 안톤 차일링거의 개량된 실험들은 의미 있는 결과들을 얻었다.

드디어 2022년 노벨 물리학상이 양자얽힘 이론을 실험적으로 검증했던 알랭 아스페, 존 클라우저, 안톤 차일링거 등 3명의 과학자들에게 수상된다. 노벨위원회는 "이들 과학자는 얽힌 상태를 사용해 두 개의 양자가 분리돼 있어도 단일 단위처럼 행동하는 획기적인 실험을 수행했다. 이들의 연구 결과는 양자 정보를 기반으로 하는 새로운 기술의 길을 여는 데 기여했다"고 선정 이유를 밝혔다.

아인슈타인이 주장한 EPR 패러독스의 가장 중요한 요소 중 하나는 '국소성(locality)'이다. 한 곳에서 일어난 현상은 다른 멀리 있는 곳에 즉각적인 효과를 미치지 못한다는 성질이다. 즉 양자 순간 이동은 불가능하다는 것이다. 그런데 이 과학자들의 실험 연구는 이 국소성에 대한 성실을 기각시킨다.

아인슈타인은 양자얽힘 이론이 말하는 '유령 같은 원격 작용(spooky action at a distance)'을 지독히도 경멸했는데, 이들 3명의 노벨 물리학상 수상자들의 실험이 아인슈타인의 양자역학을 파멸시킨 것이다.

과학자는 사주명리학의 가정을 입증했을까?

앞서 언급했던 사주명리의 가정을 다시 살펴보자면 다음과 같다.

'어떤 사람이 태어날 때 태양계의 각 행성들의 기운과 그 사람의 기운이 동기화되면, 이후 각 행성들의 기운 변화에 따라 그 사람의 기운도 단일 단위처럼 변화한다.'

위의 가정을 다음과 같이 바꿔 적을 수 있다.

'어떤 사람이 태어날 때 행성들과 얽힘 상태가 되면, 그 사람과 행성들의 양자는 단일 단위처럼 움직인다.'

2022년 노벨 물리학상을 수상한 3명의 과학자가 입증하려고 했던 사실도 사주명리학의 가정과 동일한 것이 아니었을까?

다만 '사람이 태어나면서 탯줄을 끊고 폐호흡을 할 때 얽힘 상태가 되는가?'는 여전히 입증할 문제로 남아 있다. 앞서 언급했듯이,

사회과학 중 가장 엄격한 방법론을 추구하는 경제학에서도 (모형이 논리성을 갖추고 있다는 전제하에) 모형이 경제 현상을 잘 설명하고 있다면 가정과 모형의 타당성도 인정하고 있다. 사주명리학의 가정에는 여전히 입증할 문제가 남아 있지만, 그 모형의 타당성은 결국 현실 설명력에 달려 있다. 그러니 우리가 사주명리의 가정이 비현실적이니 추상적이니 하는 논란에 빠져들 필요가 있을까? 그런 논란에 빠져들기보단 사회과학의 관점에서 가정과 모형의 논리성과 모형의 현실 설명력에 보다 관심을 기울일 필요가 있다.

2장

사주명리와
나의 주식운

사주명리는
무엇을 설명할까?

사주명리는 어떻게(How)와 언제(When)를 설명한다

앞서 사회과학에 있어서 어떤 이론의 존립 가치는 모형의 현실 설명력에 있다고 이야기했다. 사주명리는 약 4천 년 전에 태동해 약 1천 년 전부터 학문적으로 발전해왔는데, 많은 오해와 비판에도 1세기 이상 동안 그 위상을 유지해왔다는 사실은 사주명리의 현실 설명력을 반증하기도 한다.

그렇다면 사주명리는 과연 무엇을 설명하고자 할까? 사주명리는 인간의 삶과 운을 체계적으로 추론하고자 하는 학문이다. 이러한 정의에 입각했을 때, 사주명리는 크게 다음과 같은 두 가지를 설명하고 있다. 첫째는 어떤 사람의 삶에 대해 그 특성에 비추어 '어떻게 살면 더 좋을까?', 즉 How의 문제이다. 둘째는 어떤 삶을 지향하든 또는 어떤 행동을 하게 되든 '언제 그러한 삶을 살면 좋을까?', 즉 When의 문제이다.

우리가 '어떻게' 해야 더 좋아질까?

첫 번째인 How의 문제를 살펴보자.

A라는 사람이 있다. 그가 '어떻게 해야 성공을 하고 돈을 많이 벌 수 있을까?'에 대해 고민을 한다고 하자. 사주명리는 A라는 사람이 어떻게 해야 성공을 하고 돈을 많이 벌 수 있을지를 학문적으로 추론해나간다. A라는 사람의 음양오행적 특징에 기반해 그가 가장 잘할 수 있는 일을 찾고, 그의 특징에 비추어 어떻게 해야 돈을 더 벌수 있을지를 추론하는 것이다.

이러한 How의 문제는 사주 자체를 분석해 추론한다. 참고로 사수는 크게 '사주원국'과 '운의 흐름'으로 나뉜다. (이것에 대해서는 차츰 알아볼 것이다.)

그 일을 '언제' 하면 좋을까?

두 번째인 When의 문제를 보자. 앞선 How의 문제보다 이것이 우리에겐 중요하다.

A가 위에서 How를 결정하면, 그것을 '언제' 하면 좋을지를 고민해야 한다. 예를 들어 A가 창업을 하면 돈을 벌 수 있다고 하자. 그럼

언제 창업을 해야 하는지를 추론해야 한다. 아무 때나 무턱대고 창업을 해도 돈을 잘 벌 수 있는 사람은 이 세상에 없을 것이다. 때와 무관하게 창업만 하면 무조건 돈을 잘 벌 수 있는 사람이 없다는 것은 우리 삶의 모든 일에는 적합한 때가 있다는 뜻이다.

사주명리는 사람의 삶이 음양오행의 원리에 따라 '순환하는 주기성'을 갖는다고 가정한다. 우리는 이를 운이라고 부르지만, 여기에서의 운은 '순환하는 주기성'에 불과하다. 그래서 우리가 운을 예측한다는 것이 마치 대단히 영험한 행동 같지만, 사람의 삶에서 '순환하는 주기성'을 찾고자 하는 분석적 행위일 뿐이다.

A의 창업을 다시 예로 보자. A가 창업을 하기로 결정했다면 언제 하는 것이 적절할까?

사주는 사주 자체(연월일시)와 함께 기재되는 운(태생 이후 매 10년 단위로 60갑자가 표기됨)을 합해 부른다. 사주명리는 사주 자체를 분석한 것을 토대로 10년 단위로 기재된 운을 보는 것이다.

𖣘 운은 거창한 게 아니며, 충분히 추론할 수 있다

앞서 말했지만, 운은 거창한 게 아니다. 10년 단위로 기재된 운은 삶에서 음양오행의 순환과 변화가 기재된 것에 불과하다. 사람이 태어난 이후 매 10년의 단위로 음양오행의 기운이 변화한다는 뜻이다. 그래서 사주를 분석했을 때, 사주 자체에서 필요한 음양오행의 기운이 들어오는 시기가 결심한 일을 하는 적기가 되는 것이다.

'A가 창업을 하기로 결정했다면 그것을 언제 실행하면 좋을까?'를 추론하는 방식은 다음과 같다. A라는 사람에게 부족한 음양오행이 운에서 들어오는 때 창업을 하는 것이 좋겠다. 여기서 '좋겠다'는 말의 뜻은 최선이 될 수 있다는 뜻이다.

이야기가 길어졌으니 다시 논점으로 돌아오자. 사주명리를 통해 특정한 사람을 대상으로 How의 문제와 When의 문제를 추론할 수 있다. 즉 어떤 사람의 성공운과 재운을 추론하고자 할 때, 무슨 일을 '어떻게' 하면 성공 가능성이 높아지고, 그 일을 '언제' 해야 재운이 높아질 수 있는지를 분석하는 것이다.

그런데 우리는 주식투자자로서 주식운에 관심을 갖고 있다. 주식운은 사업과 같은 행위적 요소가 깊게 작용하는 재운과는 명백히 다르다. 주식운은 특정한 행위보다는 적기와 관련한 판단만이 필요할 뿐이다. 물론 매수 행위와 매도 행위를 전제로 한다.

주식투자는
타이밍이 절대적이다

🎢 사업은 타이밍 외에 노력과 행동도 중요하다

여기서는 주식운을 사업과 같은 행위적 요소가 깊게 작용하는 재운과 비교해보자.

사업과 주식투자에서 성공하려면 공히 '때'와 '시기'가 중요하다. 미래의 좋은 기회를 포착했더라도 때와 시기가 맞지 않으면 실패하기 마련이다.

그렇지만 사업은 단지 기회를 포착하고 타이밍만 잘 맞춘다고 해서 성공할 수 있는 것이 아니다. 사업을 계획하고 준비하고 착수하고 운영하는 시간 전반에서 '인간의 부단한 노력과 행동'이 더욱 중요하다.

때로는 사업 기회는 잘 포착했으나 자신의 노력과 행동이 적절하지 않아 오랜 세월을 매달리면서 돈뿐만 아니라 세월까지 탕진하기도 한다. 다시 말해, 사업을 성공하기 위해서는 타이밍뿐만 아니라 인간의 적절하고 부단한 노력과 행동도 중요하다고 할 수 있다.

⚡ 주식투자는 때와 시기가 중요할 뿐이다

반면 주식투자는 어떤가? 여기에는 어떠한 행동보다는 적기의 의사결정이 중요하다. 즉 사업과 비교해 '때와 시기가 과히 절대적'이라고 할 수 있다.

사업의 경우 준비 기간과 개업 시기를 조정하는 등과 같이 어느 정도 때와 시기를 조율하면서 기회의 포착 가능성을 높일 수도 있다. 하지만 주식투자는 번거로운 실무적 준비 절차도 딱히 필요 없고, 나른 인사가 개입할 여지도 없다. 그저 지금 적합하고 판단해 행동하는 것이 결과로 이어질 뿐이다. 그래서 투자 혹은 매매를 하는 시점이 가장 중요할 뿐이다.

정리하자면, 주식투자와 사업의 성공을 위해서는 모두 '때'와 '시기'가 중요하다. 하지만 사업은 '인간의 적합하고 부단한 노력과 행동'이 더욱 중요한 반면, 주식투자는 적기의 판단 또는 의사 결정이 절대적이다. 그래서 사업운을 볼 때는 인간의 노력과 행동을 먼저 고려해야 하지만, 주식운을 볼 때는 '주식 매매의 때와 시기'에 초점을 맞춰야 한다.

사업운과는 다른, 주식운을 보는 관법

사업운과 주식운의 차이를 잘 알아야 한다

사업운과 주식운에는 중요한 차이가 하나 더 있다. 그 차이는 '행위의 결과가 즉시로 나타나는가?' 또는 '행위의 결과가 가시적으로 보이는가?'의 관점에서 논의될 수 있다.

예를 들어 사업은 창업 당시는 결과가 좋지 못하더라도 꾸준히 노력해 결국에는 번창을 할 수도 있다. 물론 그 반대도 성립한다. 당장은 잘되는 듯했지만 오랜 시간이 흘러가면서 망할 수도 있다. 이는 사업의 결과는 당장은 알 수 없고 시간이 흘러봐야 안다는 뜻이다. 또한 사업을 운영하면서 많은 행위들을 수행하지만 매 행위의 결과를 가시적으로 확인하기는 어렵다.

반면에 주식투자는 매 순간의 판단과 행동이 – 시차는 있겠지만 –

반드시 어떤 결과를 낳는다. 매 순간 판단하고 행동하면 당장 혹은 미래의 어느 시점에는 반드시 결과로 이어진다. 즉 우리가 주식을 매수하고 매도하면 그 판단과 행동의 결과가 즉각적으로 나타나며, 심지어 그것을 계량화해 가시적으로 확인할 수 있다.

즉 주식투자는 사업과는 달리 '즉시성'과 '현시성'이라는 특징을 갖는다. 여기서 즉시성은 어떤 행동이 그러한 결과로 곧바로 이어진다는 뜻이다. 그리고 현시성은 어떤 행동의 결과를 가시적으로 확인할 수 있다는 뜻이다. 특히 어떤 결과를 숫자로 알 수 있기 때문에 현시성이 높다고 볼 수 있다.

투자의 결과는 즉시적, 가시적으로 나타난다

사업의 경우 어떤 행동이 특성 결과로 이어셨는지 - 비록 개연성이 높더라도 - 정확히 알 수 없다. 또한 어떤 행동으로 인한 직접적 결과를 명확한 숫자로도 제시할 수 없다.

필자는 주식운을 보는 관법(觀法)은 무엇보다 이러한 주식투자의 '즉시성'과 '현시성'이라는 특징을 반영해야 한다고 생각한다. 그래서 사주명리 이론 중 불명확하거나 애매한 이론의 적용은 배척한다. 즉 복잡하고 미묘한 해석에 의존하는 내용을 배제해 명확하게 접근해야 할 것이다.

반드시 주식투자로 성공해야 할 당신이 불확실하고 애매한 원리에 의존할 경우 - 애매한 원리를 적용하면 답도 두루뭉술해진다 - 정확한 추론을 할 수 없다. 어떤 현상의 본질이 즉시적이고 현시적이라면, 이를 분석하는 이론과 관점도 즉시적이고 현시적이어야 한다. 그래야 당신이 즉시적으로 판단하고 행동할 수 있고, 그 행위의 결과도 현시적으로 파악할 수 있다.

앞으로 필자가 제시하는 주식운을 보는 관법을 찾아 같이 가보자. 주식투자자로서 사주명리에 접근하는 것은 쉽지 않겠지만, 필자의 손을 잡고 같이 가보면 이 여정이 생각보다 어렵지 않다는 것을 알게 될 것이다.

사주명리학의 가장 큰 가정은 사람이 태어나는 그 순간(정확히는 탯줄을 자르는 순간) 모체와 분리되어 스스로 호흡하면서 우주와 자연의 음양오행의 기운이 일시에 스며들어 그 사람의 큰 틀이 정해진다는 것이다. 즉 태어난 그 순간의 음양오행의 기운이 사주팔자로 표시되고, 이 사주팔자에 근거해 그 사람의 성정, 건강, 인생 행로, 운 등을 추리하고 예측하는 것이다.

제 **3** 부

[주식투자의 제1법칙]
나의 운을 알아라

1장

주식투자자가
알아야 할
사주명리
5대 원칙

내 사주를 적어보기

일단 나의 사주부터 적어보자

　우선 사주가 무엇인지부터 알아보자. 사주란 만세력이라는 동양의 한자 문화권에서 예부터 사용하던 달력상에 특정한 날짜와 시간을 함께 표시한 것이다.

　사주는 년, 월, 일, 시라는 총 4개의 기둥이 있고, 한 기둥에 두 글자씩 놓여 있어서 총 8자로 표시된다. 그래서 사주팔자라고 표현하기도 한다.

　사주의 각 기둥에는 생년, 생월, 생일, 생시를 나타내는 글자가 2개씩 구성되어 있다. 그래서 총 8자로 표기된다.

◘ 사주는 달력상의 날짜에 지나지 않는다

사주는 사람이 태어나는 순간에 해당하는 '년, 월, 일, 시'를 의미한다. 여기서 잠깐 사주와 관련해 사람들이 오해하기 쉬운 몇 가지 편견들을 짚고 넘어갈 필요가 있다. 사주 자체는 달력상의 연월일시를 표기한 것에 지나지 않기에 사주를 마치 신기한 부적처럼 오인해 어떤 주술적인 힘이 있는 것처럼 생각하는 것은 사주에 대한 잘못된 이해이다.

여하튼 아래의 사주 예시를 보자.

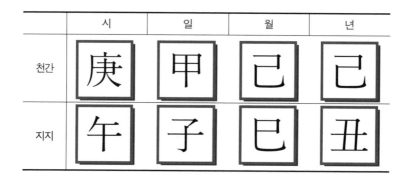

	시	일	월	년
천간	庚	甲	己	己
지지	午	子	巳	丑

위의 사주를 보면, 오른쪽부터 년, 월, 일, 시의 4개의 기둥이 표기되어 있다. 간단히 말하자면, 위의 사람은 기축(己丑)년, 기사(己巳)월, 갑자(甲子)일, 경오(庚午)시에 태어난 것이다. 여기서 각 기둥의 위쪽에 있는 글자들을 '천간'이라 하고, 아래쪽에 있는 글자들을 '지지'라 한다.

사주에서 년, 월, 일, 시의 4개의 기둥을 차례로 년주, 월주, 일주, 시주라 부르며, 사주의 8자를 각각 부르는 용어는 아래와 같다.

	시 (시주)	일 (일주)	월 (월주)	년 (년주)
천간	시간	일간	월간	년간
지지	시지	일지	월지	년지

위와 같은 사주팔자를 알기 위해 과거부터 만세력을 이용해야 했다. 하지만 지금은 다양한 스마트폰용 만세력 앱이 출시되어 이를 이용하면 쉽게 사주를 표기할 수 있다.

◎ 만세력 앱을 사용하면 사주를 쉽게 알 수 있다

아이폰 사용자는 앱스토어 검색창에 만세력을 입력하면 다양한 만세력 앱을 찾을 수 있다. 안드로이폰 사용자도 플레이스토어에서 다양한 만세력을 검색할 수 있다. 과거에는 사주를 세우는 것을 배우고 익히는 데 많은 시간을 들여야 했고, 잘못 사주를 세우는 경우도 다반사였다. 그렇지만 지금은 스마트폰 앱을 이용해 손쉽게 정확한 사주를 알 수 있다.

스마트폰 앱에서 만세력을 깔았다면, 동 만세력 앱의 사주 입력창에서 이름, 생년월일(양력과 음력 구분), 출생 시각, 성별을 입력해 사주를 손쉽게 조회할 수 있다.

다음은 1982년 6월 6일(양력), 14:00시에 태어난 김철수(남)씨의 사주를 만세력 앱을 통해 조회한 결과 중 일부다.

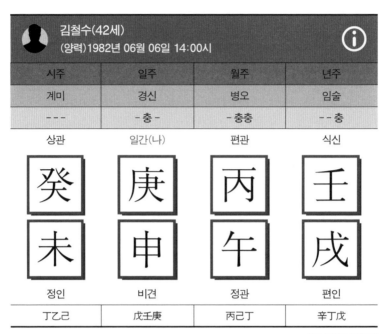

시주	일주	월주	년주
계미	경신	병오	임술
---	-충-	-충충	--충
상관	일간(나)	편관	식신
癸	庚	丙	壬
未	申	午	戌
정인	비견	정관	편인
丁乙己	戊壬庚	丙己丁	辛丁戊

김철수(42세)
(양력)1982년 06월 06일 14:00시

자료: 만세력 천을귀인

위의 조회 결과를 보면, 김철수 씨의 사주는 임술(壬戌)년, 병오(丙午)월, 경신(庚申)일, 계미(癸未)시임을 알 수 있다.

다시 말하지만, 사주는 특정한 연월일시를 표기한 것에 지나지 않는다. 그러므로 사주 자체가 무슨 주술적인 힘이 있는 것처럼 사주에 대해 오인해서는 안 될 일이다. 거듭 강조하지만, 사주는 그저 달력에 지나지 않는다.

여기서 기억해야 할 점은 스마트폰의 만세력 앱에 생년월일시를 입력하면 나의 사주를 조회할 수 있다는 것이다.

𖤍 사주의 각 8자는 무엇을 의미할까?

아래의 표를 통해 사주를 구성하는 여덟 글자의 용어들을 다시 한 번 살펴보자.

	시 (시주)	일 (일주)	월 (월주)	년 (년주)
천간	시간	일간	월간	년간
지지	시지	일지	월지	년지

사주 자체는 어떤 사람이 태어난 달력상의 일자와 시간을 표시한 것에 불과하다. 하지만 사주명리학은 이 8개의 글자에 엄청난 의미를 부여해왔다.

사주명리학의 가장 큰 가정은 사람이 태어나는 그 순간(정확히는 탯줄을 자르는 순간) 모체와 분리되어 스스로 호흡하면서 우주와 자연의 음양오행의 기운이 일시에 스며들어 그 사람의 큰 틀이 정해진다는 것이다. 즉 태어난 그 순간의 음양오행의 기운이 사주팔자로 표시되고, 이 사주팔자에 근거해 그 사람의 성정, 건강, 인생 행로, 운 등을 추리하고 예측하는 것이다.

그래서 사주의 여덟 글자는 해당 위치별로 각각의 의미를 갖고 있으며, 이들 간의 상호작용을 분석해 그 사람의 큰 틀을 제공하는 것이다.

◘ 사주에서는 일간이 곧 자기 자신을 상징한다

사주명리학에서는 8개의 글자 중 일간이 자신을 의미하고, 나머지 7개의 글자는 자신의 인생 항로에서 이용할 수 있는 인자로 본다.

아래 김철수 씨의 사주를 다시 보자.

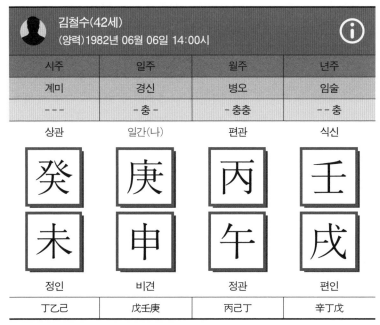

	김철수(42세) (양력)1982년 06월 06일 14:00시			ⓘ
	시주	일주	월주	년주
	계미	경신	병오	임술
	- - -	-충-	-충충	--충
	상관	일간(나)	편관	식신
	癸	庚	丙	壬
	未	申	午	戌
	정인	비견	정관	편인
	丁乙己	戊壬庚	丙己丁	辛丁戊

자료: 만세력 천을귀인

위에서 김철수 씨 본인은 일간인 경(庚)이 되며 본인인 경(庚)은 나머지 7개의 글자인 임(壬), 술(戌), 병(丙), 오(午), 신(申), 계(癸), 미(未)를 이용하면서 인생을 살아가게 된다. 일간이 왕이라면 나머지 7개의 글자는 신하인 셈이다. 일간인 왕이 나머지 7명의 신하들의 의견에 귀 기울이면서 국정을 운영하는 것이다.

혹자는 사주에 대해 인생이 결정되었다는 식으로 치부해버리는데, 이는 무지에서 기인한 오해다. 위에서 본인인 일간 경(庚)은 나머지 7개의 글자에 해당하는 인자들을 각기 이용하면서 인생을 살아가게 된다. 본인이 어떤 인자를 더 이용하고 덜 이용하느냐에 따라 같은 사주를 가진 사람도 다른 인생을 살아가게 된다는 뜻이다. 물론 큰 틀에서의 성정, 건강, 기호, 적성과 같은 측면에서 유사하나, 본인이 7개의 글자를 이용하는 방법에 따라 많은 것이 달라지기도 하고, 심지어 완전히 다른 인생을 살기도 한다.

앞으로 자세히 살펴보겠지만, 사주명리학을 이해하기 위해 가장 먼저 해야 할 일은 음양오행, 10개의 천간과 12개의 지지, 생극과 합충, 십신 등의 기본 용어부터 아는 것이다. 그 이후 자기 자신을 상징하는 일간을 중심으로 나머지 7개의 글자 간의 관계를 통해 우리에게 필요한 많은 정보를 얻는 것이다.

여기서는 다음 내용을 기억하자. 년주, 월주, 일주, 시주의 사주(4개의 기둥) 아래, 각각 천간과 지지 글자가 배치되면 팔자(8자)가 만들어진다. 그중 일주에서 천간에 해당하는 일간이 바로 자기 자신을 상징한다.

[사주명리의 원칙 ①]
음양오행과 십간십이지

음양은 무엇일까?

　음양오행설에 의하면, 우주와 자연의 모든 만물은 어김없이 음과 양으로 구성된다. 모든 만물이 음 또는 양이 되는 것과 동시에, 목, 화, 토, 금, 수의 오행 중 하나의 요소가 된다. 우선 음양의 개념에 대해 알아보자.

　우리가 학창시절에 과학을 배울 때, 물질의 최소 단위인 원소에 대해 익히 들어보았을 것이다. 소위 주기율표에서 한 칸을 차지하는 것이 원소다. 각각의 원소는 원자핵 속의 양성자와 원자핵 주변의 전자들을 가지고 있다. 여기서 양성자는 원자핵 내부에서 양전하를 띠는 입자이고, 전자는 원자핵 주변을 선회하는 음전하를 띠는 입자이다.

◎ 모든 만물은 음이거나 양이다

음양은 이렇게 각 원소 속 양전하와 음전하와 마찬가지이다. 음(陰)은 물질적인 차원에서 양(陽)과 비교했을 때 '낮음, 적음, 들어가 있음, 낭겨짐, 비어 있음, 가만히 있음, 차가움, 습함'을 의미하고, 양(陽)은 음에 비해 상대적으로 '높음, 많음, 나와 있음, 당김, 차 있음, 움직임, 더움, 건조함'을 뜻한다. 이처럼 음과 양은 모두 존재함으로써 서로 상대적인 의미를 갖는다.

또한 만물의 음과 양은 항상 정해져 있는 것이 아니라 순환적인 의미를 갖기도 한다. 만물이 생겨나고 성장하고 절정에 달한 후 쇠퇴하고 무(無)로 돌아가는 과정 전반에서 음양이 사이클을 갖는 것으로 보면 된다.

마치 인간의 삶에서 어린 시절이 양이라면, 절정 이후 쇠퇴하는 노년기는 음이 된다. 계절에서는 하지가 양이 가장 절정에 다다른 시기다. 하지 이후 양은 점차 쇠퇴하며 음이 자라나기 시작해 동지가 되면 음이 가장 절정에 다다르게 된다. 이때 또다시 음이 쇠퇴하면 양이 자라나기 시작하는데, 이와 같은 계절적 순환은 끊임없이 반복된다.

우리는 반복되는 계절을 체감하고, 매일 낮과 밤을 번갈아 맞는다. 지구의 공전과 자전으로 인해, 지구상의 특정 지역이 받는 태양광선의 정도로 인해, 각 계절과 낮밤이 주기적으로 반복된다. 계절 음양의 측면에서 태양광선의 양이 점차로 커지거나 상대적으로 큰 봄과 여름은 양이고, 반대로 태양광선의 양이 점차로 줄어들거나 상대적으로 작은 가을과 겨울은 음이다. 또한 태양광선의 양이 점차로 늘어나 상대적으로 많은 '낮'은 양이고, 반대로 태양광선의 양이 점차로 줄어 상대적으로 적은 '밤'은 음이 된다. 정리하면, 우주와 자연의 모든 만물은 서로 상대적 의미를 갖는 음 또는 양으로 존재하며, 순환적으로 변화한다.

여기서는 다음 내용을 기억하자. 사주의 모든 글자는 '음, 양' 중 하나에 해당된다.

오행은 무엇일까?

동양의 음양오행설은 '우주와 자연의 모든 만물은 음양과 오행으로 구성되어 있으며, 이는 지속적이며 순환적으로 변화한다'는 가설이다.

앞서 우주와 자연의 모든 만물은 음과 양으로 구성된다고 했다. 음양이 서로 조화를 이루는 가운데, 각각의 음과 양이 태어나서 성장하고 수축하고 소멸하는 순환의 과정을 통해 오행이라는 다섯 가지의 요소를 만들게 된다. 그래서 우주와 자연의 모든 만물은 음과 양(혹은 음과 양의 특정한 배합)이 되는 것과 동시에 '목(木), 화(火), 토(土), 금(金), 수(水)의 오행' 중 하나의 요소(혹은 특정 요소들 간의 배합)로서의 특성을 갖는다.

즉 각 오행은 음양의 변화와 순환을 거쳐 형성된다. 목(木)은 나무가 싹을 틔우고 솟구치듯이 양기가 태동하는 것이다. 화(火)는 불이

점차 타오르는 것과 같이 양기가 퍼져나가는 것이다. 금(金)은 최대로 확장되었던 양기가 수축하고 음기가 태동하는 것이다. 수(水)는 음기가 가득차면서 새로운 양기의 태동을 기다리는 것이다. 토(土)는 각 단계별 음과 양의 변화에 있어 중재와 전환의 과정이다.

◎ 모든 만물은 목, 화, 토, 금, 수의 오행이다

오행에 대해 보다 상세히 살펴보자.

목(木)은 감춰진 생명력이 분출해 새 생명이 시작되는 과정이다. 계절로는 봄이고, 하루로 치면 아침이고, 방향으로는 동쪽이고, 인간의 일생이라면 유아기 혹은 소년기에 해당된다. 음에서 양이 태동하는 생명력의 분출 과정으로 이해할 수 있고, 모든 만물에 있어서 생명력의 태동과 분출의 성격을 갖는 요소가 목이라고 할 수 있다.

화(火)는 앞선 단계에서 태어난 생명력이 역동적으로 확장되는 과정이다. 계절로는 여름에 해당하고, 하루로 치면 낮이고, 방향으로는 남쪽이고, 인간의 일생이라면 청년기에 해당된다. 생명력이 타오르는 불과 같이 확산되는 과정으로 이해할 수 있고, 모든 만물에 있어서 생명력의 확장과 확산의 성격을 갖는 요소가 바로 화라고 할 수 있다.

금(金)은 오행의 순환에 있어 확장과 확산되었던 기운을 거두고 알찬 결실을 맺는 과정이다. 계절로는 가을이고, 하루로 치면 저녁이고, 방향으로는 서쪽이고, 인간의 일생이라면 장년기에 해당된다. 모든 만물에서 확산 및 분산되었던 기운이 수축하고 수렴하는 과정으로 이해할 수 있다.

　수(水)는 오행의 순환에 있어 생명력을 거두는 마지막 단계이자 동시에 새로운 생명력을 준비시키는 과정이다. 계절로는 겨울이고, 하루로 치면 밤이고, 방향으로는 북쪽이고, 인간의 일생이라면 노년기에 해당된다. 모든 만물이 생명력을 빼앗겨 응축되고 저장되며, 그것이 하나로 응고되는 과정으로 이해할 수 있다.

　토(土)는 오행의 변화와 순환 과정에 있어 중재와 전환의 과정이다. 토는 오행의 어느 한쪽으로 치우치지 않는 중재와 완충의 과정이라고 볼 수 있다. 계절 중에는 계절이 바뀌는 환절기이고, 하루 중에도 오전·오후·저녁·밤 사이의 분기점이 되는 중간 지점이고, 방향으로는 중앙이고, 인간의 일생이라면 각 생애 단계의 중간 지점에 해당된다. 즉 토는 모든 만물에서 중재와 전환·조절하는 과정으로 이해할 수 있다.

　정리하면, 우주와 자연의 모든 만물은 서로 상대적 의미를 갖는 음 또는 양으로 존재하면서, 음과 양의 변화와 순환의 과정을 거치는 과정에서 특정한 오행으로도 존재한다. 요컨대 사주명리는 사주팔자를 구성하는 모든 글자를 우선 음과 양에 배속시킨 다음, 그것을 다시 오행 중 하나에 배속시킨 것이다.

　여기서는 다음 내용을 기억하자. 사주의 모든 글자는 '목(木), 화(火), 토(土), 금(金), 수(水)의 오행' 중 하나다.

🔺 천간과 지지는 무엇일까?

앞서 최초에 만물이 음양으로 분화되고, '음양'이 변화와 순환의 과정을 거쳐 '오행'으로 분화된다고 했다. 이어 오행의 기운은 하늘의 기운과 땅의 기운으로 분화된다. 하늘의 기운은 다시 음과 양으로 나뉘어 '10개의 천간(天干)'을 구성하게 된다. 또한 땅의 기운은 음과 양으로 나뉘어 '12개의 지지(地支)'를 구성하게 된다.

여기서 10개의 지지가 아니고 12개의 지지가 되는 이유는 뭘까? 목, 화, 금, 수는 음과 양이 1개씩 구성되나, 토는 오행의 4단계 변화에 포진하며 음과 양이 2개씩 구성되기 때문이다.

이처럼 하늘의 기운인 천간은 10개이고, 땅의 기운인 지지는 12개이다. 이들 천간과 지지가 결합해 '60갑자(甲子)'를 만드는데, 이때 특정한 규칙을 따른다. 천간의 첫 번째인 갑(甲)과 지지의 첫 번째인 자(子)의 조합으로부터 시작해 천간과 지지가 순서대로 하나씩 만나서 총 60개의 조합을 만들게 된다. 이렇게 천간과 지지의 조합으로 구성된 개수는 60개이고, 이를 60갑자라고 부른다.

우리가 관심을 가져야 할 대상은 사주팔자다. 사주에서 '4개의 기둥은 60갑자 중 4개의 조합이 선택'된 것이다. 4개의 기둥에는 '각각 천간과 지지에 2개의 글자가 있으므로 총 8개의 글자'가 된다.

이와 같이 사주는 60갑자로부터 4개의 기둥을 조합한 것으로, 총 8개의 글자로 구성된다. 여기서 4개의 기둥 중 자신의 생일에 해당하는 일주(생일을 나타내는 기둥)의 천간인 '일간'이 자기 자신을 나타내고, '나머지 천간과 지지인 7개의 글자'는 자신인 일간과의 관계에서 역할이 결정된다. 여기서 주의할 점은 '일간이 자기 자신을 대표하지만, 나머지 7개의 글자도 엄연히 자신의 특성을 결정짓는 중요한 글자'라는 것이다.

◉ 사주팔자는 10개 천간과 12개 지지의 조합이다

통상 어떤 사람의 사주를 해석할 때는 각 10개의 천간과 12개의 지지(이를 10간 12지라고 한다)를 잘 알아야 일간과 나머지 7개의 글자를 통해 성격, 적성 및 능력, 대인 관계, 건강, 재운 등 다양한 각도로 해석할 수 있다.

일반적으로 사주 해석을 할 때는 10간 12지의 각각의 특성 자체도 매우 중요하다. 그런데 주식운을 분석할 때는 10간 12지의 각 특성보다는 일간과 나머지 7개의 글자와의 (사회적) 관계에 집중한다. 따라서 여기서는 10간 12지의 특징만 간략하게 살펴보자(이에 대한 보다 자세한 접근은 필자가 쓸 다음 책에서 제시하고자 한다).

◉ 주식투자자는 10개 천간의 오행을 알아야 한다

첫째, 사주의 천간을 구성하는 것은 10간이다. 10간은 갑(甲), 을(乙), 병(丙), 정(丁), 무(戊), 기(己), 경(庚), 신(辛), 임(壬), 계(癸)로 구성된다.

다음 표를 보자.

천간(10간)의 특성

천간	음양	오행	색깔	특성
갑(甲)	양(+)	목	청색 (녹색)	• (곱게 뻗은)큰 나무 • 성장 의지, 시작하는 힘, 생동감, 자존심, 민감성, 인정(人情), 용두사미 등
을(乙)	음(-)	목	청색 (녹색)	• 넝쿨(덩굴) • 시작·성장·확장, 끈기, 생존력, 이해타산(실리), 융통성 등
병(丙)	양(+)	화	적색	• 태양 • 행동력과 추진력, 저돌성, 진취·정열·베짱, 다혈질과 조급함, 폼생폼사 등
정(丁)	음(-)	화	적색	• 촛불, 난로 • 예의와 예절, 다정과 온화, 봉사와 희생, 보수성 등
무(戊)	양(+)	토	노랑	• 넓은 사막, 큰 산 • 고집과 우직, 책임감과 끈기, 믿음직스러움, 안정감, 소유욕, 답답함 등
기(己)	음(-)	토	노랑	• 논밭 • 주변을 챙김, 수성과 지킴, 가만히 있음, 중립, 포용력, 다정다감, 실속주의 등
경(庚)	양(+)	금	백색	• 큰 바위, 도끼와 큰 창 • 의로움, 의리, 충직, 고집, 완벽, 결단성, 규범과 원칙, 논리성 등
신(辛)	음(-)	금	백색	• 보석, 날카로운 칼 • 완결성과 결실, 예리함과 세밀함, 자기중심적과 자존심, 냉정과 현실성 등
임(壬)	양(+)	수	흑색	• 바다, 큰 강 • 생각이 많음, 연구·창의·두뇌 회전, 포용성, 속마음을 감춤, 인기 등
계(癸)	음(-)	수	흑색	• 계곡물, 샘물, 우물물 • 조용히 스며듦, 공감·감수성, 유연성, 적응성, 잔꾀와 비밀, 싫증, 의외성 등

이 표는 10개의 천간의 음양오행과 특징을 요약한 것이다. 만약 당신의 일간이 갑(甲)이라면, 일간은 자기 자신을 상징하므로 당신

은 갑(甲)의 특성을 가진다. 즉 당신은 위를 향해 곧게 뻗어나가는 소나무처럼 성장 지향적일 것이다. 사주 내의 천간과 지지를 분석하면 자신의 성향과 특성에 대한 많은 정보를 얻을 수 있다.

어쨌든 우리는 주식투자자로서 사주명리를 활용하고자 함에 목적이 있다. 따라서 여기서는 이에 필요한 내용만 숙지하도록 하자. 가장 중요한 것은 각 '천간 글자에 배속된 오행'이다.

예를 들면, 사주에 갑(甲)이라는 글자가 있다고 하자. 갑(甲)에 배속된 오행은 목(木)이므로, 갑목이라 할 수 있다. 마찬가지로 계(癸)에 배속된 오행은 수(水)이므로, 계수라고 한다. 앞으로는 이렇게 천간 글자와 오행을 붙여 부르도록 할 것이다.

사주명리를 공부할 때는 각 천간의 특성에 대해 깊게 공부할 필요가 있으나, 주식투자자로서는 각 천간의 특성에 너무 큰 의미를 두지 말자.

정리하면, 사주의 천간 글자는 '갑목, 을목, 병화, 정화, 무토, 기토, 경금, 신금, 임수, 계수'와 같은 방식으로 부른다.

◎ 주식투자자는 12개 지지의 오행을 알아야 한다

둘째, 사주의 지지를 구성하는 12지지이다. 12지지는 자(子), 축(丑), 인(寅), 묘(卯), 진(辰), 사(巳), 오(午), 미(未), 신(申), 유(酉), 술(戌), 해(亥)로 구성된다.

다음 표를 보자.

지지	음양	오행	색깔	특성
자(子)	음(-)	수	흑색	• 생명수, 씨앗, 번식성, 지혜와 연구 등
축(丑)	음(-)	토	노랑	• 언 땅(습토*), 냉함, 답답함, 숙련, 수렴 등
인(寅)	양(+)	목	청색	• 초목, 새로운 시작과 소생, 역동성, 키움 등
묘(卯)	음(-)	목	청색	• 새싹의 번짐, 예쁘고 여림, 새로움 추구 등
진(辰)	양(+)	토	노랑	• 만물의 기개, 변화무쌍, 이중성, 감춤 등
사(巳)	양(+)	화	적색	• 양기 퍼짐, 행동과 추진력, 역동성, 배신 등
오(午)	음(-)	화	적색	• 양기 절정, 역마(돌아다님), 자존과 질주 등
미(未)	음(-)	토	노랑	• 재(灰), 참을성과 거침, 답답함 등
신(申)	양(+)	금	백색	• 만물이 실해짐, 영리함 · 재주, 아전인수 등
유(酉)	음(-)	금	백색	• 열매를 갖춤, 결실, 정밀함, 예리함
술(戌)	양(+)	토	노랑	• 큰 산, 충직과 우직, 참을성 등
해(亥)	양(+)	수	흑색	• 바다(큰물), 역동성, 사유와 생각, 식복 등

*토는 수기를 포함한 습토(濕土)와 화기를 포함한 조토(燥土)로 구분하며, 습토에는 축토, 진토가 있고, 조토에는 미토, 술토가 있다.

이 표에서 알 수 있듯이, 12지지에서도 각 '지지 글자에 배속된 오행'이 있다. 사주명리 공부를 위해서는 각 지지의 특성 등도 깊게 공부할 필요가 있으나, 주식투자자로서는 '지지 글자에 배속된 오행'만 숙지하면 된다.

예를 들면, 사주에 자(子)라는 글자가 있다고 하자. 자(子)에 배속된 오행은 수(水)이므로, 자수라 한다.

사주의 지지 글자를 열거하면, '자수, 축토, 인목, 묘목, 진토, 사화, 오화, 미토, 신금, 유금, 술토, 해수'와 같은 방식으로 부른다.

천간과 지지에 대해 기억해야 할 점은, 사주 글자에 오행을 붙여

부른다는 것이다. 천간은 '갑목, 을목, 병화, 정화, 무토, 기토, 경금, 신금, 임수, 계수'이다. 지지는 '자수, 축토, 인목, 묘목, 진토, 사화, 오화, 미토, 신금, 유금, 술토, 해수'이다.

〔사주명리의 원칙 ②〕
생극과 합충

⚡ 오행의 생극

사주명리는 자연과 만물의 운행 원리를 규명하고자 하는 것이다. 그 운행 원리에 있어 가장 기본적인 변수가 오행의 상생(相生)과 상극(相剋)이다.

오행의 상생과 상극은 자연과 만물이 서로 상호작용하면서 그 기운을 도와주기도 하고 억누르기도 하는 관계를 의미한다. 오행의 상생과 상극을 줄여 생극(生剋)이라 부른다.

다음의 표를 보자.

오행의 상생
목생화(木生火), 화생토(火生土), 토생금(土生金) 금생수(金生水), 수생목(水生木)
오행의 상극
목극토(木剋土), 화극금(火剋金), 토극수(土剋水) 금극목(金剋木), 수극화(水剋火)

첫째, 오행의 상생을 살펴보자.

이 표의 윗부분은 오행의 상생을 보여준다. 오행은 목, 화, 토, 금, 수의 순서로 열거할 수 있는데, 하나의 오행은 다음 단계의 오행에게 자신의 기운을 준다.

예를 들면, 목생화(木生火)를 보자. 나무(木)는 자신을 태움으로써 불(火)를 일으킨다. 유사한 방식으로, 화생토(火生土)는 불(火)이 재를 만듦으로써 흙(土)을 생한다. 토생금(土生金)은 흙(土)이 오랜 시간 굳어짐으로써 쇠(金)를 만들어낸다. 금생수(金生水)는 쇠(金)가 습기를 불러들임으로써 물(水)을 형성하게끔 한다. 수생목(水生木)은 물(水)이 나무에 자양분을 제공함으로써 나무(木)를 살게 한다.

◎ 사주의 8개의 글자들은 오행에 따라 서로 돕는다

그러면 사주에서는 상생의 원리가 어떤 식으로 적용될까?

다음의 사주를 보자.

	시주	일주	월주	년주
천간	○	丙 병화	○	○
지지	○	寅 인목	○	○

위의 사주에서 일지의 인목이 목생화(木生火)의 원리에 따라 일간의 병화를 생한다.

위와 같은 상생의 원리는 사주의 여덟 글자 내에서 모두 성립한다. 다만 천간은 천간 글자끼리, 지지는 지지 글자끼리 상생이 잘되고, 사주상의 위치가 가까울수록 상생이 잘된다.

◎ 사주의 8개의 글자들은 오행에 따라 서로 억제한다

둘째, 오행의 상극을 살펴보자.

110쪽 표의 아랫부분은 오행의 상극을 보여준다. 오행은 목, 화, 토, 금, 수의 순서로 열거할 수 있는데, 하나의 오행은 다음 단계의 오행을 건너뛴 그 다음 단계의 오행의 기운을 억누른다.

예를 들면, 목극토(木剋土)를 보자. 나무(木)는 흙에 뿌리를 내려 흙(土)을 극한다. 유사한 방식으로, 화극금(火剋金)은 불(火)이 쇠(金)를 녹인다. 토극수(土剋水)는 흙(土)이 물(水)의 흐름을 막는다. 금극목(金剋木)은 쇠(金)가 나무(木)를 자른다. 수극화(水剋火)는 물(水)이 불(火)을 꺼뜨린다.

그렇다면 사주에서는 상극의 원리가 어떤 식으로 적용될까?

다음의 사주를 보자.

	시주	일주	월주	년주
천간	○	甲 갑목	戊 무토	○
지지	○	○	○	○

위의 사주에서 일간의 갑목이 목극토(木剋土)의 원리에 따라 월간
의 무토를 극한다.

위와 같은 상극의 원리는 사주의 여덟 글자 내에서 모두 성립한
다. 다만 천간은 천간 글자끼리, 지지는 지지 글자끼리 상극의 작용
이 강하고, 사주상의 위치가 가까울수록 그 작용이 강하다.

여기서는 상생과 상극을 암기하자. 상생에는 목생화(木生火), 화생
토(火生土), 토생금(土生金), 금생수(金生水), 수생목(水生木)이 있다. 상극
으로는 목극토(木剋土), 화극금(火剋金), 토극수(土剋水), 금극목(金剋木),
수극화(水剋火)가 있다.

⚞ 천간의 합충

앞서 보았던 오행의 상생과 상극의 관계를 넘어, 특정한 천간끼리
또는 특정한 지지끼리 서로 결속하거나 배척하는 관계를 갖기도 하
는데, 이를 합(合) 또는 충(沖)이라 한다.

두 간지가 서로 합(合)을 이루면, 사주의 다른 글자와의 작용에는 관심이 없고, 오로지 합을 이루는 글자끼리의 결속 작용이 강해진다. 반대로 두 간지가 서로 충(沖)을 이루면, 사주의 다른 글자와의 작용에는 관심이 없고, 오로지 충을 이루는 글자끼리의 배척 작용이 강해진다.

여기서 합과 충은 천간끼리 또는 지지끼리만 일어난다는 점에 유의하자. 우선 천간의 합충을 알아보고, 순차적으로 지지의 합충을 알아보자.

◎ 사주의 천간끼리 결합하거나 충돌한다

다음의 표는 천간의 합충을 보여준다.

천간의 합충

천간합(天干合)
갑기(甲己) 합토(土), 을경(乙庚) 합금(金) 병신(丙辛) 합수(水), 정임(丁壬) 합목(木) 무계(戊癸) 합화(火)
천간충(天干沖)
갑경(甲庚) 충, 을신(乙辛) 충 병임(丙壬) 충, 정계(丁癸) 충

첫째, 천간의 합부터 보자. 이 표의 윗부분은 천간의 합을 보여준다. 천간의 합이 이루어지면, 합을 이루는 글자끼리 서로 바라보면

서 합으로 변하는 오행의 특성을 강하게 드러낸다.

예를 들면, 갑기 합토(甲己 合土)를 보자. 갑목이 기토를 만나면 둘의 결속 관계를 통해 토 기운이 강해진다. 갑목 고유의 특성 자체가 없어지는 것이 아니라 그 특성이 약화되면서, 갑목과 기토의 결속 작용이 강화되는 것이다. 다른 천간합들도 갑기 합토와 유사한 원리를 따른다.

그러면 사주에서는 천간의 합이 어떤 식으로 일어날까?

다음의 사주를 보자.

	시주	일주	월주	년주
천간	○	甲 갑목	己 기토	○
지지	○	○	○	○

이 사주에서 일간의 갑목은 월간의 기토와 합해 토를 생성시킨다. 여기서 양목으로써 갑목의 고유한 특성 자체가 없어지는 것이 아니라, 갑목이 유독 기토에 관심을 가지면서 갑기(甲己)가 서로 상호작용해 토의 기운을 강화시키게 된다. 이러한 경우, 갑목이나 기토 모두 다른 글자들과의 상호작용은 다소 약화된다.

◎ 두 천간이 충돌하면 그 글자들은 크게 흔들린다

둘째, 천간의 충(沖)이다. 113쪽 표의 아랫 부분이 천간의 충이다.

두 천간이 서로 충을 하면, 오로지 충을 이루는 글자끼리 부딪치면서 요동치고 큰 변화가 일어나게 된다. 이러한 충돌로 인해서 두 천간의 고유한 기운이 약화되고 사주의 다른 글자와의 작용력도 약화된다.

우리가 분석하는 주식운과 관련해서는 천간충(지지충도 마찬가지)이 지대한 영향을 끼치니 천간충을 잘 기억하고 있도록 하자.

다음의 사주에서 갑경충(甲庚沖)을 보자.

	시주	일주	월주	년주
천간	庚 경금	甲 갑목	○	○
지지	○	○	○	○

이 사주에서 일간의 갑목이 시간의 경금을 만나 두 천간이 충돌을 하고 있다. 이처럼 사주에서 두 천간이 충을 하면 각자의 고유한 기능이 약화되고 큰 변동이 일어난다. 두 천간의 기운이 크게 흔들린다고 보면 된다. 이때 두 천간이 인접할수록 그 충돌은 강하다. 다른 천간충들도 갑경충과 유사한 원리를 따른다.

특히 주식운을 분석할 때 천간의 충은 눈여겨보아야 한다. 여기서는 천간의 충을 암기하자. 천간충에는 갑경(甲庚) 충, 을신(乙辛) 충, 병임(丙壬) 충, 정계(丁癸) 충이 있다.

🦌 지지의 합충

합과 충은 천간끼리 또는 지지끼리만 일어나므로 각각 살펴보아야 한다. 앞서 천간의 합충을 보았으니, 이번에는 지지의 합충을 알아보자.

아래의 표는 지지의 합충을 보여준다.

지지의 합충

삼합(三合)
해묘미(亥卯未) 합목(木), 인오술(寅午戌) 합화(火) 사유축(巳酉丑) 합금(金), 신자진(申子辰) 합수(水)

방합(方合)
인묘진(寅卯辰) 합목(木), 사오미(巳午未) 합화(火) 신유술(申酉戌) 합금(金), 해자축(亥子丑) 합수(水)

육합(六合)
자축(子丑) 합토(土), 인해(寅亥) 합목(木), 묘술(卯戌) 합화(火) 진유(辰酉) 합금(金), 사신(巳申) 합수(水), 오미(午未) 합화(火)

지지충(地支沖)
자오(子午) 충, 축미(丑未) 충, 인신(寅申) 충, 묘유(卯酉) 충, 진술(辰戌) 충, 사해(巳亥) 충

◇ 2~3개의 지지가 합하면 특정한 오행이 강해진다

우선, 지지의 합부터 알아보자.

지지의 합에는 삼합, 육합, 방합 등이 있다. 2~3개의 지지가 서로 합(合)을 이루면, 각 지지의 특성과 기능은 유지되거나 약화되면서 두 지지가 합을 이루는 오행의 작용은 강해진다.

첫 번째, 삼합이다.

삼합은 지지의 합 중 가장 강력하다. 삼합은 각자의 영향력은 유지하되 합하는 오행의 영향력이 추가되는 것이다. 각 오행의 시작, 중심, 마무리의 조합으로 이루어져 있어 삼합의 가운데 글자를 중심으로 합이 된다. 예를 들면, 해묘미(亥卯未) 합목은 목기운이 해(亥)에서 시작해 묘(卯)에서 절정이 되고 미(未)에서 마무리되면서 목을 중심으로 합이 되는 것이다.

삼합을 이루는 세 글자 중에 두 글자만 있어도 반합이 성립한다. 다만 삼합의 가운데 글자가 포함되어 있어야 반합의 의미가 있다. 해묘미(亥卯未)의 삼합이라면, 해묘(亥卯), 묘미(卯未)는 반합이 성립한다. 다만 해미(亥未)는 특정한 조건에서만 반합이 성립할 수 있다.

다음 사주를 보자.

	시주	일주	월주	년주
천간	○	○	○	○
지지	○	○	亥 해수	卯 묘목

이 사주를 보면, 월지 해수가 년지 묘목과 합(삼합 중 반합)해 해묘미 합목(亥卯未 合木)의 원리에 따라 목을 강하게 한다. 여기서 월지

해수는 묘목과 합해 목의 성질을 강하게 띠므로, 해수의 특성과 기능은 다소 약화된다.

두 번째, 방합을 알아보자.

방합은 각 계절을 의미하는 지지끼리의 합이다. 인묘진(寅卯辰)은 봄, 사오미(巳午未)는 여름, 신유술(申酉戌)은 가을, 해자축(亥子丑)은 겨울에 속한다. 인묘진(寅卯辰)의 경우 세 개의 지지가 모두 계절 중 봄에 속하므로, 계절적인 합이 이루어진다. 나머지 방합도 마찬가지 원리로 이루어진다. 이 방합은 계절의 완전한 합체이므로 세 개의 지지가 모두 모여야 합이 이루어진다.

다음 사주를 보자.

	시주	일주	월주	년주
천간	○	○	○	○
지지	○	寅 인목	卯 묘목	辰 진토

이 사주를 보면, 월지 묘목을 중심으로 좌우에 인목과 진토가 있어 목의 계절을 중심으로 인묘진(寅卯辰) 방합이 성립한다. 목 계절의 기운을 가진 지지들이 연합해 목의 기운을 강하게 한다.

세 번째, 육합이다. 삼합이나 방합과는 달리, 육합은 지지 두 글자가 합하는 것이며, 두 개의 지지 내 비슷한 성질끼리 결합하는 것이다. (이에 대한 자세한 내용은 필자가 쓸 다음 책으로 설명을 미룬다).

육합은 다음과 같이 총 6개가 성립한다. 그것은 자축(子丑) 합토(土), 인해(寅亥) 합목(木), 묘술(卯戌) 합화(火), 진유(辰酉) 합금(金), 사신(巳申) 합수(水), 오미(午未) 합화이다. 육합은 서로 합해 완전히 변하는 것이 아니라 서로 도움을 주고받으며 합을 해 그 과정에서 생성되는 오행이 강해진다고 보면 된다.

다음 사주를 보자.

	시주	일주	월주	년주
천간	○	○	○	○
지지	○	寅 인목	亥 해수	○

이 사주를 보면, 월지 해수와 일지 인목 사이 육합이 성립한다. 인해(寅亥) 합목의 원리에 따라 목의 기운이 강해진다.

◎ 두 지지가 충돌하면 두 글자 모두 손상을 입는다

이번에는 지지의 합(合)에 이어 지지의 충(沖)을 알아보자.

두 개의 지지가 서로 충(沖)을 이루면, 충을 이루는 글자끼리 충돌하니 부서지고 큰 변화가 일어난다. 경우에 따라서는 특정 지지가 수행하던 원래의 기능이 약화되거나 무력화되기도 한다. 주식운을 살펴볼 때, 지지의 충이 주식운에 커다란 영향을 미친다는 점을 기억하자.

지지의 충은 총 6개이고, 자오(子午) 충, 축미(丑未) 충, 인신(寅申) 충, 묘유(卯酉) 충, 진술(辰戌) 충, 사해(巳亥) 충이 있다.

다음 사주를 보자.

	시주	일주	월주	년주
천간	○	○	○	○
지지	○	子 자수	午 오화	○

이 사주를 보면, 월지의 오화가 일지의 자수를 만나서, 두 개의 지지 사이 충이 성립한다. 오행 생극의 원리에 따라 자수와 오화가 만나면 화 기운이 위축된다(수극화의 원리). 따라서 오화가 더 상처를 입지만, 자수 또한 충돌로 인한 상처를 피할 수 없다. 두 개의 지지 모두 충으로 인해 부서지고 파괴될 수 있다. 이때 충하는 지지들이 가까이 있을수록 충의 영향이 크다.

우리가 주식운을 분석할 때 지지의 합충은 모두 중요하다. 정리하면, 지지의 합에는 삼합, 방합, 육합이 있는데, 합으로 인해 특정한 오행이 강해지도 하고 약해지기도 하며, 충으로 인해서는 두 개의 지지 모두 큰 상처를 입는다.

〔사주명리의 원칙 ③〕
일간의 통근과 세력

🌲 일간은 지장간에 뿌리내린다

사주는 년주, 월주, 일주, 시주라는 4개의 기둥으로 이루어져 있으며, 각 기둥마다 천간과 지지에 두 글자씩 배속되어 총 8개의 글자가 된다. 4개의 기둥 중 일주를 보면, 천간에 해당하는 일간이 자신을 의미한다. 사주명리는 '일간을 중심으로 사주를 분석'하는 것이다.

주식운을 알기 위한 사주 분석의 핵심은 다음과 같다. 일간과 나머지 7개의 글자는 생극하거나 합충하는 관계를 갖는다. 우선, 일간과 나머지 7개의 글자들 간 관계를 중심으로 사주를 풀어간다. 이어 일간 외에 다른 글자들끼리의 관계들을 해석하는 것이다.

◇ 일간은 땅속에 뿌리를 내려야 튼튼하다

그런데 이와 같이 분석할 때 사전적으로 할 일이 있다. '일간은 자기 자신을 의미하므로 무엇보다 우선해 일간이 탄탄하게 서 있는지'를 봐야 한다. 이후 앞서 언급한 일간과 다른 글자 간의 관계를 풀게 된다.

자, 이제부터 일간이 탄탄하게 서 있는지에 대해 살펴보자. 누차 이야기했듯이, 일간은 자기 자신이다. 일간은 하늘을 상징하는 천간인데, 땅을 상징하는 지지에 뿌리를 내려야 일간이 튼튼하게 설 수 있다. 일간이 뿌리를 내린다는 말이 한자어로 통근(通根)한다는 말이다.

앞으로 주식운을 보는 데 있어 우리가 가장 첫 번째로 고려하는 것이 '일간의 통근'이다. 그렇다면 일간의 통근을 왜 고려해야 하는 것일까? 일간은 자기 자신이라 했고 통근은 일간이 지지에 뿌리를 내리는 것을 의미한다고 했다. 일간이 뿌리를 내리지 못하면 어떨까? 그렇다. 일간이 허약하다. 뿌리가 허약하니 일간이 힘이 부족해 쉽게 흔들린다.

재성은 돈이자 먹이다. 이 먹이를 잡기 위해서는 일간의 힘이 강성해야 한다. 일간이 뿌리를 내리고 튼튼해야 돈과 먹이를 취할 수 있는 힘이 강건해진다.

사주명리상 일간이 강해지는 방법은 여러 가지가 있다. 그러나 가장 치열한 전쟁터인 주식시장에서 돈을 취하기 위해서는 일간이 뿌리를 내리는 것이 가장 중요하다. 필자는 주식운을 설명하고 있고,

주식운을 알기 위한 가장 중요한 사실이자 첫 번째 출발은 '일간의 통근 여부를 확인하는 것'이다.

◎ 일간은 땅속에 숨어 있는 지상간에 뿌리를 내린다

그렇다면 일간이 어떻게 뿌리를 내릴 수 있을까? 사주에서 지지에 위치한 4개의 글자가 일간의 뿌리가 될 수 있다. 그런데 각 지지는 그 속에 지장간(支藏干)이라는 글자를 가지고 있다. 일간이 지지에 뿌리를 내리는지, 그렇지 못하는지는 각 지지 속 지장간에 답이 있다.

정확히 말하면, '각 지지는 그 속에 지장간을 가지는데, 그중에 일간과 동일한 오행이 있을 때 일간이 뿌리를 내릴 수 있다'. 일간이 줄기(잎 포함)라면, 지장간은 뿌리이고 일간과 지장간의 오행이 같을 때 줄기가 뿌리에 관통하고 있는 것이라고 보면 된다.

사주명리에서 지장간은 어려운 개념이지만, 일간이 지장간에 통근하는지를 알아보는 것은 그리 어려운 절차는 아니니 힘을 내보자. 다시 말하지만, 자기 자신인 일간이 지장간에 뿌리를 내려야 향후 주식을 통해 재물을 취할 수 있는 힘이 충만해지는 것이다. 그러니 이를 잘 살펴봐야 한다.

그럼 지장간에 대해 알아보자. 12개의 지지는 그 속에 각각 2~3개의 천간을 숨기고 있는데, 이를 '지장간'이라고 한다. 한자를 풀이하면, 지지 속에 숨은 천간이라는 뜻이다.

다음은 각 지지의 지장간을 보여주는 표이다.

지장간표

지지	子	丑	寅	卯	辰	巳	午	未	申	酉	戌	亥
여기	임	계	무	갑	을	무	병	정	무	경	신	무
	10	9	7	10	9	7	10	9	7	10	9	7
중기		신	병		계	경	기	을	임		정	갑
		3	7		3	7	9	3	7		3	7
정기	계	기	갑	을	무	병	정	기	경	신	무	임
	20	18	16	20	18	16	11	18	16	20	18	16

이 표는 12개의 지지가 그 속에 숨겨둔 천간을 보여준다. 예를 들면, 자(子)는 지장간에 임(壬), 계(癸)를 가지고 있다. 즉 자수는 그 속에 임수와 계수의 성분을 동시에 가지고 있는 것이다.

◎ 지장간은 정기, 여기, 중기 순으로 영향력이 세다

이 지장간표에서 지장간이 여기, 중기, 정기로 나누어져 있는 것을 볼 수 있다. 지장간은 2~3개의 천간으로 구성되는데, 여기는 앞 지지에서 넘어온 기운이고, 중기는 필요(정확히는 삼합)에 의해 더해지는 기운이고, 정기는 자신의 성질을 그대로 반영하게 되는 같은 기운이다.

한편 여기, 중기, 정기에 각각 숫자가 표시되어 있다. 예를 들면, 미(未)에서 여기 정(丁)은 9, 중기 을(乙)은 3, 정기 기(己)는 18이다. 여기, 중기, 정기에 표시된 숫자는 한 달(30일)을 기준으로 정은 9일, 을은 3일, 기는 18일 동안 영향을 미친다는 뜻이다. 이러한 날짜 단위의 구분보다, 여기 : 중기 : 정기가 9 : 3 : 18의 비율로 영향력을 가진다고 해석할 수 있다.

지장간의 영향력을 간단히 말하면, 모든 지지에서 정기, 여기, 중기 순으로 영향력이 크다고 보면 된다. 예를 들면, 축토에 있는 시장간의 영향력은 기토(정기), 계수(여기), 신금(중기) 순이다. 여기서는 각 지지는 지장간을 가지고 있고 그 영향력은 정기, 여기, 중기 순이라는 정도만 이해하고 넘어가자.

복잡한 얘기는 이 정도로 하고, 각 지지는 지장간에 2~3개의 천간을 가지고 있다는 사실을 꼭 기억하자. 우리는 일간의 통근 여부를 알아보는 게 목적이다. 그래서 우선 사주의 각 지지의 지장간에서 일간과 같은 오행이 있는지를 체크해보는 것이다.

일간이 어떻게 뿌리내릴까?

자신의 사주원국에는 4개의 지지가 있는데, 이 4개의 지지는 각각 지장간을 가지고 있고, 그 속에 2~3개의 천간을 숨기고 있다.

여기서 '각 지지의 지장간 중에 일간과 동일한 오행이 있다면, 일간이 뿌리를 내린다(이를 통근이라 한다)'고 표현한다. 즉 하늘의 천간인 일간이 땅인 지지 속 동일 오행에 뿌리를 내리고 있다는 것이다. 일간이 지지의 지장간 중 동일한 오행에 뿌리를 깊숙하게 내릴수록 일간의 뿌리가 견고해진다.

◎ 일간이 정기에 뿌리를 내릴 때 가장 튼튼하다

그런데 일간이 통근한다면, '지장간의 여기, 중기, 정기 중 어디에 뿌리를 내리고 있는지'도 중요하다. 124쪽의 지장간표를 보면, 모든 지지에서 '정기〉여기≧중기' 순으로 숫자가 큼을 알 수 있다. 이는 정기, 여기, 중기 순으로 영향력이 강한 기운임을 의미하고, 일간이 지장간 중 더 강한 기운에 뿌리를 내릴수록 더 견고해진다.

다음 사주를 보자.

		시주	일주	월주	년주
천간		己 기토	甲 갑목	己 기토	癸 계수
지지		巳 사화	申 신금	未 미토	卯 묘목
지장간	여기	무(7)	무(7)	정(9)	갑(10)
	중기	경(7)	임(7)	을(3)	
	정기	병(16)	경(16)	기(18)	을(20)

이 사주원국을 살펴보면, 년지 묘목은 지장간 속에 갑(甲), 을(乙)이 있다. 묘 속의 갑(甲)과 을(乙)은 일간 갑목과 동일한 오행으로, 일간 갑목은 년지 묘목의 지장간인 갑(甲)과 을(乙)에 모두 뿌리를 내리고 있다.

한편 묘목은 여기인 갑이 10, 정기인 을이 20이다. 이는 '갑:을'이

'10:20'으로 영향을 미치고, 그 합은 30이다. 여기서 갑과 을은 모두 목 오행이므로 둘 다 일간의 뿌리가 된다.

또한 월지 미토의 지장간에는 정(丁), 을(乙), 기(己)가 있는데, 이 중 을이 일간 갑목과 동일한 오행으로, 일간 갑목은 월지 미토에도 뿌리를 내리고 있다고 할 수 있다. 지장간 중 을은 중기로서 3에 해당하는 영향력이 있다. 나머지 일지 신금과 시지 사화는 각 지장간에 목 오행이 없으므로, 일간 갑목의 뿌리가 될 수 없다.

여기서는 다음 내용을 기억하자. 일간은 각 지지의 지장간에 뿌리를 내릴 수 있다. 지장간은 정기, 여기, 중기 순으로 영향력이 크다.

🔺 일간이 어떤 지지에 뿌리내려야 강할까?

일간은 사주원국에서 4개의 지지 속 지장간에 뿌리를 내릴 수 있고, 그 강도는 지장간에 표기된 숫자를 따른다고 했다.

한 걸음 더 나아가서, 일간이 어떤 지지에 뿌리내릴 때 년지, 월지, 일지, 시지 중 어느 위치에서 뿌리가 가장 강해질까?

지지는 '월지〉일지〉시지〉년지' 순으로 그 영향력이 크다. 그리해 일간이 각 지지의 지장간에 뿌리를 내릴 때도 '월지〉일지〉시지〉년지' 순으로 강하다.

일간이 월지나 일지에 뿌리를 내리면 웬만해서는 흔들림이 없을 정도로 튼튼하다.

다음 예시를 보자.

	시주	일주	월주	년주
천간	○	甲 갑목	○	○
지지	○	○	亥 해수	○
지장간 여기			무토	
지장간 중기			갑목	
지장간 정기			임수	

이 사주를 보면, 일간 갑목이 월지 해수의 지장간 중 갑목에 뿌리를 내리고 있다. 해수가 월지에 있는 경우가 다른 지지에 있는 경우보다 영향력이 가장 크기에 일간의 뿌리는 튼튼하다. 만약 해수가 일시에 있을 경우에도 일간의 뿌리가 견고하다고 볼 수 있다.

이렇게 일간의 통근 강도를 보기 위해서는 지장간의 '정기·여기·중기 여부'와 '지지의 위치'를 확인해야 한다는 사실을 알았다. 지지의 힘은 지장간 뿐만 아니라 어느 경우나 '월지〉일지〉시지〉년지' 순이다.

◎ 모든 천간은 뿌리를 내려야 튼튼하다

그런데 한 가지 보충 설명이 필요하다. 앞으로 주식운을 보기 위해서는 일간의 통근뿐만 아니라 다른 천간의 통근까지 고려해야 하기 때문이다.

그런데 일간과는 약간의 해석에 대한 차이가 있다. 다른 천간이 뿌리를 내릴 때는 '월지'와 '각자의 기둥'에 뿌리를 굳게 내릴 수 있다. 다른 기둥에도 뿌리를 내릴 수는 있지만 이는 미약한 것으로 본다. 이에 대해서는 차츰 얘기하기로 하고, 여기서는 일간뿐만 아니라 각각의 천간도 4개의 지지에 뿌리를 내릴 수 있다는 정도만 기억하자.

정리하자면 요컨대 일간은 4개의 지지 속 지장간에 뿌리를 내릴 수 있고, 다른 천간도 월지나 각자의 사주 기둥의 지지에 뿌리를 내릴 수 있다.

어찌 됐든 앞으로 살펴보게 될 주식운의 가장 중요한 첫 단추는 일간이 각 지지 속 지장간에 뿌리를 잘 내리고 있는지 확인하는 것이다. 그것이 충족되어야 일간이 돈과 먹이를 취할 수 있는 힘이 강건하다고 볼 수 있다.

🔺 일간의 힘

우리는 지금까지 일간의 힘의 뿌리인 통근력에 대해 알아보았다. 통근은 일간이 바로 서기 위한 최소한의 기본 요건이다.

여기서는 일간의 통근을 포함해 일간이 보다 큰 힘을 얻기 위한 조건을 정리해본다. 즉 일간이 보다 큰 힘을 얻기 위해서 무엇이 필요할지 열거해보겠다.

첫째, 일간의 통근이다.

천간은 지지에 뿌리를 내려야 그 힘이 강건해진다. 즉 일간과 다른 천간(예: 년간, 월간, 시간) 모두 지지에 뿌리를 내리고 있어야 그 세력의 토대를 형성할 수 있는 것이다. 일간의 통근은 앞서 살펴본 것과 같다.

일간의 뿌리가 부실하면 주식시장이라는 전쟁터에서 적응하는 것이 만만치 않다. 전쟁터에 유명무실한 전차가 있다고 하자. 즉 전차의 포신이 약해 포탄을 잘 쏠 수 없다면, 이 전차를 전쟁터에 끌고 나가는 것이 의미가 있을까?

◎ 일간과 같은 오행이 많을수록 일간의 힘이 세진다

둘째, 일간과 동일한 오행이 사주원국의 천간 또는 지지에 많을수록 일간의 힘은 세진다.

다음을 보자.

	시주	일주	월주	년주
천간	○	甲 갑목	○	甲 갑목
지지	○	○	○	寅 인목

이 사주에서 갑목 일간과 년주의 갑인은 동일한 목 오행이다. 따라서 갑목 일간은 동일한 오행의 도움으로 인해 그 세력이 강해진다. 천간은 어느 위치에 있든지, 그것과 동일한 오행이 천간이나 지

지에 많이 포진하고 있고 그 거리가 가까울수록 해당 천간의 세력은 강해진다.

◎ 생극, 합충에 따라 일간의 힘이 달라진다

셋째, 일간을 생하는 오행이 사주원국의 천간 또는 지지에 있으면 일간의 힘은 세진다.

반대로 일간을 극하는 오행이 사주원국의 천간 또는 지지에 있으면 일간의 힘은 약해진다. 특히 일간을 충하는 오행이 있으면 일간은 흔들린다.

극하거나 충하는 오행이 천간에 있든 지지에 있든, 그 글자가 일간에 근접해 있을수록 영향력이 크다.

다음을 보자.

	시주	일주	월주	년주
천간	○	乙 을목	癸 계수	○
지지	○	酉 유금	亥 해수	○

이 사주에서 월간의 계수와 월지의 해수는 을목 일간을 생하고 있으므로(수생목의 원리), 일간의 세력을 강하게 한다. 반면 일지의 유금은 을목 일간을 극하고 있으므로(금극목의 원리), 일간의 세력을 약하게 한다.

우리가 앞서 살펴보았던 상생과 상극의 원리는 사주의 모든 글자 간에 통용된다. 이보다 더 강하게 적용되는 경우는 오직 합충뿐이다.

일간의 세력에 대해 내용을 정리해보자. 일간과 동일한 오행이나 생하는 오행이 많을수록, 일간의 힘은 세진다. 반대로 극하는 오행이 많을수록, 일간의 힘은 약해진다. 한편 일간이 충을 당하면 상처를 입게 된다.

십신은 무엇일까?

일주의 천간인 일간은 자기 자신을 의미한다. 사주명리는 이 '일간을 중심으로 사주를 분석'하는 것이라 했다.

사주명리의 분석 순서는 다음과 같이 요약할 수 있다. 첫째, 일간의 뿌리와 세력을 본다. 둘째, 일간과 나머지 7개의 글자 간의 관계를 중심으로 풀어간다. 셋째, 일간 외에 다른 글자들 간의 관계를 풀어가는 것이다.

이처럼 일간을 중심으로 사주를 풀어나갈 때, '십신'이라는 개념이 등장한다. 오행의 생극의 원리를 일간과 나머지 글자들과의 관계에 적용시켜, 십신을 '비겁(일간과 동일한 오행), 식상(일간이 생하는 오행), 재성(일간이 극하는 오행), 관성(일간을 극하는 오행), 인성(일간을 생하는 오행)'

등 다섯 가지로 분류할 수 있다. 이를 음양에 따라 다시 각각 둘로 나누면 10개의 십신이 된다.

이렇게 분류된 십신은 '자기 자신인 일간과 나머지 7개의 글자와의 사회적 관계'를 표시하게 된다. 다시 말해, 십신은 일간과 다른 천간과 지지의 글자 간 오행의 상생상극 관계에 인간의 사회적 관계를 대입한 것이다. 십신을 분석하는 것은 '일간 이외의 7개의 글자를 십신에 배속하고, 일간과 이들 십신 간의 관계를 분석'하는 것을 말한다.

◎ 일간과 십신과의 관계를 분석하는 것이 핵심이다

주식운을 분석하기 위해서는 십신 분석이 가장 중요하다. 그렇지만 너무 염려할 것은 없다. 십신 분석은 차근히 알아가기로 하고, 여기서는 일간에 따라 나머지 7개의 글자에 부여된 십신의 명칭을 이해하고, 십신의 특성을 간략히 이해하면 된다.

다음의 표를 보자.

십신 배속 원리는 동일하지만, 다음 표는 천간과 지지로 나누어 십신을 보여준다.

일간별 (각 천간의) 십신

5개 십신	10개 십신	甲 일	乙 일	丙 일	丁 일	戊 일	己 일	庚 일	辛 일	壬 일	癸 일
비겁	비견	갑	을	병	정	무	기	경	신	임	계
	겁재	을	갑	정	병	기	무	신	경	계	임
식상	식신	병	정	무	기	경	신	임	계	갑	을
	상관	정	병	기	무	신	경	계	임	을	갑
재성	편재	무	기	경	신	임	계	갑	을	병	정
	정재	기	무	신	경	계	임	을	갑	정	병
관성	편관	경	신	임	계	갑	을	병	정	무	기
	정관	신	경	계	임	을	갑	정	병	기	무
인성	편인	임	계	갑	을	병	정	무	기	경	신
	정인	계	임	을	갑	정	병	기	무	신	경

일간별 (각 지지의) 십신

5개 십신	10개 십신	甲 일	乙 일	丙 일	丁 일	戊 일	己 일	庚 일	辛 일	壬 일	癸 일
비겁	비견	인	묘	사	오	진술	축미	신	유	해	자
	겁재	묘	인	오	사	축미	진술	유	신	자	해
식상	식신	사	오	진술	축미	신	유	해	자	인	묘
	상관	오	사	축미	진술	유	신	자	해	묘	인
재성	편재	진술	축미	신	유	해	자	인	묘	사	오
	정재	축미	진술	유	신	자	해	묘	인	오	사
관성	편관	신	유	해	자	인	묘	사	오	진술	축미
	정관	유	신	자	해	묘	인	오	사	축미	진술
인성	편인	해	자	인	묘	사	오	진술	축미	신	유
	정인	자	해	묘	인	오	사	축미	진술	유	신

앞선 표를 보면, 윗부분은 천간 글자의 십신을 나타내고, 아랫부분은 지지 글자의 십신을 정리한 것이다. 각 일간별로 나머지 7개의 글자에 배속되는 십신이 표기되어 있다.

십신은 오행의 생극의 원리를 일간과 나머지 글자들과의 관계에 적용시켜, 십신을 '비겁, 식상, 재성, 관성, 인성' 등 다섯 가지로 분류할 수 있다. 이어 음양에 따라 각각 둘로 나누면, '비견, 겁재(이상 비겁), 식신, 상관(이상 식상), 편재, 정재(이상 재성), 편관, 정관(이상 관성), 편인, 정인(이상 인성)' 등 열 가지로 재분류된다. (보다 자세한 십신의 배속 원리는 필자가 쓸 다음 책에서 설명하기로 하자.)

◎ 일간을 제외한 나머지 7개의 글자에 십신을 표기한다

그렇다면 사주에서는 십신이 어떻게 표기될까? 우선 10개의 십신을 표기해보자.

다음의 사주를 보자.

	시주	일주	월주	년주
천간	정인 癸 계수	일간 甲 갑목	편재 戊 무토	식신 丙 병화
지지	정관 酉 유금	상관 午 오화	비견 寅 인목	편관 申 신금

왼쪽 하단과 같이 일간 외에 7개의 글자 상단에 십신이 표기되어 있다. 이번에는 동일한 사주를 가지고 다음과 같이 5개의 십신으로 표기해보자.

	시주	일주	월주	년주
천간	인성 癸 계수	일간 甲 갑목	재성 戊 무토	식상 丙 병화
지지	관성 酉 유금	식상 午 오화	비겁 寅 인목	관성 申 신금

위의 사주에는 각 글자 상단에 5개로 분류되는 십신을 기재했다.

◎ 우리는 십신을 크게 5개로 분류해 사용한다

통상 사주의 분석을 위해서는 10개의 십신을 사용한다. 그렇지만 우리가 주식투자를 위해 사주명리를 활용할 때는 5개의 십신만을 사용한다. 그 이유는 필자가 지엽적인 차이는 무시하고 주식운을 간명하고도 실질적으로 분석하기 위함이다. 즉 복잡하고 미묘한 사주명리에 대한 해석을 가능한 한 배제하고, 쉽고 명확한 접근을 하기 위함이다.

이제까지는 십신의 개념과 기재를 알아보았다. 이제 십신의 특성에 대해 알아보자. 여기서는 간략히 그 특징이 무엇인지만 확인하기로 하자.

십신의 특성

5개 십신	상극 관계	특성	10개 십신	음양 관계	특성
비겁	일간과 동일한 오행	• 형제자매, 친구, 동료 등 • 주체성, 자존, 독립심, 경쟁과 경쟁력, 쟁취 의지와 추진력 등	비견	일간과 음양 동일	협력적 의미가 강함
			겁재	일간과 음양 다름	경쟁과 약탈의 의미가 강함
식상	일간이 생하는 오행	• 손아랫사람, (남) 장모 및 처가 (여) 자녀 등 • 표현력, 언어·예술 능력, 활동력(행동 인자), 양육과 교육, 섭생과 생식 등	식신	일간과 음양 동일	식도락, 안정과 여유, 보수의 의미가 강함
			상관	일간과 음양 다름	혁명, 비판, 창조의 의미가 강함
재성	일간이 극하는 오행	• (남) 부인, 여자, 아버지 (여) 아버지, 시어머니 등 • 재물, 재물에 대한 기회, 재물에 대한 관심과 욕망 등	편재	일간과 음양 동일	부정기성, 역동성, 도박성 등의 의미가 강함
			정재	일간과 음양 다름	안정적 수입 등의 의미가 강함
관성	일간을 극하는 오행	• 윗사람, 상사, 직장 등 (남) 자녀 (여) 남편, 남자 • 권력, 명예, 조직 체계, 질서, 통제, 위험 관리 등	편관	일간과 음양 동일	권력욕, 모험심, 과단성 등의 의미가 강함
			정관	일간과 음양 다름	안정성, 보수성 등의 의미가 강함
인성	일간을 생하는 오행	• 어머니, 선생, 귀인 등 • 공부, 학문·연구, 인내심, 모성애·인격, 문서, 자격, 부동산 등	편인	일간과 음양 동일	예측 불가능성, 독특성, 영감 등의 의미가 강함
			정인	일간과 음양 다름	안정성, 정통성 등의 의미가 강함

이 표에는 '비겁, 식상, 재성, 관성, 인성'의 5개 십신 아래 10개의 십신이 표기되고 그 특징이 정리되어 있다. 그 관계는 '비겁(=비견+겁재), 식상(=식신+상관), 재성(=편재+정재), 관성(=편관+정관), 인성(=편인+정인)'이다.

우리는 주식운을 분석하기 위해 '비겁, 식상, 재성, 관성, 인성'의 5개의 십신을 이용하게 된다. 다만 보다 정밀한 사주 분석을 위해서는 10개의 십신을 이용해야 한다는 점에 유의하자. 예컨대, 십신 중 재성(정재, 편재), 성관, 성인, 식신을 4길신이라고 해서 순용하고, 편관, 상관, 겁재, 편인을 4흉신으로 해서 역용하게 된다. (이 부분은 난이도가 있으니 필자가 쓸 다음 책에서 다루기로 하자.)

◎ 주식운 분석에서는 비겁과 재성이 중심이다

앞으로 자세히 살펴보겠지만, 십신 중에서도 비겁과 재성이 가장 중요하다. 나머지 십신을 배제한다는 것이 아니라 비겁과 재성을 중심으로 주식운을 분석한다는 것이다.

비겁은 일간과 같은 오행이며, 일간과 음양까지 같으면 비견, 음양이 다르면 겁재라고 한다. 예를 들면, 갑목 일간일 때 다른 천간의 갑목이나 지지의 인목은 비견이 되며, 다른 천간의 을목이나 지지의 묘목은 겁재가 된다. 이러한 비견과 겁재를 합해 비겁이라고 한다.

재성은 일간이 극하는 오행이며, 일간과 음양이 다르면 정재, 음양이 같으면 편재라고 한다. 예를 들면, 갑목 일간일 때 다른 천간의 기토 혹은 지지의 미토, 축토는 정재가 되며, 다른 천간의 무토 혹은 지지의 진토, 술토는 편재가 된다. 이러한 정재과 편재를 합해 재성이라고 한다.

여기서는 비겁과 재성을 중심으로, 다른 십신인 인성, 식상, 관성은 보충적 인자로써 고려하게 된다는 정도만 알고 있자.

여하튼 일간을 중심으로 각 7개의 글자에 십신을 배치하고, 일간과 각 십신의 작용을 토대로 주식운을 분석할 것이다. 5개의 십신은 '비겁, 식상, 재성, 관성, 인성'이고, 이 중 '비겁과 재성'이 중요하다는 것만 기억하자.

십신 분석

십신은 인간의 사회적 관계를 분석하기 위해 등장한 개념이다. 십신 분석은 '일간 이외의 7개의 글자를 십신에 배속하고, 일간과 이들 십신 간의 사회적 관계를 분석'하는 것이다. 주식운을 볼 때는 이러한 십신 분석이 가장 중요하므로, 이를 잘 파악해야 한다.

◪ 비겁이 셀까? 재성이 셀까?

십신 분석의 핵심만 간추려 얘기해보면, 일간과 동일한 오행인 '비겁'의 힘과 일간이 극하는 오행인 '재성'의 힘을 파악하고, 이를 비교하는 것이 분석의 요체다.

결론부터 말하자면, 사주에서 '비겁>재성'이면 재성의 힘이 보충되면 좋고, '재성>비겁'이면 일간의 힘이 보충되면 좋다. 이러한 비겁과 재성의 힘겨루기에 다른 십신인 '식상, 인성, 관성'이 옆에서 돕는 보충적 인자로 개입된다고 보면 된다.

자, 이제부터는 '비겁과 재성'에 대해 알아보고, 그 이후에 보충적 인자인 '식상, 인성, 관성'에 대해서도 알아보자.

◙ 비겁은 재물을 쟁취할 수 있는 힘이자 의지이다

첫째, '비겁'이다. 비겁은 일간과 같은 오행이며, 일간과 음양까지 같으면 비견, 음양이 다르면 겁재라고 한다. 예를 들면, 갑목 일간일 때 다른 천간의 갑목이나 지지의 인목은 비견이 된다. 다른 천간의 을목이나 지지의 묘목은 겁재가 된다. 이러한 비견과 겁재를 합해 비겁이라고 한다.

비겁은 나 자신을 상징하며, 때로는 나의 경쟁자가 되기도 한다. 비겁이 강하면 재물을 쟁취할 수 있는 의지와 추진력이 뛰어나다. 즉 비겁이 강건해야 재물을 취할 수 있는 힘이 생긴다.

그런데 비겁이 약하거나 없으면, 그 사람은 재물을 쟁취할 수 있는 힘이 미약하다. 비겁이 약할 때 주위에 재물에 대한 기회가 많더라도 본인이 그 재물을 쟁취할 수 있는 의지와 끈기가 부족해 놓치기 쉽다. 사주원국에 비겁이 약할 때는 비겁의 힘을 도울 다른 십신(예: 인성)의 역할을 기대할 수 있다. 이 역할은 차츰 살펴보기로 하자. 어찌 됐든 비겁이 약할 때는 보충적 인자인 인성의 도움을 받거나, 운에서 비겁 또는 인성이 왔을 때 그 힘이 보충되기를 기대할 수 있다.

그렇지만 비겁이 세다고 무조건 좋은 것은 아니다. 비겁이 지나치게 과도하면, 나의 주체성과 에너지가 지나쳐서 급히 일을 서두르는 바람에 경솔하게 일을 그르치기 쉽다. 즉 재물과 먹이에 가해지는 지나친 압력이 도리어 그것들을 달아나게 하기 쉽다. 그러니 비겁은 어느 정도 강건해야 하지만, 그 정도가 지나치면 결국 비겁이 전혀 없는 것만 못하게 된다.

사주원국에 비겁이 지나치게 강할 때는 비겁의 힘을 억제시킬 다른 십신(예: 재성, 식상, 관성)의 역할을 기대할 수 있다. 차츰 살펴보겠지만, 식상은 강한 비겁의 힘을 빼주면서 약한 재성을 도와줄 수 있어 가장 중요한 역할을 한다. 이처럼 비겁이 지나치게 강할 때는 내게 필요한 십신의 도움을 받거나, 운에서 그러한 십신이 올 때를 기대할 수 있다.

◈ 재성은 내가 취할 수 있는 재물이자 그런 기회이다

둘째, '재성'이다. 재성은 일간이 극하는 오행이며, 일간과 음양이 다르면 정재, 음양이 같으면 편재라고 한다. 예를 들면, 갑목 일간일 때 다른 천간의 기토 혹은 지지의 미토, 축토가 정재가 되며, 다른 천간의 무토 혹은 지지의 진토, 술토가 편재가 된다. 이러한 정재과 편재를 합해 재성이라고 한다.

재성은 내가 취할 수 있는 재물을 상징한다. 재성이 강하면 재물을 취할 수 있는 기회가 풍부하고 그러한 재물을 취하고자 하는 욕망도 강해진다. 즉 재성이 강건해야 재물을 취할 수 있는 환경과 기회가 풍부해지고, 자신의 재물욕도 충분해진다.

재성이 약하거나 없으면, 그 사람은 재물에 대한 기회와 인연이 드물고 재물욕 또한 약하다. 심지어 눈앞에 뻔히 보이는 재물이 있는데도 이에 대한 관심이 없어 흘려보내기 십상이다. 사주원국에 재성이 약할 때는 재성의 힘을 도울 다른 십신(예: 식상)의 역할을 기대할 수 있다. 그럴 경우에는 운에서 재성이나 식상이 와서 재물에 대한 기회와 욕구가 보충될 때까지 기다릴 수도 있다.

그렇지만 재성이 무조건 많다고 좋은 것은 아니다. 재성이 지나치게 많으면, 수많은 재물에 대한 기회를 쫓다가 이도 저도 안 되는 경우가 부지기수다. 여러 가시 기회를 쫓다가 에너지가 분산되어 단한 가지도 제대로 성사시키지 못할 수 있다.

주식투자의 경우에도 재성이 지나치게 많은 경우 관심 대상이 많고, 이것도 좋아 보이고 저것도 좋아 보인다. 기회라 판단되어 취득한 주식도 다른 관심 주식이 보여 내려놓고 새로운 주식을 추매하기도 한다. 한 번 결정 내린 일을 진득하게 추진하기가 어렵게 된다. 즉지속적인 추진력이 부족해 가시적인 결실을 이루기가 쉽지 않다.

사주원국에 재성이 지나치게 강할 때는 운에서 다른 십신(예: 비겁, 인성, 관성)이 오기를 기대해볼 수밖에 없다.

◎ 식상은 재성의 편이다

셋째, 비겁과 재성의 힘을 강하게 하거나 약하게 하는 보충적 인자로서의 십신인 '식상, 인성, 관성'에 대해 알아보자.

'식상'은 일간 또는 비겁이 생하는 오행이다. 그래서 비겁의 힘을 빼는 동시에 재성을 생하므로(식상은 언제나 재성을 생한다) 재성의 힘은 강화시킨다. 재성은 우리에게 소중한 것이므로, 일간이 심히 약한 경우가 아니라면 식상에 의해 보호되는 것이 대체로 좋다.

만약 비겁이 과도하게 강하다면, 나의 성급한 마음이 다가오는 재물을 파괴시키거나 달아나게 한다. 이때는 비겁의 힘을 빼는 것이 가장 급선무이므로 식상의 역할이 중대해진다. 과다한 비겁의 힘을 자연스럽게 순화시키는 역할을 하는 십신이 바로 식상이다.

우리는 주식운과 주식투자 타이밍을 분석하는 것이 주요한 목적이므로, 식상의 특성보다는 '재성을 보호하는' 역할과 '비겁의 힘을 빼는' 역할을 기억할 필요가 있다.

◈ 인성은 비겁의 편이다

그 다음은 '인성'에 대해 알아보자.

인성은 일간을 생하는 오행이다. 즉 일간 또는 비겁의 힘을 북돋는다. 비겁의 힘이 약하다면, 인성의 역할을 기대할 수 있다. 다만 인성의 도움을 받을 수 있는 조건이 있으니 이는 차츰 알아보자.

만약 비겁이 부족하다면 인성은 비겁을 생하면서 이러한 의지와 경쟁력에 힘을 보태준다. 그러나 비겁이 지나치다면 인성은 강한 비겁의 힘을 오히려 북돋으므로 부정적 역할을 한다.

◈ 관성은 나를 억누른다

마지막으로 '관성'에 대해 알아보자.

관성은 일간을 극하는 오행으로, 비겁의 힘을 직접적으로 억제한다. 관성은 비겁이 강할 때 이를 억누르게 되므로, 지나친 비겁의 힘을 통제하는 데 기여한다. 그래서 비겁이 과다할 때 사주원국에 관성이 건재하다면 비겁의 힘을 조절하는 역할을 한다. 즉 사주원국에 관성이 있으며 심지어 그 힘이 강건하다면, 비겁의 힘을 효과적으로 억누를 수 있다.

이처럼 비겁이 과다한 경우, 운에서 관성이 오는 경우 적절한 위험 관리 측면에서는 도움이 된다. 반대로 일간(또는 비겁)이 약할 경우엔 관성은 일간을 억세하므로 부정적 역할이 매우 크다.

한편 재성이 과다할 경우에도 관성의 좋은 역할이 있다. 그 이유는 재성이 관성을 생하므로(모든 재성은 관성을 생한다), 지나친 재성의 힘을 완화시키게 된다. 어려운 얘기라 할 수 있지만, 관성이 '넘쳐서 자칫 흩어질 수 있는 나의 재성'을 보호하기도 한다. 그러한 의미에서 재성이 천간에 있을 경우 관성이 재성을 보호하는 역할이 커진다. 본래 관성은 관청으로도 볼 수 있는데, 관공서와 법률이 합법적으로 나의 재물을 지켜주는 것으로 해석할 수 있다. 복잡한 얘기였지만, 관성은 비겁과 재성의 힘을 모두 완화시킨다는 정도로 기억하자.

정리해보자. 일간과 동일한 오행인 '비겁'의 힘과 일간이 극하는 오행인 '재성'의 힘을 비교한다. 이러한 비겁과 재성의 힘겨루기에 다른 십신인 '식상, 인성, 관성'을 옆에서 돕는 보충적 인자로 고려한다. 이러한 보충적 인자는 비겁과 재성의 힘을 보충하기도 완화시키도 한다.

앞으로 살펴보겠지만, 이렇게 십신 분석을 하는 이유는 운에서 어떤 십신이 오면 좋은지를 알기 위함이다. 내가 필요한 십신이 운이 오면 그때가 주식투자의 적기가 된다.

[사주명리의 원칙 ⑤]
운 분석

🔼 대운 분석

　사주원국을 분석하는 이유는 내게 필요한 십신을 알기 위해서다. 이후에는 사주원국을 토대로 운을 분석할 수 있게 된다. 정확히 말하자면, 내가 필요한 십신이 운에서 오면 그때가 주식투자를 하기에 좋은 시기인 것이다.

　운에는 대운, 세운(년운), 월운이 있다. 그런데 주식투자에서 일운(일진)은 고려하지 않는다. 사주 앱을 열면, 통상 사주 밑에 10년 단위의 60갑자가 표기되어 있는데 이것이 바로 대운이다. 한편 만세력에 매 년마다 고유한 60갑자가 표기되는데 이것이 세운이고, 매 달마다 고유한 60갑자가 표기된 것이 월운이다.

　우선 대운을 먼저 살펴보고, 이후에 세운과 월운에 대해서도 설명하겠다. 운의 영향력은 대운이 가장 크고, 세운도 그 영향력이 막강하다. 월운은 그 영향력이 상대적으로 적지만 고려할 필요는 있다.

◎ 대운에서 내가 필요한 십신이 오면 좋다

대운은 60갑자의 천간과 지지로 표기된 것으로, 천간과 지지의 작용을 합해 10년 단위의 운을 예측한다. 다만 천간은 앞의 5년간 작용하고, 지지는 뒤의 5년에 걸쳐 보다 강하게 작용한다.

시주	일주	월주	년주
갑오	신유	임술	계묘
- - -	- - -	- - -	- - -
정재	일간(나)	상관	식신
甲	辛	壬	癸
午	酉	戌	卯
편관	비견	정인	편재
丙己丁	庚辛	辛丁戊	甲乙

대운수 : 3, 순행

53	43	33	23	13	3
정인	편관	정관	편재	정재	식신
戌	丁	丙	乙	甲	癸
辰	卯	寅	丑	子	亥
정인	편재	정재	편인	식신	상관

자료: 만세력 천을귀인

이 사주는 2023년 10월 30일 12:00시에 태어난 여성의 사주를 사주앱에서 조회한 것이다. 위에는 사주가, 아래에는 대운이 표기되어 있다. 대운을 보는 방법은 간단하다. 대운은 10년 단위로 표기된다는 점만 알면 된다. 예를 들면, 위에서 3세부터 12세까지는 계해 대운이고, 13세부터 22세까지는 갑자 대운이 된다.

3세부터 12세까지는 계해 대운이 온다는 것은, 사주원국에 계해라는 글자가 막대하게 영향을 미친다는 것이다. 계해 대운 글자 자체가 음양오행으로 영향을 미치기도 하고, 십신으로 영향을 미치기도 한다. 물론 두 가지의 영향이 서로 다른 것이 아니라 그 실질은 동일하지만 관점의 차이일 뿐이다.

우리는 대운을 볼 때 십신을 주목하게 된다. 계해 대운이라면, 천간과 지지에 각각 식신과 상관운이 오는 것이다. 십신을 5개로 하면, 천간과 지지에 모두 식상운이 오는 것이다.

대운에서 십신을 살펴보는 기본 원리는 이렇다. 만약 나의 사주에서 일간(또는 비겁)이 강하다면, 대운에서 재성이 오거나 재성을 돕는 십신이 오면 좋다. 예를 들면, 대운에서 식상이 오면 강한 비겁의 힘을 빼서 재성의 힘을 더하므로 좋은 영향을 미친다. 대운에서 관성이 온다면 비겁의 힘을 억제함으로써 재성을 돕는 것이므로 본인 스스로가 위험 관리를 하면서 수익화할 수 있다.

한편 나의 사주에서 재성이 왕성한데 일간이 힘이 부족하다면, 대운에 비겁이 오면 좋다. 일간의 뿌리가 있다면, 인성도 도움이 된다. 관성도 지나친 재성의 힘을 완화하므로 좋다.

◎ 십신이 가장 중요하지만 생극과 합충도 봐야 한다

대운을 보는 기본 원리는 간명하지만, 추가적으로 고려할 것이 있다. 대운 10년 중 천간이 앞의 5년간 작용하고 지지는 뒤의 5년간 보다 강하게 작용하기도 하지만, 정확히는 천간과 지지의 작용이 합해 10년 단위의 운을 보여준다. 그래서 천간과 지지간의 작용을 고려해야 한다. 즉 대운의 천간과 지지 간 작용과, 사주원국과 대운의 천간과 지지 간 작용을 봐야 한다.

이러한 관점에서 다음과 같이 추가적 고려사항을 두 가지로 정리할 수 있다.

첫째, 대운의 천간과 지지 간의 생과 극을 봐야 한다. 예를 들면, 갑신, 을유 운이라면 천간이 지지에 의해 금극목의 원리에 의해 극을 받고 있다. 천간은 그 역할을 하더라도 지지에 억압당해 힘을 그만큼은 못 쓰게 된다.

반대로 갑자, 을해 운이라면, 천간이 지지에 의해 수생목의 원리에 의해 생을 받고 있다. 천간의 힘은 지지에 의해 강화된다. 특히 갑인, 을묘와 같이 천간과 지지가 동일한 오행이라면 그 천간과 지지 모두 매우 강력하다.

둘째, 사주원국과 대운 간 합충을 봐야 한다. 사주원국과 대운의 천간 사이에서 일어나는 합과 충은 모두 중요하지만, 특히 충은 그 영향은 막대하다.

사주원국과 대운 사이의 충은 두 글자 모두를 파괴할 수 있다 . 특히 일간과 대운의 충이 있다면, 일간의 생각이 흔들리는 것이므로 주식투자가 결코 안정적이거나 이성적이지 못하다. 언제나 판단이 쉽게 흔들릴 수 있다는 것이다. 자기 확신이 있고 재물의 기회가 풍부해도 여러 가지 변동성에 따라 생각과 마음도 춤을 추게 된다.

만약 사주원국의 재성이 대운과 충이 된다면, 이 경우는 대부분 손재수로 이어질 수 있다. 소중한 재성 자체가 파괴될 수 있기 때문이다.

다음 사주를 보자.

남자, 5대운 가정

	시주	일주	월주	년주
천간	인수 癸 계수	일간 甲 갑목	편재 戊 무토	식신 丙 병화
지지	정관 酉 유금	상관 午 오화	비견 寅 인목	편관 申 신금

	75	65	55	45	35	25	15	5
대운	계	임	신	경	기	무	정	병
	미	오	사	진	묘	인	축	자

이 사주의 대운 중 경금 대운이 보인다. 이 대운에서는 일간 갑목과 대운 경금이 갑경충을 한다. 통상 이러한 시기는 자신의 생각과 판단이 쉽게 깨지고 흔들리므로 주식투자를 해도 변덕이 심하다. 물론 주식운이 좋을 때라면 주식투자를 해야 하겠지만, 일간과 대운의

충이 있다면 과도한 욕심을 부리지 않아야 하고, 가능한 초심과 평정심을 유지하기 위해 애를 써야 한다. 무엇보다 일간과 대운의 충이 있으니 판단에 흔들림이 있을 수 있겠다는 생각을 갖고 있는 것이 중요하다.

한편 사주원국과 대운의 합도 복잡한 변화가 있다. 특히 사주의 재성이 대운과 합을 하면 재성의 기운이 변질이 되어 손재수가 있을 수 있다. 합에 의한 변화는 매우 섬세하고 복잡하므로 여기서는 그렇다는 정도로만 기억하자.

강조하자면, 사주원국의 '재성'이나 '내가 필요한 십신'이, 대운과 충을 하는 경우 충을 하는 글자는 흔들리고, 주식운에 직접적으로 영향을 미친다. 예를 들어, 나의 사주에서 비겁이 필요한데, 비겁이 충을 맞으면 운이 급격히 무너진다. 이때는 주식투자에서 손을 떼야 한다.

무엇보다 사주의 재성이 대운과 충이 되면 대부분의 경우 손재수를 겪으니 이 부분은 유심히 체크해야 한다.

세운 및 월운 분석

운은 대운, 세운(년운), 월운, 일운(일진)이 있다. 앞서 대운을 알아보았고, 이번에는 세운과 월운을 알아보자.

만세력 앱을 보면, 모든 해와 달에 60갑자가 표기되어 있다. 세운은 매년마다 고유한 60갑자이고, 월운은 매달마다 고유한 60갑자다.

앞서 말했지만, 운의 영향력은 대운이 가장 크고, 세운도 그 영향력이 막강하다. 월운은 그 영향력이 상대적으로 작지만 주식투자에 있어 매매 시 고려할 필요가 있다. 일진의 영향은 미미하니 주식투자 시 별도로 고려할 필요는 없다.

◎ 만세력 앱에 세운과 월운이 기재되어 있다

만세력 앱에는 세운, 월운, 일운이 기재되어 있다. 인터넷 혹은 스마트폰 앱에서 만세력이나 사주 달력을 조회하면 아래와 같이 달력 형태로도 확인할 수 있다.

사주 달력

◀◀	◀	2023년(癸卯) 10월(壬戌)			▶	▶▶
일	월	화	수	목	금	토
1 8.17 壬辰	2 8.18 癸巳	3 8.19 甲午 개천절	4 8.20 乙未	5 8.21 丙申	6 8.22 丁酉	7 8.23 戊戌
8 8.24 己亥 한로 22:15	9 8.25 庚子 한글날	10 8.26 辛丑	11 8.27 壬寅	12 8.28 癸卯	13 8.29 甲辰	14 8.30 乙巳
15 9.1 丙午	16 9.2 丁未	17 9.3 戊申	18 9.4 己酉	19 9.5 庚戌	20 9.6 辛亥	21 9.7 壬子
22 9.8 癸丑	23 9.9 甲寅	24 9.10 乙卯 상강 01:20	25 9.11 丙辰	26 9.12 丁巳	27 9.13 戊午	28 9.14 己未
29 9.15 庚申	30 9.16 辛酉	31 9.17 壬戌	11.1	11.2	11.3	11.4

출처: Fortunetalk

이 사주 달력에서 2023년 10월 25일을 찾아보면, 계묘년 임술월 병진일이 된다. 세운은 계묘년이고, 월운은 임술월이고, 일진은 병진일이다.

이처럼 우리가 흔히 볼 수 있는 동양 날력에서도 세운과 월운, 일진을 쉽게 알 수 있다.

◉ 세운에서 내가 필요한 십신이 오면 좋다

세운은 사주원국에 바로 영향을 미칠 수도 있고, 대운과 상호작용한 후 사주원국에 영향을 미칠 수 있다.

세운을 살펴보는 기본 원리도 대운과 유사하다. 만약 나의 사주에서 비겁이 필요하다면, 세운에 비겁이나 인성이 오는 것이 좋다. 반대로 나의 사주에서 재성이 필요하다면, 세운에 재성이나 식상이 오는 것이 좋다. 다만 사주원국과 세운 간 합충을 통해 유리한 변화가 있는지 아니면 그 반대인지 세심히 살펴봐야 한다.

덧붙이자면, 대운과 세운 간 작용을 통해 더 강해지거나 약해지는 십신을 유의하면 된다. 이때도 대운과 세운 사이 합충을 통한 변화에 주의해야 한다.

한편 월운에 대해 얘기해보자. 간단히 말하면, 월운은 대운과 세운의 상호작용처럼 지나치게 복잡하게 파악할 필요는 없다. 월운은 대운과 세운에 비해 영향이 상대적으로 약하고, 월운과의 상호작용에 대한 해석도 난이도상 굳이 추천하지 않는다. 단지 사주원국에서 필요한 오행이 있는지, 아니면 넘치는 오행이 있는지 위주로 가볍게 보면 된다.

정리하자면, 주식투자와 매매 실행의 시기와 때를 결정함에 있어 주식운을 봐야 한다. 주식운을 보는 요령은 사주원국에서 필요한 오행(십신)이 대운이나 세운을 통해 보충되고 있는지 살펴보는 것이 핵심이다. 월운은 실제 매매 실행 시 참고하면 된다.

2장

내게 다가올
주식운을
붙잡기 위한
5단계

〔1단계〕 내가 가진 낚시 도구를 보라

나의 낚시 도구를 보는 방법적 절차

주식투자는 재(財)라는 물고기를 직접 낚시하는 일이다. 이는 육식 동물이 먹이사슬 아래에 있는 동물을 사냥하는 일과도 같다. 앞으로는 주식투자를 이와 유사한 상황에서 재물이라는 물고기를 낚시하는 일로 비유해 설명을 전개하고자 한다.

내가 재물이라는 물고기를 잘 낚기 위해서는 먼저 나의 힘에 해당하는 낚시 도구(이에 방법, 능력, 경험 등 모든 인자를 포함하기로 가정하자)를 잘 갖춰야 한다. 이를 위해, 나의 사주원국을 통해 나의 낚시 도구가 좋은지 그렇지 않은지 우선적으로 판단해야 한다. 나의 낚시 도구의 성능에 따라 합당하게 행동하면 된다.

◎ 나의 낚시 도구의 성능을 보려면 일간의 힘을 보라

본론으로 들어가보자. 재물이라는 물고기를 낚기 위한 낚시 도구는 사주원국으로 따지면 '일간의 힘 또는 세력'이다. 그러니 나의(=일간) 힘 또는 세력을 파악하는 게 가장 중요한 작업이다.

나의 힘을 파악하는 방법 혹은 절차는 다음과 같다. 첫째, 일간의 통근과 비겁의 포진을 본다. 둘째, 합충을 본다. 셋째, 식상과 관성 및 인성 등의 보충적인 역할을 고려한다. 마지막으로, 위의 세 가지를 종합적으로 판단해 일간의 힘이 과도한지, 충분(적정)한지, 아니면 과소한지를 판단한다.

이 4단계 절차를 간략히 설명하면 다음과 같다.

첫 번째 절차는 일간의 통근과 비겁의 포진을 보는 것이다. 일간이 특정 지지의 지장간에 통근하고 있다는 의미는 지장간에 있는 비겁의 원조를 받는다는 뜻이다. 일간의 통근은 재물을 취하기 위한 나의 힘과 추진력이 흔들림 없이 유지될 것임을 의미한다.

이어 일간과 힘을 같이 하는 비겁의 포진을 봐야 한다. 일간이 강해지려면, 천간과 지지에 일간과 동일한 오행이 많이 분포하고 있어야 한다. 일간과 동일한 오행은 십신 중 비겁에 해당하고, 비겁이 존재하면 일간의 힘이 강해진다. 특히 월지 또는 일지에 비겁이 한 개라도 존재하면 일간의 힘이 결코 약하다고 볼 수 없다.

두 번째 절차는 합충 관계를 보는 것이다. 천간합과 지지합을 통해 일간과 동일한 오행의 세력이 더욱 강해질 수 있고, 반대로 약해질 수도 있다. 한편 천간충과 지지충을 통해 일간과 동일한 오행의 세력이 약해질 수 있다.

　세 번째 절차로 식상, 관성 및 인성 등의 역할을 본다. 비겁이 과다한 경우, 비겁의 힘을 자연스럽게 순화시키는 역할을 하는 십신이 식상이다. 동시에 식상은 재성의 힘을 강화해주므로 두 가지 역할을 해내는 셈이다.

　한편 관성도 비겁이 강할 때 이를 억누르게 되므로, 지나친 비겁의 힘을 통제하는 데 기여한다. 그래서 비겁이 과다할 때 사주원국에 관성이 건재하다면 이 비겁의 힘을 조절한다. 마찬가지로 재성이 과다할 때도 그 힘을 조절하는 관성의 역할이 크다.

　반면 일간이 약한데 비겁의 원조를 잘 받지 못하는 경우가 있다. 만약 일간의 뿌리가 있다면 인성은 일간의 힘을 북돋는다. 즉 내가 무언가를 쟁취할 수 있는 경쟁력에 도움이 된다.

　그렇지만 기본적으로 주식투자는 나의 주체적 판단 및 행동 능력을 요구하므로, 인성이라는 의타적 또는 의존적 능력으로 보충할 수 있는 힘으로는 한계가 있다. 따라서 일간이 비겁의 도움(원조)을 받거나 통근하고 있다는 전제하에 인성의 보충적 도움 역할을 기대할 수 있다.

　마지막으로 위에서 언급한 일간의 통근, 비겁의 포진, 합충, 식상과 인성의 역할 등 네 가지를 종합적으로 고려해, 일간의 힘(⑤)이 과도한지, 충분(적정)한지, 아니면 과소한지를 판단해야 한다. 이것은 곧 나의 낚시 도구가 재라는 물고기를 낚기에 지나치게 큰지, 적정한지, 아니면 지나치게 작거나 약한지를 의미하게 된다.

지금까지의 내용을 정리해보자. 주식운을 잡기 위한 첫 번째 분석 단계는 나의 낚시 도구의 성능을 판단하는 것이다. 이를 위해 일간의 통근과 비겁의 포진, 합충, 식상과 인성의 존재 등을 고려해야 한다.

𝕬 일간의 통근과 비겁의 포진을 본다

일간이 지지에 뿌리를 내린 만큼 일간이 강건해져 생각과 판단에 흔들림이 없다. 주식투자를 통해 재를 잡기 위해서는 일간의 뿌리가 강건해야 한다.

여기서 일간이 지지의 지장간에 뿌리를 내린다는 것은 그 지장간이 일간과 같은 오행이 되는 것이다. 그 지장간의 십신은 자연적으로 비겁에 해당하게 된다.

◉ 월지와 일지가 중요하다

일간이 지지에 통근할 때, 지지의 중요도는 '월지〉일지》시지〉년지'의 순이고, 월지와 일지의 중요도가 막중하다. 물론 일간이 통근하는 지지의 수가 늘어날수록 그만큼 일간의 기운이 강해지는 것은 변함없다.

다음 사주를 보자.

		시주	일주	월주	년주
천간		○	甲 갑목	○	○
지지		○	辰 진토	亥 해수	○
지장간	여기		을목	무토	
	중기		계수	갑목	
	정기		무토	임수	

　이 사주를 보면, 일간 갑목이 월지 해수(지장간 갑목), 일지 진토(지장간 을목)에 뿌리를 내리고 있다. 이처럼 일간이 월지와 일지에 동시에 뿌리를 내리면, 일간은 큰 흔들림이 없다.

◎ 월지나 일지가 비겁이면, 일간은 충분히 강하다

　월지나 일지가 비겁이면 일간이 가장 강하게 뿌리를 내릴 수 있는 환경이다. 월지는 사주원국에서 세력의 중심이고 여기에 비겁까지 있다면, 일간의 힘이 강력하다. 또한 일지에 비겁이 자리하고 있다면, 일간은 자신의 기둥과 관통해 있는 것이므로 일간이 강하다고 볼 수 있다.

　다음 사주를 보자.

		시주	일주	월주	년주
천간		○	일간 甲 갑목	○	○
지지		○	○	비겁 寅 인목	○
지 장 간	여기			무토	
	중기			임수	
	정기			갑목	

이 사주는 월지에 비겁이 있다. 이처럼 월지나 일지에 비겁이 존재하면, 다른 자리에서 소수의 비겁이나 인성이 보충되어도 나의 힘은 충분히 강해질 수 있다. 그만큼 월지나 일지에 비겁이 위치하면 그 힘은 막강하다.

◎ 천간의 비겁은 뿌리를 내려야 힘을 쓴다

한편 천간에 있는 비겁이라면, 지지에 뿌리를 가지고 있어야 힘을 쓸 수 있다. 혹은 지지에 인성이 있어도 그 힘을 쓸 수 있다. 천간은 하늘을 뜻하므로 언제든 사라져버릴 수 있어 항시 붙잡아두고 있어야 한다.

다음 사주를 보자.

		시주	일주	월주	년주
천간		○	일간 甲 갑목	비겁 乙 을목	○
지지		○	○	인성 亥 해수	○
지장간	여기			무토	
	중기			(갑목)	
	정기			임수	

이 사주를 보면, 천간에 있는 비겁 을목이 월지 해수(지장간 갑목)에 뿌리를 내리고 있다. 이 경우 비겁 을목의 힘이 강해진다.

지금까지의 내용을 정리하면, 일간의 통근은 기본이고, 비겁의 포진을 봐야 한다. 지지의 비겁은 그 위치가 중요한데 월지나 일지의 비겁의 힘은 강력하다.

🏕️ 합충을 본다

일간의 통근, 비겁의 포진을 파악하는 데 이은 나의 낚시 도구를 파악하기 위한 세 번째 절차는 합충 관계를 보는 것이다.

천간이나 지지는 합충하면서 변화를 겪게 된다. 즉 천간의 합충은 생각의 변화를 의미하고, 지지의 합충은 환경의 변화와 현실의 변화를 의미한다.

우리는 주식투자와 관련해 살펴보고 있으므로, 천간이나 지지의 합충에 따른 십신(특히 비겁과 재성)의 세력 변화를 보면 된다. 여기서는 일간의 힘을 다루고 있으므로, 합충을 통해 일간과 비겁의 힘이 강해지는지, 아니면 반대로 약해지는지 보는 것이다.

◎ 일간이 충을 맞으면 돌발 변수가 잦다

첫 번째로 천간의 충을 살펴보자.

일간이 다른 천간과 충이 되면, 일간의 힘이 약해진다. 일간이 충을 맞으면, 나의 생각 속에서 이루어지는 변화라고 하더라도 그 충격이 상당히 크다.

즉 일간과 다른 천간 간의 갈등과 분열은 나를 지나친 혼란에 빠지게 해 상황에 따른 잘못된 판단을 내리기 쉽다. 일간의 충은 주식투자에 있어 큰 변동성과 돌발 변수를 의미한다.

다음 사주를 보자.

	시주	일주	월주	년주
천간	관성 庚 경금	일간 甲 갑목	○	○
지지	○	○	○	○

이 사주를 보면, 갑목 일간이 갑경충해 갑목 일간이 경금에 의해 세게 얻어맞고 있다. 이런 경우, 나의 생각과 판단에 있어 갈등과 균열이 일어나면서 상황에 따라 잘못된 판단을 하기 쉽다. 이처럼 일간 충이 있는 경우에는 주식투자를 할 때 내가 수시로 흔들릴 수 있고, 흔들리는 상황에서 무리한 투자를 해 실패를 초래할 수 있다.

한편 일간 이외의 다른 천간들 간의 충에 있어서 비겁이나 재성의 충을 봐야 한다. 다른 천간 중 비겁이 충을 맞으면 그 비겁과 관련해 문제가 생긴다. 재성이 충을 맞으면 대부분의 경우 좋지 않다.

◎ 지지의 합충으로 일간이 강해지거나 약해진다

두 번째로 지지의 합충을 살펴보자.

지지의 합충은 환경과 현실의 변화를 의미하므로, 반드시 고려해야 한다. 예를 들면, 지지의 비겁은 충으로 크게 약화될 수 있고, 합에 의해 기능과 역할이 크게 달라질 수 있으니 유의해야 한다.

다음 사주를 보자.

	시주	일주	월주	년주
천간	○	일간 甲 갑목	○	○
지지	○	○	인성 亥 해수	비겁 卯 묘목

이 사주를 보면, 월지 해수가 년지 묘목과 합(삼합 중 반합)해 해묘합목의 원리에 따라 목으로 변한다. 이러한 지지의 합은 비겁의 힘을 더욱 강하게 하므로 일간 갑목의 세력은 강화된다.

◎ 지지의 충으로 일간의 뿌리가 흔들릴 수 있다

만약 비겁인 지지가 충을 맞는다면, 일간을 지지하는 환경과 현실이 파괴될 수 있다는 의미이다. 충에 의해 일간의 뿌리가 흔들린다면 재물을 쟁취할 수 있는 힘도 흔들리게 된다.

다음 사주를 보자.

	시주	일주	월주	년주
천간	○	일간 甲 갑목	○	○
지지	○	비겁 寅 인목	관성 申 신금	○

이 사주에서 일지 인목은 비겁으로 갑목 일간의 든든한 뿌리이면서 일간의 큰 힘이 되고 있다. 그런데 인신충에 의해 인목이 신금에 의해 크게 얻어맞고 있다. 이 경우 일간 갑목의 뿌리가 흔들리고 있다고 보면 된다. 요컨대 일간과 다른 천간이 충을 하면 생각이 흔들리는 상황이다. 지지의 충도 심각하다. 두 글자가 충을 하면 충하는 글자가 모두 크게 흔들리고 요동친다.

식상과 인성 등의 역할을 고려하라

지금까지는 일간과 같은 오행, 즉 비겁을 중심으로 일간의 힘을 살펴보았다. 여기서는 일간이 생하는 오행인 식상의 역할부터 이후 일간을 생하는 오행인 인성의 역할까지 살펴본다. 추가로 일간을 극하는 오행인 관성의 역할도 가볍게 살펴볼 것이다.

◈ 일간이 강할 때는 식상이 큰 역할을 한다

먼저 식상의 역할을 보자. 식상은 일간의 힘이 지나치게 강할 때 자연스레 일간의 힘을 빼주므로 식상의 긍정적 역할은 실로 막대하다. 물론 일간의 힘이 미약할 때는 그 힘을 빼므로 부정적 역할을 할 수 있다.

먼저 일간이 강한 경우를 얘기해보자. 앞선 단계에서 일간의 통근과 비겁의 포진, 합충 등을 고려한 결과, 일간의 힘이 충분히 강하다고 판단되면 식상의 역할을 우선 기대해볼 수 있다.

특히 비겁이 지나치게 과다하다면 성급한 마음이 다가오는 재물을 파극시키기 때문에 비겁이 아예 없는 것만 못할 수 있다. 이럴 때일수록 비겁의 힘을 빼는 것이 가장 필요하다. 과다해진 비겁의 힘을 자연스럽게 순화시키는 역할을 하는 십신이 바로 식상이다. 뿐만 아니라 식상은 재성의 힘을 동시에 강화시켜주므로 비겁과 재성 간의 균형을 찾게 해준다.

다음의 사주를 보자.

	시주	일주	월주	년주
천간	재성 己 기토	일간 甲 갑목	비겁 乙 을목	○
지지	식상 巳 사화	비겁 寅 인목	비겁 卯 묘목	○

이 사주를 보면, 일간 갑목이 월지와 일지의 비겁에 모두 뿌리를 강해게 내림과 동시에 월간 을목의 원조까지 받아 일간의 힘이 과도하게 강해졌다. 이미 사주원국의 일간이 과도하게 강해져서 지금은 일간 갑목의 힘을 빼는 것이 급선무이다. 이와 같이 일간이 지나치게 강하면 재물을 파극하기 십상이다. 주식투자에 있어 무리하고 성급한 투자는 손재수로 이어질 수 있으니 완급 조절이 절실하다.

그런데 다행히 시지에 식상 사화가 있다. 식상 사화는 강한 비겁의 힘을 빼서 시간에 있는 재성 기토의 힘을 강화시킨다. 이렇게 일간이나 비겁이 강하다면 식상의 역할은 커진다. 사주원국에 식상이 없다면 운에서 식상이 들어오는 것이 좋고, 이때 식상과 함께 재성도 같이 들어오면 주식투자운은 더욱 좋아진다. 이렇듯 비겁이 강할 땐 사주원국이든 운에서든 식상의 도움이 있는지 꼭 봐야 한다.

◎ 일간이 약할 때는 인성도 도움이 된다

다음은 인성의 역할을 보자. 일간의 힘이 약하다면, 인성의 긍정적 역할을 기대할 수 있다. 다만 최소한 일간이 지지에 뿌리를 내리고 있어야 인성의 도움을 기대할 수 있다. 주식투자는 본인의 과단성 있는 의지와 판단이 주요하므로 의존적 도움만으로는 한계가 있기 때문이다.

다음의 사주를 보자.

		시주	일주	월주	년주
천간		○	일간 乙 을목	관성 辛 신금	○
지지		비겁 卯 묘목	인성 亥 해수	관성 酉 유금	○
지장간	여기		무토		
	중기		갑목		
	정기		임수		

이 사주를 보면, 일간 을목이 월주에 있는 두 개의 관성에 의해 극을 받고 있어(금극목의 원리) 흔들릴 수 있는 상황이다. 다행히 일간이 일지 해수의 지장간 갑목과 시지 묘목에 뿌리를 내리고 있다. 이때 일지 해수는 일간의 뿌리가 되기도 하지만 인성으로써 일간 을목과 시지의 비겁 묘목을 동시에 생하고 있다(수생목의 원리).

이렇게 일간의 힘이 흔들릴 수 있는 상황에 인성이 일간과 비겁을 생해줌으로써 많은 도움을 줄 수 있다. 이와 같이 인성은 관성의 힘이 강할 경우 그 역할이 매우 큰데, 강한 관성의 힘을 빼서 일간과 비겁의 힘을 북돋아주기 때문이다.

요컨대 일간이 약하다면, 인성이 도움이 될 수 있다. 특히 관성이 강할 때는 강한 관성의 힘을 빼서 일간을 도와주므로 큰 역할을 한다. 그렇지만 인성이 무조건 일간의 힘을 강하게 하는 것이 아니고, 일간이 독립적으로 힘을 확보했을 때 인성이 일간에 보충적으로 힘을 기여한다고 보면 된다. 일간이 약한데 사주원국에서 인성이 없다면 운에서 오는 인성은 도움이 되며, 특히 운에서 인성과 비겁이 같이 올 때 주식투자의 좋은 기회가 된다.

요약하자면, 일간과 비겁이 강할 때는 식상의 역할이 매우 크고, 일간이 약할 때는 인성의 역할이 크다.

🔼 일간의 힘이 충분한지를 판단한다

이제는 나의 낚시 도구를 파악하는 단계의 마지막 과정이다. 앞에서 살펴본 일간의 통근, 비겁의 포진, 합충, 식상과 인성의 역할 등 네 가지를 종합적으로 고려해 일간의 힘(⑤)이 '과도한지, 충분(적정)한지 아니면 과소한지'를 판단해야 한다. 이것은 곧 나의 낚시 도구가 재라는 물고기를 낚기에 지나치게 큰지, 적정한지, 아니면 지나치게 작거나 약한지를 의미하게 된다.

첫째, 일간의 힘이 과도한 경우다. 일간과 비겁이 강하면 재물을 쟁취할 수 있는 힘이 강하다. 그렇지만 비겁이 지나치게 과도하면,

나의 의지와 욕심이 지나쳐 눈앞의 재물을 급히 쟁취하기 위해 서두르다 경솔하게 일을 그르치기 쉽다.

사주원국의 월지나 일지가 '비겁'이고, 다른 천간과 지지에도 2~3개 '이상'의 비겁이나 인성이 있는 경우 일간의 힘은 지나치게 과도해질 수 있다. 추가로, 합충에 의해 비겁이나 인성이 강화되는지도 봐야 한다.

다음의 사주를 보자.

		시주	일주	월주	년주
천간		○	일간 丙 병화	인성 乙 을목	비겁 丙 병화
지지		○	식상 戌 술토	비겁 巳 사화	비겁 午 오화
지장간	여기		신금		
	중기		정화		
	정기		무토		

이 사주를 보면, 일간 병화가 월지의 사화(비겁), 년지의 오화(비겁), 일지의 술토(지장간 정화)에 뿌리를 내리고 있어 일간의 힘이 매우 강하다. 이어 월지의 비겁을 제외하더라도, 2개의 비겁과 1개의 인성도 일간을 돕고 있다. 참고로, 오술 반합(인오술 삼합)으로 화의 기운이

더욱 강해진다.

이와 같이, 월지나 일지가 비겁이고, 다른 자리에서 2~3개 이상의 비겁과 인성의 도움을 받는 경우 일간의 힘은 지나치게 과도하다.

둘째, 일간의 힘이 충분한 경우이다. 일간의 힘이 지나치지 않게 강하면 재물을 쟁취할 수 있는 힘과 능력이 최적화된다. 즉 주식투자에 적합한 능력을 갖춘 셈이다.

일간이 월지나 일지에 '통근'하면서, 다른 천간과 지지에 1~3개의 비겁과 인성의 도움을 받는다면 일간은 강건해진다. 물론 월지나 일지에 비겁이 자리 잡고 있다면 소수의 비겁과 인성의 도움으로 강건하다. 하지만 시지나 년지에만 통근한다면 상당수의 비겁과 인성이 필요하다.

앞서 일간의 통근에서 살펴본 것과 같이, 일간이 월지나 일지 등 지지에 뿌리를 내리고 주변의 비겁이나 인성의 원조를 적절히 받는다면 일간의 힘은 강건하다.

셋째, 일간의 힘이 과소한 경우이다. 일간과 비겁이 약하면 자신의 힘과 승부욕이 미약해 많은 재성을 취하기가 쉽지 않다. 주식투자는 먹이에 직접 달려드는 과감한 승부욕, 결단력 및 추진력이 필요하므로, 그러한 힘이 미약할 때는 운을 통해 그 힘을 보충받아야지만 승산이 있다. 사주원국에서 일간의 뿌리가 약하거나, 뿌리는 있으나 다른 천간과 지지의 비겁이나 인성의 원조가 약할 경우 일간의 힘은 약하다. 그런데 지지에 비겁이 있더라도 그 지지가 충을 맞아버리면 비겁의 역할을 상실한다.

다음의 사주를 보자.

	시주	일주	월주	년주
천간	○	일간 丙 병화	관성 壬 임수	○
지지	○	비겁 午 오화	관성 子 자수	○

이 사주를 보면, 일지에 비겁인 오화가 있다. 다른 자리에는 비겁과 인성이 없다. 그런데 자오충으로 비겁 오화가 심하게 흔들린다. 즉 유일한 비겁이 충을 맞아 흔들리므로 일간은 미약한 상태이다.

요컨대 일간의 통근, 비겁과 인성의 유무, 합충 등을 종합적으로 고려해 '일간의 힘이 과도한지, 충분(적정)한지, 아니면 과소한지' 일차적으로 판단해야 한다. 이것은 나의 낚시 도구가 재물을 낚기에 적정한지를 시험하는 것이다.

〔2단계〕내가 잡을
물고기의 분포를 보라

재물은 물고기처럼 쉼 없이 움직인다

　내가 잡을 물고기는 바로 내가 취할 수 있는 재물을 의미한다. 당신은 어항 속의 물고기를 관찰해본 적이 있는가? 물고기의 움직임을 잘 관찰해보면 물고기가 쉼 없이 움직이고 있는 것을 알아챌 수 있다. 언뜻 재물은 가만히 있는 것처럼 보이나, 그것은 내가 보유하고 있는 현금이나 통장 예금에 한정된다. 현금이나 예금 이외의 재물은 물고기처럼 끊임없이 움직이는 속성을 가진다. 재물을 물고기로 표현한 이유가 바로 여기에 있다.

　우리가 돈을 모을 만할 때쯤 금세 다시 돈이 사라져버리는 이유가 바로 재물의 움직임이라는 속성 때문이다. 재물은 사람의 손을 거치면 거칠수록 걷잡을 수 없는 속도로 빠르게 움직인다.

재물이 물고기라면 그 움직임이 끊임없고 재빠르기 때문에 우리가 낚아채기란 쉽지 않다. 그러니 많은 물고기를 단번에 잡겠다는 성급한 마음은 금물이다. 재물이라는 물고기는 낚시꾼의 성급한 욕심을 보면 바로 달아나버린다. 이는 본능적 직감과도 같다.

◎ 재물을 잡으려면 풍부한 어장으로 가야 한다

재물이라는 물고기를 잘 낚아채기 위해 우리가 온전히 할 수 있는 일은, 질 좋은 낚시 도구를 구비해 물고기가 풍부한 어장에 가는 것이다. 물고기가 풍부한 어장에 가면, 내가 던진 낚시 도구로 물고기를 잡을 가능성도 높아진다.

물고기가 한 마리도 살기 어려운 어장보다는, '물반 고기반'인 어장에 가야 물고기가 잘 잡히지 않겠는가? 물론 여기에 더해 해당 물고기를 낚는 데 최적화된 도구까지 갖추고 있다면 그야말로 금상첨화일 것이다.

이제 사주에 대해 이야기해보자. 재성이 강건하면 재물을 취할 수 있는 기회가 풍부해진다. 사실은 자신이 재물을 취하고자 하는 욕망이 강해지니 자연히 재물을 취할 수 있는 환경과 기회도 풍부해지는 것이다.

◎ 재성이 없는 것도, 지나친 것도 모두 문제다

반면 재성이 약하거나 없으면, 그 사람은 재물욕 자체가 약해 재물과의 인연도 박할 수밖에 없다. 그럴 때는 운에서 재성이 와서 재물과 관련된 욕구와 기회가 보충될 때까지 기다릴 수밖에 없다.

그렇지만 재성이 많으면 무조건 좋은 것일까? 재성이 지나치게 많을 경우 나의 재물욕도 점점 커져 수많은 재물에 대한 기회만을 좇다가 에너지가 분산되어 이도 저도 안 되는 경우가 많다. 즉 재성이 많으면 재물의 관심 대상과 분야가 많아지면서 기력이 분산되어 한 가지도 제대로 성사시키지 못할 수도 있다. 주로 실행력, 추진력이나 결단력과 관련한 문제가 생기게 마련이다. 이것저것 노리다가 더 큰 물고기가 나타나면 그것을 다시 쫓느라 다잡은 먹이조차 놓치기 일쑤다.

요컨대 재성이 없는 것도 문제지만, 지나친 것도 좋지 않다. 재성이 없으면 내가 잡을 물고기 자체가 없는 것이니 재물도 취할 수 없다. 다만 애초에 움직임이 없었으니 잃을 것도 없다. 반면 재성이 지나치게 많으면, 재물에 대한 관심이 높아지며 그것은 결국 집착으로 이어지게 마련이므로 힘에 부쳐 탈진하기 쉽고, 대체로 실익도 없다. 이에 따른 에너지와 시간 그리고 돈의 소모가 많아 손해의 규모가 클 수 있다.

재성을 보는 방법

이제 본론으로 들어가서, 내가 잡을 수 있는 재물의 상태를 알아보자. 재물은 십신 중 재성에 해당한다. 그래서 재물운을 알고 싶으면 재성의 힘이 강건한지 보면 된다.

재성의 힘을 파악하는 방법은 다음과 같다. 첫째, 재성의 개수와 포진을 본다. 이때 재성이 합충을 하는지 확인한다. 둘째, 재성을 생하는 식상을 확인한다. 마지막으로 위를 종합적으로 고려해, 재성이 과다한지, 충분한지 아니면 과소한지를 판단한다. 이 세 가지 방법에 대해 자세히 살펴보자.

첫째, 재성의 개수와 포진을 본다. 재성은 내가 잡을 물고기와 같으므로 그 숫자가 많을수록 재물을 획득할 기회가 풍부하다. 천간의 재성은 재물에 대한 생각과 관심을 의미하고, 지지의 재성은 재물에 대한 기회와 환경을 의미한다. 의미상의 차이에 불과하지만, 재성은 천간과 시지에 골고루 많은 것이 유리하다.

사주원국에 재성이 3개 '이상'이면 일단 재성이 강하다고 볼 수 있다. 재성의 위치나 포진에 따라 달라질 수 있지만, 재성이 2개만 있어도 통상 충분하다. 물론 천간과 지지에 각각 있되 서로 가깝게 위치하면 금상첨화다. 재성이 1개인데 위치가 불안하거나 아예 없으면 미약하다.

다음의 사주를 보자.

	시주	일주	월주	년주
천간	○	일간 庚 경금	재성 甲 갑목	○
지지	○	식상 子 자수	재성 寅 인목	재성 卯 묘목

이 사주를 보면 월지, 월간, 시지에 3개의 재성이 있다. 월지가 세력의 중심이고, 재성이 자리 잡고 있으니 사주원국을 장악하고 있다. 어쨌든 재성이 3개 '이상'이면 매우 강하다.

이어 다음의 사주를 보자.

	시주	일주	월주	년주
천간	○	일간 庚 경금	비겁 庚 경금	재성 甲 갑목
지지	○	식상 子 자수	인성 戌 술토	재성 寅 인목

이 사주를 보면 년간과 년지에 2개의 재성을 두고 있다. 천간과 지지의 2개의 재성이 동일 기둥에 있어 가깝다. 재성의 포진에 따라 달라지지만, 이처럼 재성이 2개이면 통상 충분하다.

이어, 재성의 개수뿐만 아니라 재성의 포진을 아울러 봐야 한다. 만일 재성이 천간에 있다면 일간과 가까이 위치할수록 그 쓰임새가 커진다. 그런데 더 중요한 것은 뿌리다. 모든 천간의 글자는 뿌리가 있어야 하므로, 재성이 월지나 자신의 사주 기둥에 뿌리를 두어야만 쉽게 날아가지 않는다. 또는 재성이 식상에 의해 생을 받아야 안전하다.

앞서 보았던 사주를 다시 보자.

	시주	일주	월주	년주
천간	○	일간 庚 경금	비겁 庚 경금	재성 甲 갑목
지지	○	식상 子 자수	인성 戌 술토	재성 寅 인목

이 사주에서 년주에 재성이 함께 있다. 즉 천간의 재성인 갑목이 지지의 재성인 인목과 동일 기둥에 있다. 천간 재성은 동일 기둥의 지지에 매우 튼튼한 뿌리를 가지고 있어 흔들림이 없다. 재물에 대한 생각이 실현될 환경이나 현실이 조성된다는 뜻이다. 이런 경우라면 나의 주변에서 재물에 대한 기회가 흔들림 없이 확고하다고 할 수 있다.

이어 다음 사주를 보자.

	시주	일주	월주	년주
천간	○	일간 庚 경금	비겁 庚 경금	재성 甲 갑목
지지	○	○	인성 戌 술토	식상 子 자수

이 사주에서 년간의 재성 갑목이 동일 기둥의 지지에 있는 식상으로부터 생을 받는다(수생목의 원리). 그것은 재성이 식상에 의해 보호

된다는 뜻이다. 그래서 재성이 외부 환경에 의해 쉽게 파괴되지 않는다. 이것 역시 나의 주변에 재물에 대한 기회가 유지된다고 할 수 있다.

한편 재성이 지지에 있다면 '월지〉일지〉시지〉년지' 순으로 힘을 발휘한다. 천간의 재성은 하늘로 노출되어 있어 파괴되거나 빼앗기기 쉽지만, 지지의 재성은 상대적으로 잘 보호된다. 그 말은 합충 등의 변화에 의해 변질이나 파괴되지 않는다면 시기의 문제이지 실현 가능성이 높다는 말이다.

◎ 재성이 충을 맞는다면 주식투자는 글쎄?

재성이 천간에 있든 지지에 있든 합충에 의해 변화가 생긴다면 어떨까? 쉽게 답을 하자면, 합에 의해서는 변질되기 쉽고, 충에 의해 크게 파괴될 수 있다.

재성은 언제나 소중하므로 보호되어야 하며, 충에 의해 파괴되는 것을 꺼린다. 만약 재성이 다른 십신과 충이 된다면, 잘 나가다가도 어떤 갑작스런 돌발변수에 의해 나의 재물이 쉽사리 파괴되기 쉽다. 특히 운에서 사주원국의 재성과 충을 한다면 그때는 주식투자가 금물이다!

다음 사주를 보자.

	시주	일주	월주	년주
천간	○	일간 庚 경금	비겁 庚 경금	인성 戊 무토
지지	○	○	비겁 申 신금	재성 寅 인목

이 사주를 보면, 재성 인목이 월지 신금에 의해 충을 당하고 있다
(인신충). 아쉽게도 소중한 재성이 신금에 의해 파괴되는 모습이다.
이렇게 지지의 재성이 충을 당하는 경우에도 주식투자는 불리하다.
아니, 주식투자는 피하는 것이 상책이다!

한편 재성이 합을 해 다른 오행으로 변하는 경우 주식투자에 역시
불리할 수 있다. 즉 재성이 파괴되거나 변질되는 것 모두 주식투자
에 유리하지 않다.

◎ 식상이 재성을 보호한다

둘째, 재성을 생하는 식상을 고려한다. 식상은 재성을 생하니, 재
성의 어머니와 같다. 식상의 역할은 참으로 중요하다.

식상은 천간과 지지의 재성을 가리지 않고 기본적으로 재성의 힘
을 키운다. 이때 식상은 비겁의 기운을 빼서 재성의 힘을 키우게 된
다. 즉 양자 간의 윤활유 역할을 하는 것이다.

특히 일간의 힘이 지나칠 경우 식상의 역할은 막대하다. 강한 일
간의 기운을 빼서 재성을 도와주기 때문이다. 재물을 쟁취하고자 하

는 의지와 재물에 대한 풍부한 기회가 조화를 이루게 된다.

다음 사주를 보자.

	시주	일주	월주	년주
천간	재성 戊 무토	일간 甲 갑목	비겁 乙 을목	○
지지	재성 辰 진토	식상 午 오화	비겁 卯 묘목	인성 亥 해수

이 사주를 보면, 일간이 강한 비겁과 인성으로 인해 그 힘이 과도하다. 그런데 일지의 식상 오화가 비겁의 힘을 빼서(목생화의 원리), 시주의 재성들을 도와주고 있다(화생토의 원리). 이렇게 식상이 결정적인 역할을 수행할수록 주식투사에서 큰 성과를 낼 수 있다.

요컨대 재성은 그 숫자가 많을수록 재물에 대한 기회가 풍부하다. 재성은 소중하므로 다른 십신에 의해 보호받아야 하고, 합충에 의해 변질되거나 파괴되면 좋지 않다. 다시 한 번 강조하지만, 재성이 충을 맞고 있다면 주식투자는 금물이다!

🔺 재성이 충분한지를 판단한다

재성이 약할 경우, 재물에 대한 관심과 흥미가 떨어지는 동시에 재물에 대한 기회도 많지 않다. 반면 재성이 충분한 경우, 재물에 대한 욕구와 기회 모두 공존한다. 그렇지만 재성이 과도하면, 재물에 대한 욕망과 관심이 지나쳐서 대박이나 요행만을 바라게 되어 위험한 투자에 빠지기 쉽다.

앞에서 살펴본 새성의 개수, 새성의 포진, 식상의 역할 등을 종합적으로 고려해, 재성의 힘이 '과도한지, 충분한지, 아니면 과소한지'를 판단해야 한다. 다음 내용을 살펴보자.

◎ 재성이 과도하면 대박을 좇는다

첫째, 재성의 힘이 과도한 경우이다. 재성이 강하면 재물에 대한 관심과 욕구가 크다. 재성이 지나치게 많으면 기본적으로 사물과 현상에 대한 관심이 많아지며, 그것이 재물일 경우 관심이 더욱 증폭된다.

주식투자의 경우, 기회라고 판단해 취득했던 주식이 있어도 새롭게 관심이 생기는 다른 주식이 나타나면, 기존 주식을 내려놓고 새로운 주식을 추매하기도 한다. 한 번 결정 내린 일을 진득하게 추진하기가 어렵게 된다. 즉 지속적인 추진력이 부족해 가시적인 결실을 이루기가 쉽지 않다. 때로는 재물에 대한 욕심으로 인해 대박을 좇아 위험한 베팅을 하기도 쉽다.

사주원국에서 재성이 3개 '이상'이면 일단 재성이 강하다고 볼 수 있다. 재성이 천간이든 지지든 일간과 가까이 위치할수록 그 힘이 강해진다.

재성이 지나치게 과도하면 재물을 심하게 쫓으나 손재수가 크다.

주식투자의 경우도 위험한 투자에 빠져 큰 손실을 보기 십상이다. 그러니 운에서 비겁이나 필요한 십신이 오기를 기다려야 한다(이는 뒤에서 자세히 살펴본다).

◎ 재성이 적정하면 운만 맞으면 승부를 걸 수 있다

둘째, 재성의 힘이 충분한 경우이다. 재성의 힘이 과하지 않게 충분하다면, 재물에 대한 합당한 관심과 재테크 능력을 갖출 수 있게 된다. 주변에 재물을 취할 만한 실질적인 기회 역시 풍부하다고 볼 수 있다.

재성의 위치나 포진에 따라 세력이 달라지겠지만, 재성이 2개이면 통상 충분하다. 물론 천간과 지지에 각각 있되 서로 가깝게 위치하면 좋고, 기왕이면 동일 기둥에 있는 것이 가장 좋다. 여기에 더해 식상의 도움도 따른다면 금상첨화다. 만약 새성이 1개밖에 없어도 그것이 월지나 일지에 위치하면서 주변 식상의 도움까지 받고 있으면 그 힘은 강건하다고 볼 수 있다. 그렇지만 재성이 잘 포진되어 있어도 다른 십신과 충이 되면 재성이 파괴될 수 있으니 재성의 상태도 유심히 보자.

어쨌든 재성이 강건하면 주식투자에 있어 좋은 성과를 보일 수 있다. 사주원국 내 재성이 강건하더라도 주식투자는 운에서 식상이나 재성이 올 때 승부를 거는 것을 권한다(이는 뒤에서 자세히 살펴본다).

◎ 재성이 미약하면 가능한 주식투자에서 손을 떼라

셋째, 재성의 힘이 과소한 경우이다. 재성은 재물을 취할 수 있는 기회이자, 재물에 대한 욕구나 관심이다. 재성이 약하면 재물에 대한 욕구와 관심이 적고, 동시에 재물을 잃을 기회도 적다. 재성이 미약하면 눈앞의 재물을 소홀히 하거나 흘려보내기 십상이다.

재성이 월지나 일지에 있는 것이 아니라면, 혹은 재성이 1개 이하에 해당되면 재성이 약하다고 볼 수 있다. 천간에 있는 재성이 뿌리가 없으면 미약하다. 또한 천간이든 지지에 있든 재성이 합충이 되거나 극을 당하고 있으면 미약하다. 다만 재성이 1개밖에 없더라도 식상과 같은 주변 글자에 의해 안전하게 보호받고 있다면 그 힘은 미약하지 않을 수 있다.

앞서 보았던 다음 사주를 보자.

	시주	일주	월주	년주
천간	○	일간 庚 경금	비겁 庚 경금	인성 戊 무토
지지	○	식상 子 자수	비겁 申 신금	재성 寅 인목

이 사주를 보면, 한 개의 재성을 가지고 있는데 그것마저 월지 신금에 의해 바로 옆에서 충을 당하고 있다(인신충). 그렇지 않아도 약한 재성이 충에 의해 파괴되기까지 했다. 이러한 사주를 가진 사람

은 가능한 한 주식투자에서 손을 떼야 한다.

지금까지의 내용을 정리하면, 재성의 개수, 재성의 포진, 식상의 역할 등을 종합적으로 고려해 '재성의 힘이 과도한지, 충분한지, 아니면 과소한지'를 가늠해야 한다. 이것은 내가 잡을 수 있는 물고기가 충분한지를 살펴보는 것이다. 그렇지만 물고기가 많다고 무조건 좋은 것도 아니다. 물이 탁해져 오염만 된다.

〔3단계〕 나의 낚시 도구와 물고기의 규모를 비교하라

⤒ 비겁이 더 강할 경우 ①

지금까지 나의 낚시 도구가 어떤지, 그리고 나의 환경에 물고기가 충분한지 점검했다. 이제는 낚시대와 물고기의 힘겨루기 단계다. 즉 나의 낚시대를 가지고 물고기를 낚아 올릴 수 있는지를 보는 것이다. 즉 비겁과 재성 간의 힘겨루기가 분석의 골자이다. 보조적으로 식상, 인성, 관성이라는 보충적 인자도 살펴볼 것이다.

기본 원리는 간명하다. 비겁은 재물을 쟁취할 수 있는 힘이고, 재성은 재물이자 재물에 대한 기회이다. 우선 비겁이 강건해 재물을 쟁취할 수 있는 힘을 갖춰야 하고, 이어 재성이 풍부해 재물에 대한 기회도 충분해야 한다. 이 지점에서 비겁과 재성이 서로 균형을 이루고 있어야 주식투자의 성과가 좋다.

◎ 비겁과 재성의 균형을 맞춰주면 주식운이 좋다

만약 비겁과 재성 사이 불균형이 존재한다면, 운에서 양자의 균형을 맞춰주는 십신이 와서 부족한 십신을 채워줄 수 있다. 그럴 경우에도 주식운은 좋아질 수 있다.

이제부터는 비겁과 재성의 힘겨루기의 측면에서, '비겁이 더 강할 때'와 '재성이 더 강할 때'로 크게 나누어 각각의 내용을 살펴볼 예정이다.

우선은 '비겁이 재성보다 더 강한 경우'를 살펴본다. 즉 재물에 대한 기회보다 이를 쟁취하려는 나의 의지와 힘이 보다 큰 상황이다.

다음 표를 보자.

비겁이 재성보다 더 강할 경우

①비겁 〉재성 (비겁이 재성보다 다소 강한 경우)
내가 가진 힘과 능력을 효과적으로 행사해 재를 쟁취할 수 있는 역량이 충분하다. 특히 운에서 '재성' '식상'이나 '식상＋재성'이 오면 이는 큰 기회이다.
②비겁 〉〉재성 (비겁이 재성보다 훨씬 강한 경우)
나의 힘을 지나치게 행사해 재가 파괴되거나 달아날 수 있으므로, 나의 힘을 완화하는 다른 보충적 십신(특히 식상)의 이용이 급선무이다. 급히 서두르지 말고 적절한 때와 시기를 기다려야 한다.
③ (비겁은 강하나) 재성이 없거나 무력한 경우
재물에 대한 기회가 적은데도 성급히 재물을 취하려 하기 때문에 무리한 투자가 주식투자의 실패를 초래할 수 있다. 단기적이고 잦은 매매 행태나 과도한 확신에 의한 지나친 베팅은 위험하니, 저축하는 마음으로 장기 투자를 하는 것은 권하지만 성과 위주의 주식투자는 자제하는 것이 좋다.

이 표는 비겁이 재성의 힘보다 셀 경우를 간략히 요약한 표이다. ①에서 ③으로 가면서 상대적으로 비겁이 세진다. 비겁은 강건해야 하지만, ②, ③으로 가면서 재성에 비해 비겁이 지나친 상황이다. 여기서는 이러한 내용이 있는 정도만 알고 다음부터 자세히 알아보자.

어찌 됐든 비겁과 재성 간의 힘겨루기를 분석하는 골자는 다음이다. 우선 사주에서 비겁과 재성의 균형을 살펴본다. 이후 불균형이 있다면 이를 맞춰주는 운이 오면 좋고, 그때야말로 주식투자의 적기이다.

비겁이 더 강할 경우 ②

앞에서 정리한 190쪽의 표에서 세 가지 항목을 순서대로 내용을 알아보자.

첫 번째(①)는 '비겁이 재성보다 다소 강한 경우'이다. 비겁(일간을 포함한다)은 재물을 취하기에 적당한 정도로 강하면 충분하다. 비겁이 충분하고 재성도 적정히 갖추고 있다면, 내가 가진 힘과 능력을 효과적으로 행사해서 재를 쟁취할 수 있다. 즉 통상적인 의미에서의 주식운이 좋다고 할 수 있다. 여기에 운에서까지 재성이 온다면 더할 나위가 없다.

또한 사주에 식상이 있거나 운에서 식상이 와도 좋다. 비겁이 재성보다 강할 때, 식상은 비겁의 힘을 빼서 재성의 힘을 더해주는 역할을 하기 때문이다.

요컨대 비겁이 재성보다 강할 때는 재성이 보충되어야 하지만, 식상의 역할도 무시할 수 없다고 보면 된다.

◎ 비겁이 재성보다 다소 강하다면 승부를 걸 만하다

앞에서 보았던 다음 사주를 보자.

	시주	일주	월주	년주
천간	재성 戌 무토	일간 甲 갑목	비겁 乙 을목	○
지지	재성 辰 진토	식상 午 오화	비겁 卯 묘목	인성 亥 해수

이 사주를 보면, 월지는 세력의 중심인데 비겁이 자리 잡고 있고, 가까이 비겁과 인성까지 있어 그 힘을 증강시킨다(참고로 해묘미 중 반합으로 목이 더 강해진다).

이어 재성을 보자. 2개의 재성이 시주에 동일 기둥으로 있어 재성이 충분하다. 더구나 일지의 식상 오화는 재성 가까이에 있어 재성의 힘을 북돋는다.

이 사주에서 비겁과 재성의 힘을 비교해보면, 재성도 강건하지만 비겁(일간 포함)을 위주로 세력을 형성하고 있으므로 비겁이 다소 강하다.

이렇게 일간과 비겁의 힘이 충분한 재성의 힘보다 다소 강하면,

주식투자에서 큰 성과를 낼 수 있다. 운에서 '재성' '식상'이나 '식상
+재성'이 온다면 승부수를 걸어볼 수 있다.

◎ 비겁이 재성보다 훨씬 강하면 운에서 나의 힘을 빼줘라

두 번째(②)는 비겁이 재성보다 훨씬 강한 경우다. 비겁이 강건해
야 재물을 취하기에 좋다. 그러나 비겁이 재성에 비해 지나치게 과
다할 경우에는 나의 지나친 의지가 오히려 해가 되어 재물을 내쫓거
나 파괴하기 십상이다.

즉 나의 의지와 욕심이 지나쳐 눈앞의 재물을 급히 쟁취하기 위해
서두르다 보면, 경솔하게 일을 그르치기 쉽다. 동시에 경쟁자가 많
아지게 되니 오히려 재물을 뺏기기도 쉽다.

이 경우 나의 힘을 빼는 식상의 역할이 더욱 강조된다. 사주원국
에 식상이 잘 위치해 있다면 좋다. 또한 나의 힘(즉 비겁)을 억제해 재
성을 보호하는 관성의 역할도 좋다.

운에서 보충이 필요하다면, 단순히 재성이 보충되는 것보다 식상
이 함께 보충되는 것이 좋다. 언제든 급히 서두르거나 과욕을 부린
다면 재성이 달아나기 때문이다. 그러므로 식상과 재성이 함께 들어
오는 시기를 기다리는 것이 최적이다. (관성의 역할도 중요하지만 이에 대
한 자세한 논의는 필자가 쓸 다음 책으로 미룬다).

다음 사주를 보자.

	시주	일주	월주	년주
천간	○	일간 庚 경금	인성 戊 무토	재성 甲 갑목
지지	○	비겁 申 신금	비겁 申 신금	식상 子 자수

이 사주를 보면, 월지와 일지에 비겁이 자리 잡고 있으며 인성의 도움까지 받고 있으니 일간과 비겁이 과도하게 강하다.

반면 재성은 년간에 외롭게 홀로 있다. 이처럼 서슬퍼런 비겁의 힘에 재성이 압도당하는 경우, 주변에서 식상이 재성을 도와주면 좋다. 위의 사주에서는 식상 자수가 강한 비겁의 힘을 빼서(금생수의 원리), 재성 갑목의 힘을 더해주고 있으니 좋다(수생목의 원리). 심지어 식상 자수가 신금과 반합해(신자진 삼합) 강한 금 기운을 수의 편으로 바꾸어주는 형국이니 더욱 좋다. 이처럼 이 사주에서는 식상이 크게 기여한다.

비겁의 힘이 재성을 압도하는 경우, 운에서 식상이 오거나 식상과 재성이 함께 오면 좋다. 그때가 주식투자를 할 시기다.

◎ 비겁만 강하고 재성이 무력하면 주식을 삼가라

세 번째(③)는 (비겁은 강하나) 재성이 없거나 무력한 경우다.

비겁이 지나치게 강하면, 언제나 성급하고 과도한 확신으로 무리수를 두기 마련이다. 그런데 재성이 없거나 무력하다면 재물에 대한 기회 자체가 없을 수 있다. 이 경우 재물에 대한 기회가 적은데도 성급히 재물을 취하려 하기 때문에 투자 실패를 초래할 수 있다.

흔히 단기적이고 잦은 매매를 수행하거나 과신에 의한 지나친 베팅을 해 손실을 초래할 위험이 크다. 다만 저축하는 마음으로 매수 후 1년 이상의 장기 보유나 연금식 장기 투자는 가능하다.

다음 사주를 보자.

	시주	일주	월주	년주
천간	○	일간 庚 경금	비겁 庚 경금	재성 甲 갑목
지지	○	비겁 申 신금	비겁 申 신금	관성 午 오화

이 사주를 보면, 월지와 일지에 비겁이 동시에 자리잡고 있으며, 게다가 주변에 다른 비겁까지 돕고 있으니 비겁이 사주 전체를 장악하고 있다.

재성 갑목이 나홀로 있는데, 뿌리가 없고 갑경충을 당해 심하게 흔들리고 있다. 안타깝게도 식상이 없어 재성을 보호하지도 못한다. 여기서 관성 오화가 어느 정도는 비겁의 힘을 억제하려 하지만 이미 '뿌리 없는 천간의 재성'이 충에 의해 파괴된다고 보면 된다.

이런 경우에는 주식시장에 발을 들여놓지 않거나, 이미 들여놓았다면 당장 끊는 게 좋다.

요컨대 비겁만 강하고 재성이 없거나 무력한 경우는 주식을 자제하는 것이 가장 좋다. 분명 운에서 재성을 받쳐주는 때가 오겠지만, 이것 역시 섣불리 때를 판단하면 안 된다.

재성이 더 강할 경우 ①

앞서 비겁이 재성보다 더 강한 경우를 살펴보았다. 즉 재물에 대한 기회보다 이를 쟁취하려는 나의 의지와 힘이 보다 큰 상황이었다. 역으로, 이제는 '재성이 비겁보다 더 강한 경우'를 보자. 즉 재물에 대한 기회는 풍부하지만 이를 쟁취하려는 의지와 확신이 부족한 상황이다. 아래의 표를 보자.

재성이 비겁보다 더 강할 경우

① 재성이 일간(비겁)에 비해 지나치게 과다한 경우
재물에 대한 많은 기회에도 불구하고, 자신의 힘과 끈기가 미약해 실질적 성과를 내기가 어려울 수 있다. 때론 재물에 대한 욕심만으로 지나친 위험 투자에 빠져들 수 있다. 그러니 여러 목표물을 쫓지 말고 특정 목표에 집중하고 무조건 때를 기다려야 한다. 그때는 운에서 '비겁'이나 '비겁＋인성'이 올 때이다.
② 재성이 많지만 일간이 충분히 강건한 경우
재물에 대한 관심과 의욕, 적성 및 재물을 취할 능력도 충분해 유리하다. 만약 사주원국에 식상이 천간에 있으면서 건재하면, 운에서 '식상'이나 '식상＋재성'이 올 때 주식투자를 하면 좋다. 한편 사주원국에 관성이 천간에 있으면서 건재하면, 운에서 관성이 와도 좋다.
③ 재성은 강하나 비겁이 없거나 무력한 경우
눈앞의 재물을 보고도 그냥 흘려보낼 만큼 의지와 자신감이 약하다. 운을 기대해볼 수는 있으나 가능한 주식투자를 하지 않는 것이 좋다.

이 표는 재성이 비겁의 힘보다 셀 경우를 정리한 것이다. 이 표도 내용 정도만 확인하고 다음부터 자세히 알아보자.

재성은 소중하므로 언제나 보호되어야 한다. 다만 재성이 많을 경우 이를 쟁취할 수 있는 의지와 능력에 해당하는 비겁이 강건해야 한다. 경우에 따라 재물을 내 것으로 만들 수 있는 보완적 인자가 필요하기도 하다.

만약 과다한 재성에 비해 비겁이 미약하면, 재물은 풍부하지만 이를 취할 수 있는 힘과 의지가 부족하다고 볼 수 있다. 이와 같이 비겁의 힘을 재성과 견주어 볼 때 다시 세 가지[① 재성이 일간(비겁)에 비해 지나치게 과다한 경우, ② 재성이 많지만 일간이 충분히 강건한 경우, ③ 재성은 강하나 비겁이 없거나 무력한 경우]로 나눌 수 있다.

어쨌든 비겁과 재성 간의 힘겨루기 측면에서 불균형은 있기 마련이다. 비겁의 힘이 부족하면 이를 보충해주는 운이 오면 좋고, 비겁의 힘이 강건하면 재성은 소중하니 이를 잘 취득하게 도움을 줄 수 있는 운이 좋다. 그때가 주식투자의 좋은 타이밍이다.

⚜ 재성이 더 강할 경우 ②

196쪽의 표에서 정리한 순서대로 알아보자.

첫 번째(①)는 재성이 일간(비겁)에 비해 지나치게 과다한 경우이다. 과다한 재성에 비해 일간(비겁)이 약할 경우, 재물에 대한 많은 기회에도 불구하고, 자신의 힘과 끈기가 미약해 실질적 성과를 내기가 어려울 수 있다.

주식투자의 경우 이 종목과 저 종목을 쫓다가 다 놓치기도 하고, 때론 어떤 주식을 샀어야 하는데 때를 놓친 것을 후회하기도 한다. 경우에 따라 재물에 대한 욕심이 지나치면 도박과 같은 위험한 투자에 빠져들 수 있다.

이처럼 과다한 재성에 비해 일간(비겁)이 미약하면, 자신의 힘과 승부욕이 미약해 많은 재성을 취하기가 쉽지 않다. 이러한 경우에는 주식투자에서 큰 손실을 보기 십상이다.

그러니 여러 목표물을 쫓지 말고 특정 목표에 집중하고 무조건 때를 기다려야 한다. 그때는 운에서 비겁이 올 때이다. 주식투자는 먹이에 직접 달려드는 과감한 승부욕, 결단력 및 추진력이 필요하므로, 그러한 힘이 미약할 때는 운을 통해 그 힘을 보충받아야지만 승산이 있다.

한편 일간이 약하다면 인성도 도움이 된다. 여기서 인성에 대해 얘기해보자. 비겁의 힘이 부족할 때는 내 기력이 부족해지므로 일간의 힘을 보충해주는 것이 좋다. 즉 일간의 힘이 부족할 때는 내 편이 되어줄 사람(이는 어머니, 전문가, 귀인 등이다)의 힘을 빌리거나, 내가 공부나 학업을 통해 지력을 쌓거나, 일종의 권리나 자격증 등을 취득함으로써 나의 힘과 경쟁력을 보완할 수 있다. 여기서 어머니, 전문가, 귀인, 공부, 자격증, 각종 권리 등을 '인성'이라 할 수 있다. 인성이 강건하면, 내가 무언가를 쟁취할 수 있는 힘과 경쟁력에 도움이 된다.

그렇지만 인성이 무조건 도움이 되는 것은 아니다. 만약 일간의 뿌리 자체가 없는 경우, 나홀로 서기 자체가 안 되기 때문에 이럴 때 인성이 강하면 의존적이 되기 쉽다. 특히 주식투자의 경우는 지나친 의존성은 투자 실패로 이어지기 쉽다. 그러니 일간이 어느 정도는 홀로 기립할 수 있을 때 인성의 도움이 있다.

또한 인성이 많다고 내 힘과 경쟁력에 도움이 되는 것도 아니다. 인성이 과다하면 현실성이 없어 이상과 생각에 빠지게 되고, 주변의 힘을 빌리게 되면 그들의 끊임없는 조언과 간섭에 의해 나의 자유의지가 꺾이게 되고, 행동해야 할 때 생각만 많아 머뭇거리는 문제가 생길 수 있다. 주식투자의 경우 결정을 한 후에도 행동이 늦어 뒤늦은 후회를 할 때가 많다.

여하튼 과다한 재성에 비해 일간(비겁)이 약하다면 비겁이 가장 필요하지만, 인성의 역할도 있다고 보면 된다. 따라서 운에서 '비겁'이나 '비겁+인성'이 온다면 주식투자에 유리하다.

다음 사주를 보자.

	시주	일주	월주	년주
천간	재성 甲 갑목	일간 辛 신금	재성 甲 갑목	인성 己 기토
지지	관성 午 오화	식상 亥 해수	재성 寅 인목	비겁 酉 유금

이 사주를 보면, 월지의 재성이 주변의 재성과 식상의 힘을 세력을 장악하고 있다. 년지에 나홀로 비겁인 유금은 천간의 인성에 의해 생을 받고 있으나(토생금의 원리), 강한 재성의 힘에 의해 억눌리고 있다.

이처럼 강한 재성에 비해 비겁이 훨씬 약한 경우, 재물에 대한 기회가 많이 포착되겠지만, 여러 목표물을 좇지 말고 특정 목표에 자신의 힘을 집중해야 한다. 그렇지만 섣불리 투자하지 말고, 운에서 '비겁'이나 '비겁+인성'이 올 때를 기다려야 한다. 다만 운과 사주의 재성이 충이 되면, 손재수가 있을 수 있으니 이는 조심해야 한다.

두 번째(②)는 재성이 많지만 일간이 충분히 강건한 경우이다. 이 경우는 재물에 대한 관심과 의욕, 적성 및 재물을 취할 능력도 충분해 주식투자에 유리하다. 여기서 중요한 점은 재성은 소중하므로 언제나 보호되어야 한다는 사실이다. 재성이 많다고 함부로 충이나 극을 당해도 된다고 생각한다면 그건 오류이다.

다만 재성이 많을 경우 이를 쟁취할 수 있는 의지와 능력에 해당하는 일간(비겁)이 강건해야 한다. 만약 일간이 충분히 강건하다면 재성은 소중하니 이를 잘 취득하게 도움을 줄 수 있는 십신이 필요하다. 이러한 십신은 재물을 내 것으로 만들 수 있는 보완적 인자라 보면 된다.

만약 사주원국에 식상이 천간에 있으면서 건재하면(식상이 월지에 뿌리를 내리는 경우), 운에서 '식상'이나 '식상+재성'이 올 때 주식투자를 하면 좋다.

한편 사주원국에 관성이 천간에 있으면서 건재하면(예: 관성이 월지에 뿌리를 내리는 경우), 운에서 '관성'이 와도 좋다.

다음 사주를 보자.

	시주	일주	월주	년주
천간	식상 丙 병화	일간 甲 갑목	재성 己 기토	재성 己 기토
지지	비겁 寅 인목	비겁 寅 인목	식상 巳 사화	재성 未 미토

이 사주를 보면, 천간의 2개의 재성들이 월지 사화와 년지의 재성 미토에 뿌리를 두고 왕성하다. 동시에 시간의 병화도 월지 사화에 뿌리를 두어 건재하다. 그런데 일간 갑목도 일지와 시지에 비겁을 두고 강건하다.

이렇게 일간이 강건한 상태에서 재성이 많고 식상이 건재하면, 주식투자에서 좋은 성과가 있다. 일간이 강건해 충분히 재성을 내 것으로 취할 수 있으니 이 경우는 식상으로 재성을 잘 육성해 모두 내가 취하는 모습이 된다. 따라서 운에서 '식상'이나 '식상+재성'이 올 때 주식투자를 하면 큰 성취가 있다.

다만 이 경우도 사주의 재성(또는 식신)이 운과 충이 되거나, 일간이 흔들린다면 좋지 않으니 유심히 살펴야 한다.

다음 사주를 보자.

	시주	일주	월주	년주
천간	재성 乙 을목	일간 庚 경금	재성 甲 갑목	관성 丁 정화
지지	비겁 酉 유금	인성 辰 진토	재성 寅 인목	○

이 사주를 보면, 월지에 재성이 자리 잡고, 월간과 시간의 재성들이 월지에 뿌리를 두고 있어 재성이 세력을 형성한다. 동시에 년간의 관성 정화가 월지 인목에 뿌리를 두어 건재하다.

일간 경금의 힘을 보자. 우선 일지의 인성이 일간과 비겁을 생하고 있어 일간과 비겁이 약하지 않다. 추가로, 일지와 시지가 진유합금이 되어 금(비겁)이 보충되고 있다.

이렇게 일간이 강건한 상태에서 재성이 많고 관성이 건재하다면, 관성이 큰 도움이 된다. 여기서는 일간이 충분히 강건하고 재성이 많으므로, 재성의 힘을 완화하면서 재성을 보호하는 관성 정화의 역할이 크다. 이러한 경우는 운에서 관성이 오면 좋다.

세 번째(③)는 재성은 강하나 비겁이 없거나 무력한 경우이다.

재성이 강하면, 관심 대상이 많고 재물에 대한 기회도 많다. 그런데 비겁이 없거나 무력하면 나의 힘과 추진력도 없게 된다. 즉 눈앞의 재물을 보고도 그냥 흘려보낼 만큼 의지와 자신감이 약하다. 그래서 결실도 없다. 경우에 따라 운을 기대해볼 수는 있지만 가능한 주식투자를 하지 않는 것이 좋다.

다음 사주를 보자.

	시주	일주	월주	년주
천간	○	일간 **庚** 경금	재성 **甲** 갑목	관성 **丁** 정화
지지	○	○	재성 **寅** 인목	비겁 **申** 신금

이 사주를 보면(추가적인 비겁과 인성이 없다고 하자), 월간의 재성이 월지 재성에 뿌리를 두고 왕성하다. 동시에 년간의 관성 병화도 월지에 뿌리를 두어 건재하다.

반면 일간 경금이 년지 신금에 뿌리를 내리고 있지만, 신금이 월지 인목과 충을 하고 있어 유명무실해진다.

이 같은 경우, 충에 의해 일간의 뿌리가 흔들린 데다가 재성도 동시에 파괴된다고 보면 된다. 경우에 따라서 운을 기대해볼 수는 있으나 가능한 주식투자를 하지 않는 것이 좋다.

요컨대 비겁이 없거나 무력한 경우에는 주식을 자제하는 것이 가장 좋다. 섣불리 '묻지마 투자'를 하다가 큰 손재를 당할 수 있다.

〔4단계〕 물고기떼가 언제 오는지 운을 통해 보라

운 분석의 핵심 원리

3단계에서 사주원국을 통해 나의 낚시 도구와 물고기의 규모를 파악했다면, 운 분석을 통해 물고기떼를 내가 언제 잘 낚아챌 수 있는지 알 수 있다.

앞 단계의 사주분석을 통해 '내게 필요한 십신'을 파악했다. 이제는 운에서 내게 필요한 십신이 오는 때를 알면 그 시기에 물고기떼를 잘 낚아챌 수 있게 된다.

물론 우리가 그 시기를 알게 된다면 그 시기가 도래하기 전에 미리 준비해두어야 할 것이 있다.

◎ 대운과 세운의 영향력은 막강하다

운은 대운, 세운(년운), 월운이 있으며, 주식투자에서는 일운(일진)은 고려하지 않는다고 앞서 이야기했다. 운의 영향력은 대운이 가장 크고, 세운의 영향력도 무시할 수 없을 만큼 강력하다. 월운은 그 영향력이 대운과 세운만큼 크지는 않지만, 주식투자에서 실제 매매 시 참고하는 정도다.

앞서 사주명리의 기본원칙에서 설명했듯이 대운, 세운, 월운을 보는 법이 있는데 아래와 같이 정리해볼 수 있다.

'대운'에서 천간과 지지의 '십신'이 영향을 미치는데, 천간과 지지의 작용을 고려해 10년 단위의 운을 보여준다. 다만 대운 10년 중 천간이 앞의 5년간 강하게 작용하고, 지지는 뒤의 5년간 강하게 작용하는 차이가 있다.

그런데 대운을 분석할 때, 대운의 천간과 지지가 각각 사주원국과 합충의 작용을 일으키므로 이를 고려해야 한다. 즉 사주의 천간과 대운의 천간이 합충을 일으키고, 사주의 지지와 대운의 지지가 합충을 일으킨다.

특히 충은 직접적으로 영향을 미치는데, 충에서도 사주원국의 일간과 대운 간 충, 사주원국의 재성과 대운 간 충은 좋지 않다. 일간의 충은 자신의 생각과 의지가 요동치는 것이고, 재성의 충은 재물이 요동치는 것을 말하기 때문이다. 합의 경우도 사주원국의 재성과 대운 간의 합이 이루어지면 재성이 변질되어 주식투자에 유리하지 않을 수 있다.

한편 대운에 세운이 추가되면, 대운과 세운이 독립적으로 영향을 미치기도 하지만, 대운과 세운이 상호작용해 영향을 미치기도 한다.

◎ 운끼리도 충을 하며, 이때도 손재가 있을 수 있다

세운도 천간과 지지의 십신을 본다. 이후 세운의 천간과 지지 간의 작용을 고려하고, 사주원국과 세운 간 합충을 고려한다.

여기에 하나가 추가된다. 세운과 대운 간의 상호작용이다. 특히 세운과 대운의 합충을 고려하게 된다. 예를 들면, 내가 필요한 십신이 세운이나 대운에 있는데 이것이 (운끼리의) 충을 맞으면 손재가 있을 수 있다.

월운은 복잡하게 대운이나 세운과의 상호작용까지 볼 필요는 없다. 사주원국에서 필요한 십신이 있는지, 아니면 넘치는 십신이 있는지 보면 된다.

지금까지 살펴본 내용이 다소 복잡하지만, 간단히 정리하면 다음과 같다. '운에서 오는 십신이 무엇인지' 본다. 그 이후, '그 십신이 사주원국과 다른 운과 결합해 더 강해지는지, 아니면 변질되는지'를 본다.

◎ 내가 부족한 십신이 운에서 오면 좋다

앞서 사주원국에서 비겁과 재성의 힘겨루기를 보았다. 이제 운과 결합해보자. 만약 나의 사주에서 재성이 필요하면, 운에서 재성이나 식상이 오는 것이 좋다. 즉 대운과 세운을 통해 재성이나 식상이 강해지는 것이 좋다. 월운은 매매 시 재성이나 식상이면 좋다는 정도로만 고려한다.

반대로 나의 사주에서 비겁이 필요하면, 운에서 비겁이나 경우에 따라 인성이 오는 것이 좋다. 즉 대운과 세운을 통해 비겁이 강해지는 것이(경우에 따라 인성도 포함) 좋다. 월운도 그러한 십신이면 좋다는 정도로 고려한다.

🔱 상황별 운 분석 : 비겁이 더 강할 때 ①

이제부터 사주원국의 상황별 운을 분석해보자. 비겁과 재성의 힘겨루기 측면에서, 사주의 상황은 크게 '비겁이 더 강할 때'와 '재성이 더 강할 때'로 나누어 살펴보자.

여기서는 비겁이 재성보다 더 강한 경우를 먼저 살펴보자. 이러한 경우는 재물에 대한 기회보다 이를 쟁취하려는 나의 의지와 힘이 보다 큰 상황이다.

이러한 상황에서는 나의 사주에서 비겁이 재성보다 강해 재성이 필요하기 때문에 운에서 재성이나 식상이 강해지는 것이 좋다. 그렇지만 이것은 일반적인 경우에 해당되고, 세부적인 상황에 따라 다르다.

앞서 살펴본 다음의 표를 보자.

비겁이 재성보다 더 강할 경우

① 비겁 〉 재성 (비겁이 재성보다 다소 강한 경우)
내가 가진 힘과 능력을 효과적으로 행사해 재를 쟁취할 수 있는 역량이 충분하다. 특히 운에서 '재성' '식상'이나 '식상+재성'이 오면 이는 큰 기회다.
② 비겁 〉〉 재성 (비겁이 재성보다 훨씬 강한 경우)
나의 힘을 지나치게 행사해 재가 파괴되거나 달아날 수 있으므로, 나의 힘을 완화하는 다른 보충적 십신(특히 식상)을 이용하는 것이 급선무다. 급히 서두르지 말고 때와 시기를 기다려야 한다.
③ 비겁은 강하나 재성이 없거나 무력한 경우
재물에 대한 기회가 적은데도 성급히 재물을 취하려 하기 때문에 무리한 투자로 인해 주식투자의 실패를 초래할 수 있다. 단기적이고 잦은 매매 행태나 과신에 의한 지나친 베팅은 위험하니, 저축하는 마음으로 장기투자를 하는 것은 가능하나, 주식투자는 자제하는 것이 좋다.

이 표는 앞서 보았고, 비겁이 재성의 힘보다 셀 경우를 정리한 것이다. 앞으로 제시된 표를 중심으로 운을 분석하게 된다.

그런데 '③ 비겁은 강하나 재성이 없거나 무력한 경우'는 주식투자를 자제하는 것이 좋다. 물론 분명히 좋은 운이 올 수는 있으나, 선불리 판단할 경우 실패의 위험이 지나치게 크기 때문이다.

그러니 사주에 재성이 없거나 무력한 경우는 주식투자 말고 다른 재테크 방법을 찾도록 하자. 사바나 평원에서 생존에 기민한 피식자들이 저 멀리서 다가오는 당신의 체취에 도망가버릴 수 있으니 그렇다고 해두자.

⚠ 상황별 운 분석 : 비겁이 더 강할 때 ②

여기서는 '비겁이 재성보다 다소 강한 경우(①)'와 '비겁이 재성보다 훨씬 강한 경우(②)'를 위주로 살펴보자.

운을 분석할 때, ①과 ②의 근본적인 차이가 있다. ①의 경우는 재성이 강해지는 때 안정적으로 훌륭한 성과를 낼 수 있으나, ②의 경우는 재성이 강해지는 때 무조건적으로 성과가 있는 게 아니며 오히려 큰 실패가 있을 수 있다.

정확히 말하자면, '비겁이 재성보다 다소 강한 경우(①)'는 운에서 보충되어 재성, 재성+식상, 식상이 강해지면 모두 좋다. 그렇지만 '비겁이 재성보다 훨씬 강한 경우(②)'는 강한 비겁의 힘을 빼는 '식상'이 선결 조건이다. 즉 식상이 보충되지 않으면 재물이 파괴되기 쉽다. 그러니 운에서 식상이 반드시 와야 하며, 식상과 함께 재성이 오면 가장 좋다.

◘ 재성이 필요하다면 운에서 재성이나 식상이 오면 좋다

우선 '비겁이 재성보다 다소 강한 경우(①)'에 해당하는 사주의 운을 분석해보자.

앞서 보았던 다음 사주를 보자(기존의 우리나라 나이임. 만 나이가 아님).

	시주	일주	월주	년주
천간	재성 戊 무토	일간 甲 갑목	비겁 乙 을목	○
지지	재성 辰 진토	식상 午 오화	비겁 卯 묘목	인성 亥 해수

	80	70	60	50	40	30	20	10
대운	계	임	신	경	기	무 재성	정 식상	병
	해	술	유	신	미	오 식상	사 식상	진

이 사주를 보면, 일간 갑목은 월지와 월간에 동시에 비겁을 두고, 년지의 인성의 도움을 받아 일간과 비겁의 힘은 충분히 강하다. 한편 시주에 재성이 함께 있고, 일지의 식상까지 재성을 생하고 있어 재성의 힘도 강건하다.

이와 같이 일간과 비겁의 힘이 충분한 재성의 힘보다 다소 강할 경우, 운에서 보충되어 재성, 재성+식상, 식상이 강해지면 모두 좋다.

대운이 20대운(20~29세)인 정사라 하자. 정화와 사화는 모두 식상이다. 정화와 사화는 서로 동일한 오행이므로 식상의 작용력은 배가된다. 대운의 정화와 사화는 사주원국의 강한 비겁의 힘을 빼서(목생화의 원리) 재성을 생해주고 있다(화생토의 원리). 이렇게 식상이 강해지는 시기에는 주식운이 매우 좋다.

이번엔 30대운(30~39세)의 무오 대운을 보자. 무토는 재성이고, 오화는 식상이다. 무토 대운 자체만 보면, 오화가 무토를 화생토해 재성이 충분히 강건하다. 특히 대운의 지지 오화가 사주원국의 강한 비겁의 힘을 빼서(목생화의 원리) 재성을 생해주고 있다(화생토의 원리). 이 사주는 운에서 재성이나 식상이 오면 좋은데, 30대운에 재성과 식상이 함께 오고 있어 주식운이 아주 좋다.

이어, 무오 대운에서 추가해 세운을 가정해보자. 만약 30~39세 사이에 무오년, 무술년, 기사년의 해가 찾아온다고 하자. 이때는 재성이나 식상이 강해지는 때이므로 대운과 세운이 함께 작용한다. 그러니 주식투자에서 승부수를 띄워도 충분히 훌륭한 성과를 낼 수 있을 것이다.

참고로 실제 주식 매매 실행 시에 월운에서 재성이나 식상이 있으면 더욱 좋긴 하지만, 대운과 세운을 중심으로 판단해도 충분한 시기다.

◎ 비겁이 지나치게 강하다면 운에서 꼭 식상이 와야 한다

다음은 '비겁이 재성보다 훨씬 강한 경우(②)'에 해당하는 사주의 운을 분석해보자.

다음 사주를 보자.

	시주	일주	월주	년주
천간	○	일간 庚 경금	인성 戊 무토	재성 甲 갑목
지지	○	비겁 申 신금	비겁 申 신금	식상 子 자수

	80	70	60	50	40	30	20	10
대운	병	을	갑	계	임	신	경	기
					식상			
	진	묘	인	축	자	해	술	유
					식상			

이 사주를 보면, 경금 일간이 월지와 일지에 비겁을 두고, 나아가 주변의 인성의 도움까지 받고 있어 과도하게 강하다.

한편 재성은 년간에 갑목이 외롭게 있으나, 다행히 년지의 식상 자수가 강한 비겁의 힘을 빼서(금생수의 원리) 재성 갑목의 힘을 더해 주고 있다(수생목의 원리).

이렇게 비겁이 지나치게 강하면, 식상이 긴요한 역할을 한다. 그래서 운에서 식상과 재성이 함께 오면 좋다.

대운이 40대운(40~49세)인 임자라 하자. 임수는 식상이고, 자수도 식상이므로 천간과 지지가 동일한 오행으로 식상이 충분히 강건하다. 특히 대운의 지지인 자수가 신금과 삼합해(신자진 삼합) 강한 금기운을 식상인 수의 편으로 바꾸니 더욱 좋다. 따라서 식상운이 지배하는 40~49세 사이에 주식투자를 하면 좋은 성과가 나올 것이 기대된다.

여기에 세운을 가성해보자. 만약 40~49세 사이 갑자년, 갑진년(신자진 삼합이다), 임자년, 임진년(신자진 삼합이다), 계해년 등의 해가 온다고 하자. 이때는 대운에서 식상이 강하게 오는 데다 세운에서도 재성이나 식상이 강해지는 때이므로 좋다. 그러니 주식투자에서 좋은 성과를 낼 수 있을 것이다.

월운은 위에서 언급한 것과 같이 내가 필요한 십신을 체크하는 정도로만 참고하되, 대운과 세운을 통해 판단한 시기에 초점을 맞추는 것이 좋다.

요컨대 비겁이 재성보다 더 강하다면 재성이 필요하며, 운에서 재성이나 식상이 오는 것도 좋다. 그런데 비겁이 지나치게 강하면, 식상이 긴요한 역할을 하므로 운에서 식상과 함께 재성이 오는 것이 좋다.

🔆 상황별 운 분석 : 재성이 더 강할 때 ①

다음으로 사주에서 재성이 비겁보다 강한 경우를 살펴보자. 이 경우는 재물에 대한 기회는 풍부하지만 이를 쟁취하려는 의지와 확신이 부족한 상황이다.

이러한 상황에서는 나의 사주에서 재성이 비겁보다 강해 비겁이 필요하기 때문에 욕심이나 조바심을 내지 말고 운에서 '비겁'이 올 때를 기다려서 노려야 한다. 일간의 뿌리가 강건하다면 '인성'도 도움이 된다. 그렇지만 이것 또한 일반적인 경우에 해당되고, 세부적 상황에 따라 다르다.

앞서 살펴본 다음의 표를 보자.

재성이 비겁보다 더 강할 경우

① 재성이 일간(비겁)에 비해 지나치게 과다한 경우
재물에 대한 많은 기회에도 불구하고, 자신의 힘과 끈기가 미약해 실질적 성과를 내기가 어려울 수 있다. 때론 재물에 대한 욕심만으로 지나친 위험 투자에 빠져들 수 있다. 그러니 여러 목표물을 쫓지 말고 특정 목표에 집중하고 무조건 때를 기다려야 한다. 그때는 운에서 '비겁'이나 '비겁＋인성'이 올 때이다.
② 재성이 많지만 일간이 충분히 강건한 경우
재물에 대한 관심과 의욕, 적성 및 재물을 취할 능력이 충분해 유리하다. 만약 사주원국에 식상이 천간에 있으면서 건재하면, 운에서 '식상'이나 '식상＋재성'이 올 때 주식투자를 하면 좋다. 한편 사주원국에 관성이 천간에 있으면서 건재하면, 운에서 '관성'이 와도 좋다.
③ 재성은 강하나 비겁이 없거나 무력한 경우
눈앞의 재물을 보고도 그냥 흘려보낼 만큼 의지와 자신감이 약하다. 운을 기대해볼 수는 있으나 가능한 주식투자를 하지 않는 것이 좋다.

이 표 또한 앞서 살펴보았고, 재성이 비겁의 힘보다 더 셀 경우를 세 가지로 나눠 정리한 것이다. 이 표를 중심으로 다음 절에서 운을 분석해보자.

그런데 위에서 '③ 재성은 강하나 비겁이 없거나 무력한 경우'는 주식을 자제하는 것이 좋다. 풍부한 재물에 대한 기회에도 불구하고 비겁이 없거나 무력하면 나의 힘과 추진력도 없으므로 결실도 없다. 경우에 따라 운을 기대해볼 수는 있으나 가능한 주식투자를 하지 않는 것이 좋다.

사바나 평원의 덩치 큰 물소 외에도 나의 주변에 맛있는 먹거리가 널려 있다면, 굳이 목숨을 위태롭게 하면서까지 물소를 잡아먹어야 할 이유는 없지 않을까?

🏔 상황별 운 분석 : 재성이 더 강할 때 ②

재성이 비겁보다 다소 강한 경우는 다시 세 가지[① 재성이 일간(비겁)에 비해 지나치게 과다한 경우, ② 재성이 많지만 일간이 충분히 강건한 경우, ③ 재성은 강하나 비겁이 없거나 무력한 경우]로 나눌 수 있었다.

그런데 운을 분석할 때, '① 재성이 일간(비겁)에 비해 지나치게 과다한 경우'와 '②재성이 많지만 일간이 충분히 강건한 경우'는 근본적인 차이가 있다.

'① 재성이 일간(비겁)에 비해 지나치게 과다한 경우'는 일간의 힘을 보충해주면 좋으므로, 운에서 '비겁'이 오거나 '비겁+인성'이 오면 좋은 성과를 낼 수 있다.

반면 '② 재성이 많지만 일간이 충분히 강건한 경우'는 앞서 살펴본 '비겁이 재성보다 다소 강한 경우'와 분석은 유사하다. 즉 운에서 '식상'이나 '재성'이 오면 좋고, 경우에 따라 '관성'이 도움이 된다. 일간(비겁)이 재성보다 다소 약하든 다소 강하든, 중요한 것은 일간의 강건성에 있다. 일간이 강건하다면, 식상운이나 재성운과 같이 재성을 육성하는 운이 필요하다.

◎ 재성이 왕성한데 일간이 약하다면 비겁이 필요하다

여기서는 '재성이 일간(비겁)에 비해 지나치게 과다한 경우-(①)'의 운을 분석하자. 재성이 매우 왕성하지만 일간이 약한 경우, 재물에 대한 많은 기회에도 불구하고 자신의 힘과 끈기가 미약해 실질적 성과를 내기가 어려울 수 있다.

주식투자의 경우 돈 되는 종목을 계속 사고팔지만, 매수한 주식은 오르지 않다가 내가 팔고 나면 오르는 경우가 많다. 그런 경우 주식 종목 선택 자체는 괜찮았으나 왠지 타이밍이 안 맞다고 생각하게 된다. 때로는 시장 폭락에 손실 공포를 느껴 좋은 종목을 팔고 뒤늦게 후회하기도 한다. 경우에 따라 재물에 대한 욕심이 지나치면 마치 도박과 같은 위험한 투자에 빠져들 수도 있다. 이처럼 강한 재성에 비해 일간이 미약하면, 강한 재성을 함부로 좇으려 하지 말고 무조건 운을 기다려야 한다.

그때는 운에서 '비겁'이나 '비겁+인성'이 올 때이다. 사바나 평원의 야생 물소를 잡고 싶다면, 과감한 승부욕과 끈기가 있어야 하지 않을까? 그러한 의지가 미약할 때는 운을 통해 그 힘을 보충받아야만 승산이 있다.

앞서 보았던 다음 사주를 보자.

여성, 1대운 가정

	시주	일주	월주	년주
천간	재성 甲 갑목	일간 辛 신금	재성 甲 갑목	인성 己 기토
지지	관성 午 오화	식상 亥 해수	재성 寅 인목	비겁 酉 유금

	71	61	51	41	31	21	11	1
대운	임	신	경	기	무	정	병	을
		비겁						
	술	유	신	미	오	사	진	묘
		비겁						

이 사주는 재성이 과다하고 일간의 힘이 상대적으로 약해, '비겁'이나 '비겁+인성'의 운을 반긴다.

대운이 61대운(61~70세, 기존 우리나라 나이)인 신유라고 하자. 신금은 비겁이고, 유금도 비겁이다. 신유 대운 자체만 보면, 천간과 지지가 동일한 금이므로, 비겁이 충분히 강건하다. 따라서 대운에 의해 비겁의 힘이 강해지는 61~70세 사이 주식투자를 통한 성과가 기대된다.

참고로, 경신 대운도 비겁운이 중첩되어 운에 대한 궁금증이 있을 것이다. 그렇지만 경신 대운의 경우 사주의 월주인 갑인과 천간 충(갑경충)과 지지충(인신충)이 되어, 대운과 사주의 재성이 쌍충이 된다. 이 경우는 재성들이 충에 의해 심히 흔들리는 것이므로 재물 자체의 요동침을 의미한다. 이처럼 비록 일간이 비겁을 필요로 하더라도, 재성이 충을 맞으면 좋지 않다. 이때는 재물이 제법 들어오기도 하지만 손재의 가능성 또한 커지므로 주식투자에 신중해야 한다.

◎ 대운과 세운에서 같은 십신이 중첩 시 그 운은 꽤 강하다

위의 신유 대운에서 세운을 가정해보자. 만약 61~70세 사이에 신유년, 신축년(사유축이 삼합되어 금이 된다), 신미년, 신사년(사유축이 삼합되어 금이 된다)의 해가 온다면, 이때는 비겁이 중첩되어 오면서 인성이 보충되는 때이므로 대운과 세운 모두 좋다. 그러니 주식투자에서 좋은 성과를 낼 수 있을 것이다.

특히 신유년, 신축년은 주목해야 한다. 신유년은 대운과 세운이 중첩되어 비겁이 온다. 신축년의 경우는 대운과 세운의 상호작용을 볼 수 있다. 즉 대운의 지지인 유금은 세운의 지지인 축토와 삼합해(사유축 합금) 금으로 변하므로 비겁의 기운이 더욱 강해진다.

참고로 실제 주식 매매 실행시 월운에서 비겁이나 인성이 오는 것이 좋다는 정도만 고려한다. 요컨대 왕성한 재성에 비해 일간의 힘이 억눌리는 경우, 비겁의 보충이 긴요해 운에서 '비겁'이나 '비겁+인성'이 와야 좋다.

〔5단계〕 주식운 테스트를 반드시 실시하라

🔺 3회 이상 주식운 테스트 하기

'먹느냐? 먹히느냐?'의 싸움이라고 볼 수 있는 주식시장에서 살아 남기 위해서는 실력과 경험을 우선 갖춰야 한다. 그러나 그것만 가 지고는 부족하다. 실력과 경험보다도 더욱 중요한 것은 표적을 공격 할 때, 즉 타이밍을 포착할 수 있는 능력이다. 우리는 지금까지 공격 할 시기와 때를 포착하기 위해 사주명리상의 절차를 수행하고 있다.

앞서 4단계까지 수행하고 나면, 우리가 투자에 집중해야 할 시기 와 때가 그려진다. 그리고 그리고 지금의 마지막 5단계에서는 지금 까지 판단한 시기와 타이밍이 맞는지 테스트하게 된다. 그런데 이 5단계야말로 가장 중요하다.

◎ 운은 경중을 따지지 않는다

먼저 당신은 '운은 경중을 따지지 않는다'는 점을 알아야 한다. 투자의 규모가 크든 작든 운은 똑같이 작용한다. 그래서 우리가 제대로 투자를 감행하기 전에 '몇 번의 소규모 투자'를 진행해보면 우리의 판단이 맞는지 알 수 있다. 즉 실제 투자를 집행하기 이전에 가볍게 3회 혹은 그 이상 주식 매매를 해봐야 한다.

이처럼 3회 이상에 걸친 소액 투자를 할 때 주의할 점이 있다. '금액이 적으니 대충 시도해보자'라는 마음가짐이다. 진지하지 않은 마음으로 투자에 임하면 운 테스트는 이루어지지 않는다. 내가 사주명리로 판단한 주식투자의 시기와 때가 맞는지 운 테스트를 통해 알아보려면, 우선 내가 간절한 마음으로 테스트 투자의 성공을 바랄 뿐만 아니라 그것을 실현하기 위해 최선을 다해야 한다. 테스트 투자가 소액 투자에 불과하다며 소홀하게 대하거나 진지하지 않은 마음으로 접근한다면 테스트 효과를 기대할 수 없다.

◎ 주식운을 3회 이상 테스트하라

주식운을 테스트하는 방법은 간단하다. 소규모 투자로 테스트를 3회 이상 수행해야 한다. 내가 진지한 마음으로 테스트 투자를 해 결과가 계속 좋으면, 내가 판단한 주식투자의 시기와 때가 맞는 거다. 사주명리로 추론한 시기와 실제 임상이 잘 맞는 것이니 주식투자의 판을 키워가면 된다.

만약 주식운 테스트를 통한 예측이 실제 주식시장의 결과와 맞지 않는다면, 내가 사주명리로 추론한 시기와 관련한 문제가 없는지 단계별로 추적해 오류를 잡아야 한다. 아마도 비겁과 재성 간의 세력을 일부 누락했거나 잘못 파악을 했을 수 있다. 흔히 누락되는 것은 합충 관계이니 그것을 면밀히 보아야 한다. 그 이후에 힘의 관계를 수정해 재판단을 해야 한다.

앞서 언급했지만, 지금까지의 분석과 관련해 흔히 발생하는 오류와 누락은 다음과 같다. 첫째, 비겁과 재성 등의 힘의 세기를 잘못 판단한 것이다. 특히 어떤 천간이 월지 지장간에 뿌리를 둔다면 그 힘은 건재하니 이를 잘 고려해야 한다. 둘째, 식상이나 인성, 관성 등의 역할을 간과한 것이다. 비겁이 지나칠 때 식상의 역할은 긴요하며, 일간(비겁)이 약할 때 비겁이 긴요하고 인성의 역할도 크다. 또한 비겁이나 재성이 강할 때 관성의 역할도 크니 이를 고려해야 한다. 셋째, 운을 볼 때 '일간과의 충'이나 '재성과의 충', 그리고 '내게 필요한 십신과의 충' '대운이나 세운과의 충'이 되면 요동치는 것이니 손재가 있을 수 있다는 점이다.

지금까지 사주를 통해 주식운을 보는 관법을 큰 틀을 통해 설명했다. 그렇지만 보다 정교한 분석을 위해 다음의 명리학적 설명이 보완되어야 한다. 그것은 월령 중심의 격국법, 길신과 흉신의 순용과 역용, 십이운성법, 합과 형충파해에 의한 큰 변화, 그리고 묘고론 등이다. (이러한 응용적 관법의 설명은 지면 관계상 차후로 미룬다.)

🔅 마무리 정리와 실행

주식투자의 타이밍을 판단하기 위한 5단계 절차의 마무리를 앞두고 있으니, 앞선 단계를 정리해보자.

사주명리상 추론의 핵심은 비겁과 재성을 중심으로 나의 사주의 세력 분포를 큰 그림으로 파악한다. 이어 비겁과 재성의 힘의 크기를 비교해, 내게 필요한 십신을 판단한다. 각 상황에서 보충적으로 식상과 인성이 도움이 되는지도 고려해야 한다. 마지막으로 운에서 내게 필요한 십신이 강해지는지 본다.

◎ 내게 필요한 십신을 파악한 후 운에서 이를 기다린다

이와 같이 주식운을 파악하는 틀을 다시 정리해보면 다음과 같다. 첫째, 나의 사주에 있는 비겁의 세력을 통해 내게 충분히 무언가를 쟁취할 수 있는 의지와 능력이 있는지 살펴본다.

둘째, 재성의 유무와 그것의 많고 적음을 미루어보아 내가 취할 수 있는 재성이 얼마만큼 충분한지 본다.

셋째, 나의 사주에 있는 비겁과 재성의 세력 싸움에서 어느 것이 더욱 우월한지 살펴본다. 그래서 내게 필요한 십신이 무엇인지 파악한다.

넷째, 일간(비겁)이 강건한 사주라면, 운에서 재성이 올 때를 노려야 한다. 이 경우 식상이 오면 비겁의 힘을 자연스레 빼서 재성을 강화하므로 유리하다. 운에서 식상이 재성과 함께 오면 매우 좋다. 경우에 따라 관성도 도움이 된다.

반면 재성이 왕성하지만 일간이 약한 사주라면, 운에서 비겁이 올 때를 노려야 한다. 이 경우 일간이 뿌리를 내렸다면 인성을 함께 활용할 수 있다. 재성이 강하다면 재물을 보는 눈과 재물과의 인연이 깊지만, 일간이 감당하지 못한다면 이것이 도리어 손재수가 되니 주의해야 한다. 이 경우는 운에서 '비겁'이나 '비겁+인성'이 와서 일간의 힘을 보충해줘야 유리하다.

다섯째, 비겁이 지나치게 과도한 경우, 일간(비겁)이 미약하거나 심하게 흔들리는 경우, 재성이 없거나 유명무실하거나 파괴되는 경우는 주식투자를 삼가야 한다.

◎ 주가를 예측하지 말고, 내게 좋은 시기에 투자하라

지금까지 사주를 분석하는 관법을 익혀보았다. 주식투자에서 실력보다 중요한 것은 '주식을 매수하고 매도하는 시기를 선택함'이라 했다. 여기서 '주식 매매 시기를 선택함'은 '주가가 오를 것인지 내릴 것인지를 예측함'하고는 완전히 다른 말이다. 우리는 신이 아닌 이상 주가가 오를지 내릴지 정확히 예측할 수 없다. 다만 우리는 인간으로서 '내가 언제 주식을 매매하는 것이 좋은지' 그 시기를 알고자 하는 겸허한 노력만 할 수 있을 뿐이다.

자, 이제 이어지는 4부부터는 우리 인간이 갖는 모순과 한계를 직시하고, 주식시장에서 처참하게 실패하지 않도록 인간과 숫자를 이해하기 위한 노력을 해보자. 인간이 주식시장에 직면하면 왜 그렇게 당황하는지, 그리고 숫자에는 왜 그렇게 무지하게 되는지 알아보도록 하겠다.

주식투자의 시기를 안다고 해서 주식투자에 반드시 성공할 수 있는 것은 아니다. 필히 주식 매매의 '시기'와 함께, 주식이 거래되는 '주식시장'과 기업이 보여주는 '숫자'를 함께 알아야 한다. 당신이 운을 통해 '주식 매매 시기'를 알고, 요동치는 '주식시장'과 쳐다보기조차 싫은 '기업 숫자'에 대해 냉정히 접근할 수 있다면, 단언컨대 오르는 주식을 잡을 수 있을 것이다.

인류 역사상 이제 막 태동한 돈과 자본의 세계에서 살아남기 위해서 우리는 돈 채집 기술을 후천적으로나마 터득해야 한다. 여기서 우리의 생존을 가능하게 하는 돈 채집 기술을 터득해 자체적인 생존 능력을 가진 인류는 '호모 이코노미쿠스(Homo Economicus)'라고 할 수 있다. 즉, 우리는 고대 호모 사피엔스의 DNA를 그대로 가지고 있지만, 후천적인 노력으로 돈 채집 기술을 터득하여 화폐를 다룰 수 있어야 한다. 다시 말해, 호모 이코노미쿠스로 진화를 해야 한다.

제 **4** 부

〔주식투자의 제2법칙〕
시장 내 집단감정을
읽어라

1장

현생 인류의
몸과 마음은
1만 년 전에
멈춰버렸다

현생 인류의 슬픈 비애, 사바나 원칙

현생 인류의 뇌는 30만 년 전과 같다

"개체 수도 적고 힘도 없는 고대 인류가 아프리카 사바나 평원에서 수없이 찾아온 혹독한 운명의 시련에서 살아남지 못했다면, 호모 사피엔스가 지구 곳곳으로 퍼져나가는 일은 없었을 것이다."[*]

현생 인류의 조상은 호모 사피엔스다. 호모 사피엔스는 지금으로부터 20만 년 전 동아프리카에서 기원했다는 것이 인류학계의 정설이다. 그런데 2017년, 인류학의 역사가 다시 써진다. 모로코의 제벨 이르후드(Jebel Irhoud) 유적지에서 31만 5,000년 전의 호모 사피엔스

---

[*] 스티븐 제이 굴드(Stephen J. Gould), 1996

화석이 발견된 것이다.

이 모로코의 화석은 호모 사피엔스의 기원을 10만 년 뒤로 미뤄냈다. 그렇지만 인류학자들에게 놀라웠던 점은 '희한한 장소'에서 가장 오래된 호모 사피엔스 유해를 발견했다는 점이다. 이러한 발견은 현생 인류가 동아프리카에서만 진화한 게 아니고 아프리카 대륙 전역에서 진화했을 가능성을 시사했기 때문이다.

유해의 추정 연대, 발견 장소에 이어 해부학적 결과도 놀랍다. 독일의 장 자크 후블린(Jean-Jacques Hublin) 박사가 이끄는 연구팀이 미세컴퓨터단층촬영기와 수백 개의 3D 화면을 활용해 5명으로 추정되는 유해들을 분석했는데, 화석의 평균 두뇌 용량은 1,350cm³으로 현생 인류와 거의 동일했다. 호모 사피엔스의 기원이 무려 10만 년이나 앞당겨졌지만, '우리 인류의 뇌용량은 과거나 지금이나 다름없다'는 사실을 여전히 뒷받침하고 있는 것이다.

새로운 화석은 호모 사피엔스는 30만 년 전에 아프리카 전역에서 출현했으며, 그들의 두뇌 용량은 평균 1,350cm³로 그 당시에도 이미 현생 인류와 거의 동일한 두뇌 용량을 가지고 있었음을 알 수 있다. 인간의 유전자와 98.4%가 동일한 침팬지는 약 400cm³의 용량임을 감안할 때 인류종이 가진 누뇌 용량의 크기는 상당하다.* 주로 한 개체로서의 인간을 보면 뇌 전체가 아니라 측두엽이 발달하고 대뇌피질이 두꺼울록 지능이 높다는 주장이 있기도 하지만, 인류진화학적

---

* 약 5만 년 전 기준으로 호모 사피엔스를 포함한 인류종들의 뇌용량은 약 930~1,500cm³에 이른다.

관점에서 '뇌가 클수록 머리가 좋다'는 가설이 폭넓게 받아들여지고 있다. 어쨌든 고대 호모 사피엔스가 현생 인류와 유사한 뇌 크기를 가지고 있었고, 지금까지 생존하는 유일한 인류종이 되었다는 사실은 틀림없다.

현재의 문명은 극히 짧은 시간에 이루어졌다

호모 사피엔스는 약 30만 년 전에 아프리카에서 출현해 다른 인류종들이 도전하지 않은 유랑을 거듭하며 새로운 서식지를 개척해나갔다. 7만 년 전에는 아프리카를 떠나 아라비아 반도로 퍼져나갔다. 그 이후 일부는 유럽으로 이동했고, 일부는 동아시아를 거쳐 시베리아, 아메리카 대륙 등으로 뻗어나가고, 또 다른 일부는 동아시아를 거쳐 호주 대륙으로 각각 이동했다.

고대의 호모 사피엔스 인류는 그 출현 이후, 위협적인 환경과 적에 맞서 혹독한 싸움과 시련을 거치면서 새로운 환경에 개척하고 적응해갔다. 호모 사피엔스 무리의 이동 거리는 수백 킬로미터에 이르렀고, 이들은 유랑을 거듭하며 수많은 위험에 맞서 생존을 위한 치열한 삶을 살았다. 호모 사피엔스는 긴 역사의 대부분 기간 동안 이러한 유랑을 하면서, 새로운 환경에서 맹수와 동물을 사냥하고 식물을 채집하는 '수렵 채집 생활'을 하며 생존을 유지했다.

그러다가 지금으로부터 겨우 1만 년 전에 농업혁명이 시작되었고, 호모 사피엔스는 비로소 농경과 축산을 통해 식량을 자급자족하면서 정착 생활을 시작했다. 그래서 오늘날 우리 주변에서 보이는 모든 것들은 농업혁명이 일어난 1만 년 전부터 지금까지 생겨난 것이다. 진화론적 시간의 척도에서 1만 년이란 극히 짧은 시간이다. 1만 년이라는 시간은 우리의 몸과 마음이 그 사이에 등장한 사물(도시, 집, TV, 컴퓨터, 스마트폰 등)에 적응하기 위해 변화하기에도 충분치 않은 시간이다.

그런데 환경의 변화에 대한 진화적인 적응은 수천 세대나 지속되어야 할 만큼 느리게 이루어진다. 더군다나 대부분의 자연선택과 적응이 이루어지려면 수많은 세대에 걸쳐 변화된 환경이 안정적이어야 한다. 1만 년 전 이후 시대의 환경 변화 속도는 1만 년 이전 시대의 그것과는 비교가 불가능할 정도로 변화가 빠르다. 즉 1만 년 동안 진화적 변화가 이루어졌을 가능성은 희박하다는 게 진화생물학자의 공통된 견해다.

최근 1만 년 동안 그대로인 우리의 몸과 마음

우리 호모 사피엔스 인류는 인류종 외에는 찾기 어려운 1,350cm³이라는 엄청난 두뇌 용량을 가지며 수렵 채집 생활을 통해 아프리카를 거쳐 전 세계로 확장해갔다. 그런데 1만 년 전부터 최근까지 이루어진 급속한 환경 변화에 맞춰 진화에 성공하기에는 절대적으로 시간이 부족했다. 그래서 현생 인류는 약 30만 년 전에 태동해 불과 1만 년 전까지도 수렵 채집 생활에 적응해왔던 고대 호모 사피엔스의 심리적 기제를 그대로 가지고 있다고 봐도 무방하다. 이러한 결과로 다음의 '사바나 원칙'이 제시될 수 있다.

'현생 인류의 두뇌는 인류 초창기 환경에는 존재하지 않았던 상황에 대처하는 기능이 부재해 혹독한 어려움을 겪는다.'

우리의 생각과 행동은 인류 탄생 이후 대부분의 시기 동안 오직 동물을 사냥하고 식물을 채취하도록 적응하고 진화해왔으며, 지금까지도 별반 달라진 것은 없다. 우리의 몸과 마음은 아직도 수렵 채집 생활에 최적화되어 있을 뿐이다. 그래서 오늘날 탄생한 모든 환경과 상황은 언제나 생소할 뿐이고, 그러한 변화에 대처하는 데 몹시 어려움을 겪고 있다. 다시 말하자면, 현대의 환경이 과거의 수렵 채집 상황과 달라졌더라도, 지금의 우리 인류 종은 수렵 채집 상황에서 행동했던 그대로를 행동하게 될 뿐이다.

이는 앞으로 논의하게 될 한 개인이 집단심리와 집단행동과 거리감을 조정하는 것과 관련되어 있다. 인류가 초창기 환경에서는 맞닥뜨려본 적 없는 자본시장에 직면하게 되면, 수렵 채집 상황에서 생존의 위협에 처했을 때 행동했던 그대로 행동하게 된다. 이러한 행동 방식을 이해해야만 시장을 제대로 바라보는 관점을 찾을 수 있다.

현생 인류는
돈에 무지할 수밖에 없다

🔼 현생 인류는 돈 채집 방법을 모른다

호모 사피엔스의 존속 기간이 30만 년인데, 우리는 약 1만 년 전 농업혁명이 있기까지 대부분의 시기를 수렵 채집 생활을 해왔다. 최근 1만 년 동안 우리가 급속한 환경 변화에 맞춰 진화를 하기에는 절대적으로 시간이 부족했다.

우리의 몸속에는 고대 호모 사피엔스의 피가 그대로 흐르고 있고, 우리의 생각과 행동은 오직 동물을 사냥하고 식물을 채취하도록 적응하고 진화해왔다. 그래서 우리의 몸과 마음은 여전히 수렵 채집 생활에 적응하는 방식에 최적화되어 있다.

현생 인류의 생각과 행동은 동식물의 수렵 채집 생활에 적응하면서 진화해왔기 때문에, 우리 종의 긴 역사에서 불과 5천 년 전에 탄생한 돈을 어떻게 다루어야 할지에 대해서는 아무런 생각이 없다. 진화생물학적 관점에서 인류는 돈에 적응할 시간 자체가 없었으므로,* 현생 인류인 우리는 태생부터 돈을 벌 수 있도록 설계되어 있지 않았다.

그런데 이는 그리 단순한 문제가 아니다. 우리는 수렵 채집 능력을 가진 고대 호모 사피엔스 때와 달라진 것이 없으므로, 이제 막 맞닥뜨린 돈을 어떻게 다루어야 할지 알 수 없다. 그런데 문제는 누구든지 돈에 적응하지 않고는 생존할 수 없다는 엄청난 부담을 지게 된 것이다. 물론 부모로부터 큰 재산을 물려받는 예외적인 사람도 있겠지만(이들에겐 별다른 적응을 위한 노력이 필요없다고 하자), 우리가 부자로 태어나지 않는 한 살아남기 위해 돈에 적응해야만 하는 부담은 막중하다.

⩕ 후천적으로나마 돈 채집 기술을 익히자

따라서 우리가 생존하기 위해 풀어내어야 하는 본질적인 문제는 다음과 같이 역설적이다. '수렵 채집 생활을 하도록 설계된 내가 어떻게 하면 돈을 다룰 수 있을까?'

우리의 생각과 행동은 고대 호모 사피엔스의 그것과 다를 것이 없

---

* 진화적 적응과 변화는 수천 세대나 지속되어야 할 만큼 느리게 일어나기 때문에, 진화생물학적 관점에서는 5천 년이란 기간이 촌각에 불과하다.

다고 했다. 대부분의 사람들은 본능적으로 돈에 대해서도 과거의 수렵 채집 기술을 적용하기 마련이지만, 우리 호모 사피엔스의 수렵 채집 기술을 가지고는 돈을 다룰 수 없다.

인류 역사상 이제 막 태동한 돈과 자본의 세계에서 살아남기 위해서 우리는 돈 채집 기술을 후천적으로나마 터득해야 한다. 여기서 우리의 생존을 가능하게 하는 돈 채집 기술을 터득해 자체적인 생존 능력을 가진 인류는 '호모 이코노미쿠스(Homo Economicus)'라고 할 수 있다. 즉 우리는 고대 호모 사피엔스의 DNA를 그대로 가지고 있지만, 후천적인 노력으로 돈 채집 기술을 터득해 화폐를 다룰 수 있어야 한다. 다시 말해, 호모 이코노미쿠스로 진화를 해야 한다.

우리는 앞서 제기한 본질적인 문제를 다시 적어보자. '수렵 채집 생활을 하도록 설계된 내가 어떻게 하면 돈을 다룰 수 있을까?' 앞으로 우리는 이 문제에 접근하기 위해 다음의 절차를 밟는다.

먼저 우리가 조상으로부터 물려받은 본성 DNA를 살펴보자. 그래야만 우리의 한계를 직시할 수 있다. 그러고 나서, 새롭게 태동한 돈과 자본의 세계에 살아남기 위해 우리가 어떻게 돈 채집 기술을 터득할 수 있는지 이야기해보자. 그리고 호모 이코노미쿠스로서의 행동 지침을 익힘으로써 자본시장에 맞서 싸워 이길 수 있는 냉혈(冷血)의 전사가 되도록 노력하자.

2장

호모 사피엔스의
본성 DNA

호모 사피엔스만이 살아남았다. 그건 왜일까?

또 다른 인류종인 네안데르탈인이 전멸한 이유

"골격에서 먼지와 부스러기를 털어내던 고고학자는 뭔가 이상한 걸 발견했다. 두개골 왼편에 움푹 들어간 자국이 크게 나 있었는데, 뭔가에 세게 맞아 생긴 것처럼 보였으며, 흉곽에는 창끝이 박혀 있었다. 두개골과 흉곽에 남은 자국으로 판단할 때, 살인자는 무기를 오른손으로 쥐었던 것처럼 보였다. 실험실에서 분석한 결과, 그 골격은 약 5만 년 전에 죽은 네안데르탈인으로 밝혀졌다."[*]

약 20만 년 전 네안데르탈인은 지중해 지역을 중심으로 유럽과 서아시아의 많은 지역을 지배하고 있었다. 두꺼운 두개골에 약

---

[*] 『진화심리학』(데이비드 버스 지음, 웅진지식하우스, 2012년) 28쪽.

1,450cm³나 되는 큰 뇌가 들어 있었는데, 호모 사피엔스의 뇌의 크기인 약 1,350cm³보다도 컸다. 두개골은 더 컸지만 길이가 짧고 머리꼭지가 납작했다. 누운 형태의 이마와 안쪽으로 들어간 턱은 사피엔스와 크게 구별되는 특징이다. 네안데르탈인의 평균 신장은 165cm 정도로 팔다리는 짧고 굵었으며, 호리호리한 호모 사피엔스에 비해 덩치는 더 우람할 뿐 아니라 두꺼운 골격 구조에 훨씬 강한 근육이 붙어 있었다.

네안데르탈인은 네 번의 빙하기와 자연환경의 급변에도 불구하고 이를 견뎌내며 17만 년 이상 생존을 이어왔다. 네안데르탈인은 서유럽을 중심으로 정착했다. 이후 계속된 혹독한 빙하기와 추위를 거치면서 먹이를 찾아 중앙아시아 및 시베리아 등지로 흩어져 살았고, 인구도 크게 감소했을 것으로 추정되고 있다.

이처럼 혹독하게 추운 환경에 적응한 흔적은 DNA 분석에서도 발견된다. 멜라닌 색소에 관여하는 유전자인 MRC1에 돌연변이가 발생해 멜라닌 생성이 억제되었는데, 이는 비타민 D 생성에 필수적인 자외선을 효과적으로 흡수하기 위한 적응으로 본다. 유럽 전역을 통틀어 6,000명이 채 되지 않았을 것이라는 연구 결과도 있다. 이에 따라 집단 간의 교류가 줄어들었을 것으로 보인다. 여성을 대상으로 한 DNA 염기 서열 분석은 당시 흔하게 이루어진 근친상간의 결과를 보여준다.*

----

* 『가볍게 꺼내 읽는 사피엔스』(장바티스트 드 파나피외 지음, 북스힐, 2020년) 107~108쪽.

◎ 강한 근육의 네안데르탈인이 일시에 멸종하다

그런데 4번의 혹독한 빙하기와 간빙기를 거치면서도 유럽, 중앙아시아, 시베리아 등 광범위한 지역에 퍼져 생존을 이어갔던 네안데르탈인이 약 3만 년 전에 일시에 멸종했다. 이에 대한 많은 학설(대규모 화산 폭발설, 전염병 유행설 등)**에도 불구하고, 기묘하게도 한 사건과 시기적으로 완벽히 일치하며 그 사건이 네안데르탈인 멸종의 가장 유력한 원인으로 추정된다. 호모 사피엔스가 유럽 및 중동 지역에 갑자기 출현한 사건이 바로 그것이다.

런던 자연사박물관의 고인류학자인 크리스 스트링거(Chris Stringer)는 아프리카에서 출현한 호모 사피엔스가 유럽에 진출한지 얼마 안 되어 그곳에 터를 잡고 살고 있던 네안데르탈인을 '인공청소'하듯 대량으로 살육했을 가능성이 높다고 주장했다. 이러한 관점에 동조한 일부 학자들은 컴퓨터 시뮬레이션 기법 등을 동원해서 네안데르탈인이 멸종되어가는 과정을 보여주기도 했다.

앞서 5만 년 전에 죽은 것으로 추정되는 네안데르탈인은 '샤니다르 3'이라고 명명되었다. 40~50세로 추정되는 이 남성 유골의 왼쪽 9번의 갈비뼈에는 깊게 찔린 자국이 있다. 이 자국은 당시 호모 사피엔스만이 가지고 있었다고 추정되는 투창기에 의해 생긴 상처로 분

** 첫째, 대규모 화산 폭발설이다. 약 3만 9천 년 전에 이탈리아에서 발생한 화산 폭발은 화산재가 러시아까지 날아갈 정도로 컸는데, 이로 인한 기후변화에 의해 멸종했다는 설이다. 그러나 호모 사피엔스도 그 이전에 이미 유럽에 도착했기 때문에 신빙성이 약하다. 둘째, 전염병 유행설이다. 이 설에 의하면 호모 사피엔스가 네안데르탈인에게 면역력이 없는 전염병을 옮겼을 수도 있으나, 네안데르탈인이 소규모로 흩어져 살았음을 고려하면 신빙성이 약하다.

석되었다. 이 결과는 호모 사피엔스와 네안데르탈인의 경쟁 구도에서 살인이 동반되었다는 주장에 힘을 실어준다.

호모 사피엔스와 네안데르탈인의 경쟁 구도는 먹이 때문이었을 가능성이 높다. 혹독한 빙하기가 닥치고 대형 포유류들이 줄어들면서 양자의 경쟁은 치열해졌을 것이다. 이러한 추론은 네안데르탈인의 치석 분석 결과가 뒷받침해준다. 네안데르탈인은 주로 육식에 의존해왔는데, 추정되는 경쟁 시기의 치석 분석 결과는 곡물 녹말 흔적을 보여주어 그들이 채식을 했었음을 말해준다. 즐기던 육식을 실컷 먹기 어려워진 환경은 그만큼 경쟁이 치열해졌음을 시사해준다.*

여하튼 현재로서는 네안데르탈인의 멸종 사유를 정확히 단정짓기 어렵더라도, 변하지 않는 단 하나의 사실이 있다. 그것은 약 5만 년 전까지 네안데르탈인, 데니소바인, 호모 플로레시엔시스, 호모 사피엔스, 그 외 수많은 인류종이 함께 공존했었지만, 그 이후부터는 모두 자취를 감추고 호모 사피엔스만이 살아남아 현생의 인류가 되었다는 것이다!

🏔 호모 사피엔스의 성공 요인

호모 사피엔스는 약 30만 년 전에 아프리카에서 출현해 7만 년 전 아프리카를 떠나 아라비아 반도로 퍼져나갔다. 일부는 6만 년 전 동

---

* 『왜 호모 사피엔스만 살아남았을까?』(이한용 지음, 채륜서, 2020년) 153쪽.

아시아에 도착해 이를 거쳐 아메리카 대륙과 호주 대륙으로 각각 이동했고, 일부는 4만 5천 년 전 유럽에 도착했다.

결국 3만 년 전쯤 네안데르탈인이 증발함과 동시에 대부분의 다른 인류종들도 사취를 감추었고, 결국 우리 종인 호모 사피엔스만이 현재까지 살아남았다. 호모 사피엔스가 현재까지 살아남게 된 성공 요인은 과연 무엇일까?

이 성공 요인을 살펴보면서 지금부터는 우리에게 세습된 고대 인류의 본성 DNA를 설명해보겠다. 우리에게 세습된 본성 DNA를 바로 알아야 호모 사피엔스의 환경 대응과 집단 행동 방식을 이해할 수 있다. 궁극적으로 이는 현대 자본시장에서 현생 인류의 집단감정 공유와 무리 짓기 행동을 이해하기 위함이다.

◎ 무엇이 우리 종을 생존케 했는가?

우선 호모 사피엔스와 해부학적으로 가장 유사하면서 동시에 가장 오랫동안 공존했던 네안데르탈인과 호모 사피엔스를 비교하면서 살펴보자.[**]

첫째, 호모 사피엔스는 네안데르탈인과 달리 유랑을 거듭하며 낯설고 위협적인 환경에 적응해왔다. 네안데르탈인은 발칸반도 등 지중해 주변 지역의 안정적이고 좋은 환경에서 정착형 수렵 채집 생활을 해왔을 것이다. 그것도 작은 동식물을 채집하는 것만으로 충분히

[**]　호모 사피엔스와 네안데르탈인은 모두 호모 에렉투스에서 갈라져 나온 종으로 알려져 있다.

생계를 해결할 수 있었을 것이다. 혹독한 추위를 몰고 온 빙하기 때는 먹이를 찾아 불가피하게 이동했겠지만, 대부분의 시기에는 환경이 안정적이어서 한정된 지역 내에 정착하는 것이 가능했을 것이다. 특히 다른 인류종의 급습과 같은 위협적인 환경은 경험한 적이 없었을 것이므로, 환경 변화에 대한 대응 능력은 부족했을 것이다.

반면 호모 사피엔스는 한 지역에 머무르지 않고 수백 킬로미터에 이르는 유랑을 거듭했다. 아프리카에서 중동을 거쳐 일부는 유럽으로, 다른 일부는 아시아로 뻗어나갔고, 이후 시베리아와 알래스카 지역을 거쳐 북아메리카와 남아메리카에 이르렀다. 또 다른 일부는 동남아시아를 거쳐 오세아니아에 이르렀다. 일례로, 약 4만 5,000년 전에서 3만 5,000년 전까지 도구 제작에 사용된 돌이 있는 주거지에서 발견된 물건들을 보면, 당시 호모 사피엔스는 반경 약 200~300km까지 때론 그 이상까지 이동한 것을 알 수 있다.*

호모 사피엔스는 세계의 각 지역으로 유랑하면서 계절과 기후의 급변, 혹독한 추위, 다른 인류종과의 집단 전쟁, 맹수에 의한 피습, 자연재해, 동물떼의 연례 이동, 매머드나 순록 등 대형 동물과의 조우, 폭력적 분쟁 등을 겪었다. 이러한 혹독한 환경 변화에 적응하기 위해 호모 사피엔스는 어떤 인류종보다도 환경에 대한 대응 능력을 극대화시켜왔다.

---

* 『슬기로운 사피엔스 생존기』(프랑수아 봉 지음, 풀빛, 2022년) 149쪽.

◎ 무엇이 호모 사피엔스를 집단으로 협력하게 했을까?

둘째, 호모 사피엔스는 보다 강한 집단 결집력을 가지고 있었다. 두 종을 비교해보면, 우선 개인의 근력 차이가 눈에 띈다. 이러한 근력 차이는 집단 결집력의 차이를 유발할 수 있다.

해부학적 증거는 네안데르탈인의 근력이 호모 사피엔스와 비교해 훨씬 완강한 것을 보여준다. 즉 네안데르탈인이 호모 사피엔스와 일대일 싸움으로 붙는다면 충분히 이길 수 있을 정도로 그 근력과 힘이 우월함을 의미한다. 네안데르탈인이 사는 환경이 좋고 안정적이었던 이유도 있겠지만, 이들은 웬만한 동물들은 제압이 가능할 정도로 완력이 충분했을 것이므로, 혼자 혹은 작은 집단으로도 사냥하기에 충분했을 것이다.

이와 달리 호모 사피엔스는 챔팬지보다도 약한 완력을 가지고 있어 불안과 공포심이 많기 때문에, 수십 명은 물론 수백 명이 함께 의존하고 협력해 사냥하고자 했고, 마침내 효율적인 사냥 기술을 개발해냈다. 심지어 각기 다른 무리가 연합해서 사냥하는 게 가능했을 정도였다.[**]

여기서 한 가지 짚고 넘어가야 할 것이 있다. 호모 사피엔스 개인의 완력이 부족해 보다 큰 힘이 필요하다고 해서 다른 무리와 집단 간 협력이 쉽게 이루어진 것은 아닐 것이다. 그럼 무엇이 더 필요했을까?

[**] 『사피엔스』(유발 하라리 지음, 김영사, 2015년) 64쪽.

그건 바로 무리와 집단 간의 의사소통이다. 호모 사피엔스의 대규모 협력, 즉 무리 짓기 행위는 약 7만 년 전부터 완전히 새로운 유형의 언어를 사용해서 의사소통할 수 있었기 때문에 가능했다. 호모 사피엔스의 언어가 진화한 것은 순전히 소문을 퍼뜨리고 수다를 떨기 위해서였다. 이러한 뒷담화는 악의적인 능력이라고 할 수 있지만, 많은 숫자가 모여 협력하기 위한 매우 유용한 능력이다.*

여기서 호모 사피엔스와 네안데르탈인과의 매우 중요한 DNA 차이를 잠시 짚고 넘어가자. 둘 간의 DNA를 비교해보면, 신경계의 발달과 기능 등 중요 부분에서 차이가 있다. 이러한 차이는 호모 사피엔스에게서 발견된 돌연변이에서 기인한다.** 특히 말과 언어 학습에 작용하는 유전자 FOXP2의 차이에 주목할 필요가 있다. 네안데르탈인과 호모 사피엔스가 지닌 FOXP2는 같은 종류로, 그들 영장류 조상으로부터 변형된 것이나. 그러나 호모 사피엔스에게만 FOXP2의 발현을 억제하는 새로운 돌연변이가 발생했다. 이 돌연변이는 언어를 구사하는 능력과 관련된 것으로 알려져 있다.***

우월한 언어 구사 능력과 이를 활용한 소문을 퍼뜨리는 능력은 전설, 신화 등 허구를 널리 전달함으로써 집단적으로 상상할 수 있게

---

* 『사피엔스』(유발 하라리 지음, 김영사, 2015년) 44~47쪽.
** 돌연변이는 DNA의 염기 서열에 우연한 변화가 발생하는 것을 말하는데, 돌연변이가 발생하면 대부분의 경우 유전자 활동도 변화한다. 만약 이 변화가 생존에 긍정적인 변화를 가져온다면 그 개체는 살아남아서 번식할 가능성이 커지고, 새로운 형질은 대대손손 유전되어 나중에 집단 전체로 퍼진다.
*** 『가볍게 꺼내 읽는 사피엔스』(장바티스트 드 파나피외 지음, 북스힐, 2020년) 119쪽.

한다. 여기서 무리와 집단의 리더로서, 영적인 존재와 인간을 중재하는 샤먼의 역할이 개입된다. 샤먼은 때론 허구를 창조해 사람들로 하여금 이를 믿게 한다. 샤먼의 역할은 뒤에서 더 살펴보기로 하자. 결국 공통의 신화 같은 허구는 호모 사피엔스가 내규모 집단으로 유연하게 협력하는 능력을 극대화시키는 기능을 한다.****

　이와 같이 호모 사피엔스는 급변하는 환경에 대해 무리가 결집력을 보이는 방식으로 세계를 지배하는 데 성공했다. 이러한 성공 요인의 기저에는 호모 사피엔스가 가진 본성 DNA가 있다. 다음에서는 호모 사피엔스가 가진 3대 본성 DNA를 알아보고, 현생 인류가 현대 자본시장에 직면했을 때 고대로부터 세습된 본성 DNA가 발현되는 심리적 기제를 살펴보자.

**** 『사피엔스』 (유발 하라리 지음, 김영사, 2015년) 49쪽.

현생 인류에 세습된
호모 사피엔스의 본성 DNA

두려움에 대한 반응 코드

"두려움은 생명 유지에 필수적인 진화의 유산이다. 두려움은 현재의 위험과 임박한 위협을 지각했을 때 일어나는 감정이다. 두려움이 없다면, 자연조건에서 살아남을 수 있는 인간은 거의 없을 것이다. 두려움은 위협에 맞닥뜨렸을 때 행동을 빨리 취할 수 있게 우리의 허리를 긴장시키며, 경계 태세를 유지하게 함으로써 스트레스가 심한 상황에서도 기능을 잘 수행하게 한다."*

우리 호모 사피엔스 인간은 두려움을 느끼면 에피네프린이라는

---

* 『*The gift of fear: Survival signals that protect us from violence*』(Isaac Marks, Dell Pub co., 1987) 3쪽.

호르몬이 분비된다. 이 호르몬은 부상을 당했을 때 혈액 응고를 돕는다. 간에도 작용해 포도당을 분비하게 해 싸우거나 달아날 때 근육에 필요한 에너지를 공급하게 한다. 또한 심장박동을 빠르게 해 제내에 흐르는 혈액량을 늘려 혈액순환이 원활해지며, 특히 근육으로 혈류가 집중된다. 뿐만 아니라 호흡이 가빠지며 근육에 공급되는 산소의 양이 늘어나 이산화탄소의 배출도 함께 늘어난다.[**] 이와 같이 두려움은 위협의 상황에서 신체의 민첩한 대응을 유도해 생존을 위한 기능을 잘 수행하게 한다.

◎ 두려움에 대한 심리적 기제를 그대로 물려받았다

사람들은 흔히 지금 주변 환경에 존재하는 신체적 위험보다 선사 시대의 환경에 산재했던 신체적 위험에 대해 더욱더 커다란 두려움을 느낀다. 예를 들면, 대도시에서는 뱀이나 거미가 사실상 문제가 되는 경우는 거의 없고, 자동차나 총과 관련한 사건 사고가 크게 우려된다. 그러나 우리 주변을 둘러싼 사람들을 보면 그들은 자동차나 총보다 정작 뱀이나 거미에 대해 크게 두려움을 느낀다. 이와 관련된 실험에 의하면, 생후 5개월부터 아이는 거미를 지각하고 두려움을 느끼고, 생후 6개월 무렵의 아이부터는 높은 곳과 낯선 사람에 대한 두려움을 느낀다고 한다.[***] 또한 아기가 낯선 사람을 두려워한다

[**] 『진화심리학』(데이비드 버스 지음, 웅진지식하우스, 2012년) 162쪽.
[***] 『진화심리학』(데이비드 버스 지음, 웅진지식하우스, 2012년) 163쪽.

는 사실은 과테말라인, 잠비아인, 쿵족 부시먼, 호피족 인디언 등 다양한 현대의 수렵 채집인에게서 관찰된다.

찰스 다윈이 '경험과는 아무 관계가 없는 아이가 느끼는 두려움은 선사시대에 실제로 존재했던 위협에 반응하던 심리적 기제가 유전된 효과가 아닐까?'라는 의문을 제기한 이래로, 많은 진화심리학적 실험 결과가 현생 인류에게 여전히 수렵 채집 환경에 도사린 많은 위협과 위험에 대한 두려움이 유전되고 있다는 사실을 말해준다.

모든 문화권의 사람들이 아이 때부터 공통적으로 느끼는 공포의 대상은 뱀이나 거미, 낯선 사람, 높은 곳, 어둠 등이다. 이것은 우리가 조상들이 느꼈던 위험에 대해 반응하는 심리적 기제를 그대로 가지고 있다는 사실을 말해준다.

◎ 두려움이 들어오면 심어진 코드대로 반응한다

관점을 발전시켜보자. 두려움의 원인은 신체적이든 그렇지 않든 그리 중요하지 않다. 그것이 무엇이든 간에 내가 두려움을 느꼈다는 사실이 중요하다. 일단 개인이 두려움을 느끼게 되면 신체적 위협으로 인지하고 반응하기 때문이다. 다시 말해 외부 환경으로부터의 신체적 위협이든 그렇지 않든 우리가 두려움을 느꼈다는 사실이 중요한 것이다. 그 후에는 조상이 심어준 코드대로 행동할 뿐이다.

이쯤에서 현대 자본시장이라는 환경에 직면한 우리를 상정해보자. 현대 자본시장이라는 환경에서는 과거 수렵 채집 환경과 같은 물리적 위협은 없다. 그렇지만 현대 자본시장의 환경에 처해 일단 두려움을 느끼면, 그 이후에 우리는 우리에게 심어진 코드대로 행동하게 된다.

즉 두려움은 현재의 위험 또는 임박한 위협을 지각했을 때 일어나는 감성이라고 했다. 우리는 자본시장에서 큰 손실을 식감할 때 엄청난 두려움을 느낄 수 있다.* 우리 호모 사피엔스는 일단 두려움을 느끼면, 에피네프린이 분비되면서 심장박동이 빨라지고 호흡이 가빠지면서 근육의 혈류량과 산소량이 늘고 이산화탄소의 배출이 늘어난다. 두려움은 결국 위협이라고 인지하는 상황에서 인간의 생존을 위한 기능을 극대화시킨다. 포식 동물이 달려오면 우리 호모 사피엔스는 최대화된 근육의 기능으로 그곳으로부터 우선 달아나고자 할 것이다.**

◎ 우리는 두려움을 느끼면 달아난다

결국 자본시장에서 위협을 느끼면 우리는 일단 도망간다. 그게 '일단 팔고 달아나자(피하자)'라는 심리적 기제다. 고대에서 두려움은 몸의 민첩한 대응을 유도했다. 즉 과거에는 생각할 겨를 없이 본능적으로 달아나는 것이 최선의 대응이었을 것이다. 그러나 당장의 물리적 위협이 없는 현대 자본 세계에서는 현생 인간이 느끼는 두려움

---

* 우리가 자본시장에서 큰 손실을 직감할 때 두려움을 느끼게 되는 과정은 좀 더 논의해볼 필요가 있기는 하다. 현재로서는 그러한 손실을 돈이라는 생명 유지 수단의 고갈로서 인지하기 때문인 것으로 추론된다. 여하튼 여기서는 우리가 두려움을 느꼈다는 사실에 집중하기로 하자.

** 『The gift of fear: Survival signals that protect us from violence』(Isaac Marks, Dell Pub co., 1987).

은 신체의 기능만 극대화시켜 불필요한 반응을 유도한다. 상대적으로(미래의 생존 문제를 걱정하는) 전두엽의 기능은 약화되어 멍청해진다.

이러한 심리적 기제를 쉽게 이해하기 위해, 우리가 대입 시험을 치를 때를 상상해보자. 우리에게 시험을 망친다는 것은 (사실과는 무관하게) 인생의 실패를 의미하고, 이는 가난, 결핍이자 생존의 위협이라고 인지할 수도 있다. 만약 시험을 치를 때 문제들이 어려워서 시험을 완전히 망칠 것 같다는 위험에 직감하게 되면, 엄청난 두려움이 몰려온다. 그래서 심장박동이 빨라지고 호흡이 가빠지면서 근육의 혈류량과 산소량이 증가한다. 그때의 몸 상태는 문제를 풀기보다 당장 달아나기에 좋은 상태가 된다. 그러니 심장만 쿵쾅거리게 뛰면서 문제는 전혀 풀리지 않는다. '일단 달아나자'는 심리적 기제만 있을 뿐 정작 문제를 풀어야 할 뇌는 멈춰 있는 것이다. 나의 근육을 동원해 힘껏 달아나는 게 최선인데 달아날 수 없으니 미칠 노릇이다. 우리가 자본시장에서는 적어도 주식을 팔고 달아날 수는 있으니 이보다는 낫다고 할 수 있을까?

어쨌든 우리가 자본시장에서 큰 손실을 직감해 (우리 조상들이 신체적 위협에 대해 느꼈을) 두려움이 엄습한다면, 미래를 염두에 두는 판단 기능은 마비되고 순간 '일단 팔고 달아나자'라는 심리적 기제가 작동하기 마련이다.

요컨대, 과거 수렵 생활 동안 두려움은 몸의 민첩한 대응을 유도했지만, 현대 자본 세계에서 두려움은 전두엽의 기능을 약화시켜 멍청하게 만든다. 안타깝게도 조상들이 직면한 수렵 채집 환경에서의 위험에 대한 반응 기제가 현대 자본시장에서도 팽배할 수밖에 없는 이유는 다음과 같다. 우리는 호모 사피엔스 인류종의 DNA를 물려받았기 때문이다.

샤먼이 창조한 허구적 스토리에 대한 추종

"죽느냐 사느냐 그것이 문제로다(To be or not to be)."

고대 호모 사피엔스는 언제나 맹수에 물려 죽을지도 모르는 위험 속에서 하루를 시작했다. 고대 호모 사피엔스는 항상 '잡아먹느냐 아니면 잡아먹히느냐'의 문제에 봉착했다. 이처럼 우리 조상들은 하루의 생존도 제대로 장담할 수 없는 삶을 연명해나갔다. 그게 삶의 문제였다.

그들은 지극히 원초적인 두려움을 잊고 극복하기 위해 영적인 힘을 가진 리더, 즉 샤먼*을 의존하고 추종하고자 했다. 샤먼은 내세로의 주술적인 여행을 하며 악령에 사로잡힌 혼을 내쫓기도 했다.**

한 집단의 구성원이 샤먼에 의존해 두려움을 극복할 수 있다면, 샤먼은 영적인 힘을 통해 집단적 지위를 확보할 수 있다. 놀이에 대해 심층적으로 연구했던 로제 카유아(Roger Caillois)에 의하면, 원시사회에서는 일반적으로 가면을 사용했다고 한다. 즉 샤먼은 주로 동물

---

* 샤먼은 영적인 존재와 인간을 중재하는 일종의 사제이다.
** 『스포마니타스: 사피엔스가 걸어온 몸의 길』(문개성 지음, 박영사, 2021년) 122쪽.

가면을 쓰고 환각을 일으키는 퍼포먼스와 같은 주술 행위를 했다. 샤먼은 이따금씩 착란 상태에 빠져 정신이 돌아오는 과정에서 실제 악령을 떨쳐냈다고 생각했을 수도 있었는데, 그러고 나면 새로운 인격을 부여받음으로써 스스로를 집단을 책임질 적임자로 여겼을 것이다.[*]

◎ 샤먼은 허구적 스토리를 창조하는 리더이다

이와 같이 샤먼은 현실에서 벗어나 주술이라는 허구의 세계를 만들어 호모 사피엔스 집단 내의 리더 자격을 유지하고자 했다. 영적인 힘은 다른 악령의 힘(가령 죽음의 힘)과 맞서 싸울 수 있게 했고, 그 덕분에 고대 인류는 매번 들이닥치곤 하는 원초적인 두려움을 떨쳐낼 수 있었다. 선사시대의 동굴 벽화를 보면, 샤먼이 리더의 자격을 유지하고 기존 사회적 질서를 유지하기 위해 주술과 신앙의 힘을 빌었음을 엿볼 수 있다.

샤먼은 모든 장소, 동물, 식물, 자연현상 등이 의식과 감정을 지니고 있으며 그들과 직접 소통할 수 있다는 허구적 스토리를 창조한다. 즉 이들 정령들과 접촉해 이들을 달래거나 겁을 줘서 내쫓아버리는 등의 스토리를 지어낸다.

샤먼이 스스로의 영적인 힘이나 영적인 존재들을 믿든 그렇지 않든 그것은 그다지 중요치 않다. 중요한 사실은 샤먼은 허구적 스토

---

[*]　『스포마니타스: 사피엔스가 걸어온 몸의 길』(문개성 지음, 박영사, 2021년) 131쪽.

리를 창조했고, 호모 사피엔스 집단은 이러한 스토리를 추종했다는 것이다. 호모 사피엔스 집단은 공통된 스토리를 가지고 있으며 이에 근거해 동질적인 감정과 행위를 공유하게 된다. 이것 역시 우리에게 심어진 DNA 코드 중 하나다.

✪ 샤먼의 스토리를 추종하도록 코드화되어 있다

자본 세계라는 변화무쌍하고도 위협적인 환경에 직면한 현생 인류도 이러한 DNA 코드에 따라 행동한다. 한 인간이 매순간 '죽느냐 사느냐'의 문제에 봉착하게 되면, 과거 조상들과 마찬가지로 영적인 힘을 가진 리더를 찾기 마련이다.

현생 인류가 찾는 리더가 실제 영적인 힘을 가졌느냐, 그렇지 않느냐는 그리 중요하지 않다. 어떤 인간도 영적인 힘을 가진 존재가 될 수 없다는 정도의 학습은 이미 되어 있기 때문이다. 대신 '누가 또는 어떤 매체가 그럴듯한 스토리를 만들어낼 수 있는가?'가 고대 샤먼의 영적인 힘을 대체한다. 즉 스토리에 허기진 현생 인류는 어떤 전문가나 매체의 허구적 스토리에 매료된다. 그래서 자본시장에서는 그럴듯한 스토리와 해석이 넘쳐나고, 각자는 자신의 입맛에 맞는 그럴듯한 허구적 스토리를 믿고 싶어한다. 만약 특정한 스토리가 자본시장에 일시에 퍼지고 다른 스토리를 압도한다면, 그 스토리를 믿고 동질적으로 행동하는 무리도 그만큼 커진다.

자본시장에는 '이용 가능한 정보'라는 미명 아래 수많은 소문과 스토리가 넘쳐나고, 그 속에서 현생 인류는 굶주린 하이애나가 되어 자신이 추종할 스토리를 찾아 헤맨다. 그러다가 지명도 있는 전문가나 매체의 더 그럴듯한 스토리가 발견되면 다시 바꿔 탄다. 개인은 가장 그럴듯한 스토리에 취해 이를 추종하려 하고, 그러한 스토리에 대한 추종 세력이 커지면 때론 시장이 한몸처럼 움직이기도 한다.

다시 말해, 현대 자본시장에서는 현대의 샤먼들이 스토리를 창조하고, 이러한 스토리는 소문과 각종 채널을 통해 유포되며, 현생 인류는 그럴듯한 스토리를 찾아 헤매다가 이를 발견하면 추종한다. 때로 시장과 관련한 상황과 사건, 기업들에 대한 특정한 스토리가 다른 스토리들을 압도해버리면 시장은 한 방향으로 세차게 움직인다.

결국 우리에게 세습된 '샤먼 추종의 DNA 코드'가 자본시장에서 현대적 샤먼(그들은 물론 주술과 상관없다)을 양성하고, 그들이 창조한 허구적 스토리를 추종하게 한다. 매 순간 창조되는 허구적 스토리는 추종했던 개인에게 성공을 안겨주기도 하고, 실패를 안겨주기도 하며, 때론 시장을 뒤흔들기도 한다. 현대 자본시장에서 팽배하는 허구적 스토리는 진실 여부와 상관없이 우리 종이 간직하고 있는 어딘가 의존하고 싶은 마음이 만든 것은 아닐까?

어쨌든 우리 호모 사피엔스는 과거나 현대를 가릴 것 없이 샤먼 추종의 DNA 코드를 가지고 있다. 그런데 과거에는 샤먼이 창조한 허구적 스토리가 집단의 일체된 감정과 결속을 불러오고 그 집단의 생존 가능성을 높일 수 있었다. 즉 과거에는 외부의 위협에 대해 집단이 맞서서 이겨야 개인도 생존하므로, 샤먼이 창조한 허구적 스토리는 결집에 큰 역할을 했을 것이다.

◎ 샤먼 추종 DNA 코드가 우리를 성공하게 할 수 있을까?

현대 자본시장에서 우리는 본능적으로 샤먼(전문가나 각종 매체 등)이 만든 허구적 스토리를 추종한다. 그런데 과연 그것이 우리의 생존이나 성공 가능성을 높일 수 있을까?

자본시장은 함께 생존하는 곳이 아니다. 자본시장에서는 제로섬 게임*에서 승리하기 위한 이기심만이 생존을 가능하게 한다. 일견 집단적 행위의 결과가 개인의 생존을 담보하지 않을 것 같다. 뚜렷하게 가시적인 적이나 위협이 있는 게 아니므로 함께 뭉쳐서 움직인다고 이득이 되지도 않을 것이다.

그럼에도 우리가 자본시장에 둘러싸여 두려움을 느끼게 되면, 여전히 샤먼의 스토리를 추종함으로써 집단감정과 집단행동에 동참하고자 한다. 그렇지만 모두가 각자의 이기심에서 비롯된 이익을 추구하게 마련이고, 위너와 루저가 나올 수밖에 없는 자본시장의 게임 특성상 자기 이익 추구가 모든 것에 우선하므로, (가상의 공공의 적을 향했던) 집단감정과 집단행동이 모두에게 득이 될 수만은 없을 것이다.

어쨌든 자본 세계라는 변화무쌍하고도 위협적인 환경에 직면한 현생 인류는, 샤먼이 창조한 스토리를 찾고 이를 추종하려는 DNA 코드에 따라 행동하기 마련이다.

---

* 제로섬 게임(Zero-sum game)에서 두 사람이 게임을 한다면, 한 사람이 이득을 보면 다른 사람은 반드시 그만큼 손해를 본다.

🔼 호모 사피엔스의 배타적 능력인 무리 짓기 행동

약 5만 년 전 지구상에는 네안데르탈인, 데니소바인, 호모 플로레시엔시스(호빗)*, 호모 사피엔스, 그 외 수많은 인류종이 공존했다. 이들 인류종의 가장 큰 해부학적 특징은 뇌용량이다. 당시 인류종(호빗 제외)의 뇌용량은 약 930~1,500cm³에 이르며, 다른 대형 포유류들의 그것을 능가한다. 그렇지만 인류종이 큰 뇌와 높은 지능을 가지고 있더라도 야생에 놓인 한 인간은 결코 특별하지 않다. 높은 지능을 통해 신체적인 약점을 극복해 생존은 가능할지 모르나, 다른 종들보다 우세하다고 할 수는 없다.

◎ 호모 사피엔스만이 대규모 집단으로 무리 짓는다

인류종이 다른 종들에 비해 우세할 수 있었던 것은 바로 무리 짓기와 협동하는 능력 때문이었다. 한 개체가 수십 개의 다른 개체로 이루어진 무리와 협동심은 다른 포유류에서 찾아보기 힘든 인류종만의 배타적 능력이라고 한다. 그런데 인류종 중에서도 호모 사피엔스만이 150명 이상의 대규모 집단으로 협동할 수 있다고 한다.** 이는 진화인류학자 로빈 던바(Robin Dunbar)가 제시한 '던바의 숫자(Dunbar's number)'로 알려진 개념과 관련 있는데, 150명은 서로 동질

---

* 호모 플로레시엔시스(호빗)는 호주 및 인도네시아 지역에서 발견되었다. 덩치가 작고 뇌용량은 약 380cm³인데, 이는 오스트랄로피테쿠스의 가장 작은 뇌 크기 정도라 한다.
** 『사피엔스』(유발 하라리 지음, 김영사, 2015년)

감을 느낄 수 있는 내부인의 경계를 말하고 이 숫자를 넘어가면 동질감을 느끼지 않는다고 한다.***

호모 사피엔스는 대규모 무리와의 협동을 통해 더 큰 무언가를 만들어냈다. 호모 사피엔스는 언어 구사 능력, 샤머니즘과 관련된 공통된 허구에 대한 믿음 또는 신화 등을 통해 던바의 숫자인 150명을 넘어서는 개체들과 감정 및 생각 등을 공유할 수 있게 되었다. 이러한 동질감은 대규모 집단 간의 협력하는 능력을 만들어냈다.

호모 사피엔스는 침팬지보다도 뒤떨어지는 완력을 가졌지만, 탁월한 언어 구사 능력 등에 의해 집단적 동질감을 공유하며 대규모의 집단적 협력을 한다. 이를 통해 초대형 매머드를 거뜬히 잡아들이고, 다른 인류종과의 전쟁에서 승리하게 된다. 호모 사피엔스가 세계 각 지역으로 이동하면 거의 예외 없이 그 지역에 서식하는 대형 포유류들이 멸종되었다. 매머드는 물론이고 긴 칼을 갈은 이빨을 가진 검치 고양이, 곰만 한 크기의 설치 동물들, 대형 사자, 대형 캥거루 등이 그 예이다.****

이와 같이 호모 사피엔스는 그들의 신체적 약점을 극복해 대형 포유류와 다른 인류종을 멸종시키며 세계를 정복했고, 이 배경에는 대규모 무리 짓기와 협동 능력이라는 배타적 능력이 있었다.

여기서 무리 짓기와 협동 능력은 집단 선택(Group selection)과도 관

*** 『스포마니타스: 사피엔스가 걸어온 몸의 길』(문개성 지음, 박영사, 2021년)
**** 『스포마니타스: 사피엔스가 걸어온 몸의 길』(문개성 지음, 박영사, 2021년) 90~91쪽.

련 있다. 진화생물학계에서 널리 받아들여지고 있는 집단 선택은 집단의 이익을 위해 집단의 차등적 생존과 생식을 통해 인류가 적응 및 진화했다는 개념이다.* 이에 따르면, 집단의 생존에 도움이 되는 특징을 지닌 종만이 생존할 수 있다. 한 개인이 무리 짓기 행동에 동참하는 것은 공통된 믿음, 감정의 공유가 큰 역할을 할 것이지만 집단 이익을 우선시하는 진화적 적응의 결과일 수도 있다는 해석이다.

◎ 현대 자본시장에서 무리 짓기 행동은 쉽게 관측된다

현대 자본시장에서도 이러한 무리 짓기 행동은 흔히 관측된다. 행동재무학 분야의 많은 연구들은 비이성적 행동으로써 무리 짓기 행동을 언급해왔다. 여기서 자본시장에서의 무리 짓기 행동은 '특정 기간에 투자자 집단이 같은 방향으로 거래에 동참하는 행동'으로 정의된다.** 이러한 무리 짓기 행동은 개인 투자자 집단뿐만 아니라 기관 투자자 등 전문 투자자 집단에서도 공히 관측되고 있다.

행동심리학자로서 2002년 노벨 경제학상을 수상한 아모스 트버스키(Amos Tversky)와 대니얼 카너먼(Daniel Kahneman)의 연구 이후, 후속 연구들은 '주식시장에서 특히 나쁜 뉴스가 가격 하락의 공포를 유발해 주식 거래자의 강한 무리 짓기 행동과 함께 쏠림 현상이 나

---

* 『진화심리학』(데이비드 버스 지음, 웅진지식하우스, 2012년) 46쪽.

** Nofsinger, J. R. and R. W. Sias, (1999), Herding and feedback trading by institutional and individual investors, Journal of Finance 54, pp. 2263~2295.

옴'을 보인다.***

　이러한 투자자들의 무리 짓기 행동은 극적인 사건에 대한 투자자들의 심리적 과잉 반응으로 해석되며, 이로 인해 주가의 과도한 상승과 하락이 발생하게 된다. 즉 무리 짓기 행동은 특정 사건과 상황에 대해 자본시장에 참여하는 투자자들이 집단적으로 심리적 과잉 반응을 보이고, 쏠림 현상에 의해 주가는 단기적으로 과도하게 상승하거나 하락하게 된다.

　이처럼 우리 호모 사피엔스 조상들이 수렵 채집 환경의 위협에 대해 무리 짓기 행동을 보였듯이, 우리들도 현대 자본시장에서 나쁜 뉴스에 대해 집단적인 심리적 과잉 반응과 같은 무리 짓기 행동에 의해 같은 방향으로 움직인다. 요컨대 우리는 집단 내에서 어떠한 집단감정이나 행동이 강하게 발생되면 조건반사적으로 이에 동참하고 싶어 한다. 현대의 주식시장에서도 참여자 집단의 무리 짓기 행동에 의해 언제든 일방향으로 쏠림 현상이 발생할 수 있고, 이에 따라 주가는 과도하게 상승하거나 하락할 수 있다. 특히 나쁜 뉴스가 집단적인 심리적 과잉 반응을 쉽게 유도할 수 있다.

*** Glosten, Jaganathan and Runkle (1993), Diks and van der Weide(2003), Park(2011) 등이 있다. 관련 연구 논문은 아래와 같다.
　　Glosten, L., R. Jagannathan, and D. Runkle (1993), The relationship between expected value and the volatility of the nominal excess return on stocks, Journal of Finance 48, pp. 1779~1801.
　　Diks, C. and R. van der Weide (2003), Heterogeneity as a natural source of randomness, Technical Report, CeNDEF working paper 03-05, University of Amsterdam. Tinbergen Institute Discussion Paper 2003-073/1.
　　Park, B.-J. (2011), Asymmetric herding as a source of asymmetric return volatility, Journal of Banking and Finance 35, pp. 2657~2665.

3장

호모 사피엔스는
자본 세계에
적응할 수
있을까?

머니의 탄생이
호모 사피엔스 세상을 뒤집다

 화폐가 생기면서 생각할 게 많아졌다

고대 호모 사피엔스는 돈이 필요 없었다. 각각의 무리는 자신들이 필요한 먹이와 생필품 모두를 사냥하거나 직접 만들었다. 그들은 호모 사피엔스 역사의 대부분 기간 동안 수렵 채집을 통한 자급자족 생활을 했다. 1만 년 전 농업혁명이 일어나 수렵 채집인의 삶을 버리고 농부의 삶으로 전향하기 시작했지만, 자급자족의 생활은 여전히 이어갔다. 간혹 외부 무리와 물물교환이 이루어지는 경우에도 이와 같은 방식은 크게 달라지지 않았다.

농업혁명이 일어난 뒤 정착 생활이 가능해지면서 도시가 발전하고, 이어 5천 년 전부터 세계의 각처에서 왕국과 제국이 출현하게 된다. 고대 왕국과 제국의 출현 이후 국가는 세금을 걷었고, 상인은 거래를 용이하게 하기 위해 화폐를 필요로 했다.

2,500만 년 전 리디아의 왕 알뤼아테스(Alyattes)에 의해 최초의 화폐가 만들어진 후, 각 왕국과 제국의 확장과 함께 무역과 교역이 활발해지면서 화폐가 번성하게 되고 오늘날과 같은 자본의 시대에 접어들었다.*

화폐의 탄생과 번성으로 말미암아 호모 사피엔스의 생존 환경은 급변한다. 과거 수렵 채집인은 아무 생각 없이 그때그때 먹이를 사냥하거나 채집했고 필요한 것은 즉시 만들어 사용했다. 그러나 화폐 탄생 이후의 현생 인류는 먹이를 사냥하거나 채집할 필요가 없어졌다. 대신 살기 위해 돈에 대해 이것저것 생각할 것이 많아졌다.

여러 상황에서 돈에 대해 생각할 것이 많아졌지만, 크게 다음의 두 가지 정도 생각할 지점을 언급할 수 있다.

첫째, 화폐가 출현한 후, 모든 재화에 가격이 부여되고 필요한 재화가 있으면 합당한 돈을 지불해야 한다. 여기서 고민이다. 개인이 필요한 재화에 부여된 가격이 합당한지 아닌지를 평가해야 하므로 생각이 많아지는 것이다. 누구든지 다른 재화의 가격을 비교하고 평가해 보다 싼 가격으로 구입하고자 할 것이다.

둘째, 과거 수렵 채집 생활 동안에는 모든 것을 당장 구해서 소비했다. 그런데 화폐의 보급으로 개인은 당장 재화를 구입하지 않고 미래에 필요한 때 구입해 소비할 수 있게 되었다. 즉 개인은 재화를

---

* 『사피엔스』(유발 하라리 지음, 김영사, 2015년) 254쪽.

지금 구입하는 것이 좋을지, 아니면 미래에 구입하는 것이 좋을지 그 시기를 선택해야 하는 고민이 필요하다.

세계 정복을 나섰던 호모 사피엔스는 위대한 사냥과 채집 기술을 가지고 있었다. 그런데 화폐가 출현한 후부터는 부턱대고 먹이에 달려들 수 없었다. 호모 사피엔스의 심리적 기제는 그대로인데, 먹이를 앞에 두고 재빠르게 달려들기 전 잠시 멈추어 생각해야 했다.

여기서 중요한 점은 과거의 먹이 사냥 과정에서 일종의 노이즈가 개입된다는 것이다. 잠시 멈칫해 생각하는 것이 무엇이든 간에, 몸은 달려들 준비를 하고 있는데 뇌는 정지해야 한다는 사실 자체가 혼란을 야기한다. 화폐 자체가 혼란임이 분명하다.

🏔 화폐와 먹이는 완전히 그 성격이 다르다

잠시 생각을 위해 행동과 판단을 미루었다고 치자. 그런데 과거의 수렵 채집 기술을 가지고 여전히 지금의 화폐를 채집할 수 있을까? 이 질문에 답하기 위해서는, 우선 기존 먹이와 화폐의 본질적인 차이를 이해할 필요가 있다.

고대 수렵 채집인의 먹이는 주로 동식물 등 생물에 해당된다. 수렵 채집했던 생물의 대부분은 (적어도 농업혁명 이전에는) 싱싱할 때 당장 소비해야 했고, 저장과 증식은 불가했다.

반면 화폐는 무생물이기에 그 자체로는 쓸모가 거의 없으며, 거기에 가치가 담겨 있다고 가정하는 가상(또는 허구)적 존재이다. 그렇지만 먹이 생물과는 달리 화폐는 보유하거나 빌려주거나 재화를 통해 차익 거래를 하는 등 저장과 증식이 가능하다(이러한 기능은 추후 살펴볼 것이다). 이처럼 먹이 생물과 화폐는 그 실체가 다르고(실물이냐 허구냐), 저장과 증식 여부도 다르다.

이와 같이 화폐는 먹이 생물과 그 '실체' 자체가 다르고, '저장과 증식'이라는 그 핵심적인 특징이 다르기 때문에, 기존의 수렵 채집 기술로써는 지금의 화폐를 채집하기가 쉽지 않다. 즉 기존의 생물을 잡던 기술을 무생물에 그대로 적용할 수는 없는 것이다.

앞서 호모 사피엔스가 30만 년 전에 출현해 전 세계를 정복하게 된 성공 요인을 살펴보았다. 다시 정리하자면, 첫 번째는 아프리카에서 먼 유랑을 떠나는 과정에서 매번 직면하는 새로운 환경에 대한 두려움, 그리고 그로 인한 신체적 민첩성이다. 두 번째는 샤먼이 창조한 공통된 허구에 대한 집단적 믿음이다. 세 번째는 원초적 두려움과 신체적 약점을 극복하기 위한 무리 짓기 행위다.

즉 호모 사피엔스는 그의 신체적 약점과 원초적 두려움으로부터 벗어나 주술적인 리더가 이끄는 방향에 맞춰 대규모 무리 짓기를 통해 역사상 유례없는 전투 수행 능력을 갖추게 되었다.

다시 말해, 고대 호모 사피엔스는 샤먼의 리드에 따라 대규모 무리 짓기 행동을 하면서 개개인 모두가 원초적 두려움을 떨치고 제 역할을 다하는 용맹한 전사가 될 수 있었다. 그들의 가슴에는 두려움이 들어갈 자리에 대신 용기라는 뜨거운 감정이 들어선다. 그리고 리더가 지시하는 대로 무리 짓기 편대에서 제 역할을 다한다.

그런데 문제는 '생물에 대한 가공할 만한 전투 수행 능력'이 무생물에는 적용될 수 없다는 것이다. 생물을 대적할 때 용기라는 뜨거운 감정이 필요할 수 있겠지만, 무생물을 대할 때는 어떠한 감정도 필요하지 않기 때문이다.

한 예를 들어보자. 어떤 개가 있다. 그 개가 거울에 비친 자신과 용맹하게 싸운다고 상상해보자. 그 개가 아무리 용기와 뜨거운 감정을 품고 있다고 해도 거울에 비친 무생물을 압도하거나 제압할 수 없다. 생물은 같은 생물 간에는 반응 및 대응이 가능하지만, 생물과 무생물 간에는 어떠한 반응이나 대응도 불가능하기 때문이다.

나아가 주술적인 리더는 생물과 생물과의 싸움에서는 용기라는 뜨거운 감정의 고조를 위해 노력하고, 무리 짓기 행위의 방향을 제시할 수 있다. 그러나 무생물과의 싸움에서 죽음에 대한 두려움을 극복하는 용기를 북돋우고 무리의 편제에 도움을 준들 어떤 효과를 줄 수 있을지는 의문이다.

호모 사피엔스가 그의 뜨거운 가슴으로 샤먼의 리드 아래 무생물인 돈을 사냥 및 채집하려 해봤자, 돈은 그러한 방식으로는 채집되지(앞으로는 돈에 대해 채집이라는 표현을 쓰도록 하자) 않는다. 호모 사피엔스가 그들만의 방식으로 최선을 다하고 사력을 다해 봤자, 돈은 꿈쩍도 하지 않는 게 현실이다. 즉 세계를 정복하기 위해 고대 호모 사피엔스가 다른 인류종과 포유류를 멸종시키면서 사용했던 위대한 수렵 채집 기술은 머니 세상에서는 무용지물이라는 말이다.

🏔 돈 앞에서 멍청해지는, 우리의 슬픈 비애

앞서 살펴본 사바나 원칙은 한 가지 분명한 사실을 전달한다. 우리의 몸과 마음은 아직도 고대의 수렵 채집 생활에 적응해 있고, 최적화되어 있다. 그런데 불과 2,500만 년 전 화폐가 출현해 온 세상을 지배했다. 하지만 안타깝게도 우리의 본성은 그 자체로는 어떤 의식도 없는 돈에 대해 전혀 모르고, 돈을 다룰 줄도 모른다. 격앙된 감정으로 돈을 다루어봤자 돈과 아무런 교감을 할 수 없다. 다시 말해, 새롭게 도래한 머니 세상에서 우리는 아무런 돈 채집 능력이 없다는 것이다.

사바나 원칙은 현생 인류의 슬픈 비애다. 즉 현생 인류의 두뇌는 인류 초창기 수렵 채집 환경에서 존재하지 않았던 상황에 대처하는 데는 무능하기 그지 없다. 그런데 살아가면서 가장 슬픈 비애는 바로 돈에 관한 것이다. 현대를 살아가기 위해 가장 중요하고도 절실한 돈을, 우리는 제대로 다룰 수 없다는 것이다. 우리의 가장 슬픈 비애는 '돈 앞에 우리의 뇌는 멍청해진다'는 것이다.

호모 사피엔스는 어떻게 자본 세계에서 실패하는가?

 화폐와 주식시장은 언제나 생소하다

앞서 화폐의 탄생은 호모 사피엔스의 세상을 뒤집어놓았다고 했다. 화폐의 탄생에 이어 호모 사피엔스에게 또 다른 혁명적인 사건이 불어닥친다. 그것은 '주식회사와 주식시장의 탄생'이다. 화폐 자체도 생소한데 종이(증서)에 어떤 권리가 담겨 화폐적 가치를 지닌 '주식'이 탄생하고 이 주식들이 다시 거래되는 '주식시장'이 태동한 것이다.

여기서 잠시 주식회사와 주식시장의 태동에 대해 살펴보자. 네덜란드의 상인들이 네덜란드 제국의 정복 사업을 위한 자금을 대는 과정에서 '주식'을 발행해 자금을 조달하기 시작했다.* 특히 네덜란드의 동인도회사의 흥행으로 16~17세기 유럽에서 주식회사가 성행

한다. 이어 1602년 네덜란드의 암스테르담 증권거래소가 최초 개장하고, 곧 유럽의 주요 도시 대부분에 주식거래소가 설립된다. 이 주식거래소가 바로 주식이 거래되는 주식시장을 말한다. 1792년 미국 뉴욕증권거래소(NYSE)의 전신이 출범했고, 19세기 산업혁명을 통해 생겨난 기업들에 의해 월가는 폭발적인 성장을 하게 된다. 오늘날은 대부분 국가가 자국 기업의 주식이 거래되는 '주식시장'을 가지고 있다.

이제부터 화폐, 주식 그리고 주식시장 등을 묶어 자본 세계의 범주에 포함시키도록 하겠다. 필자는 앞으로의 원활한 논의를 위해 자본 세계를 다음과 같이 정의한다.

'자본 세계는 화폐와 주식(①) 등을 수단으로 화폐적 가치(이는 곧 재산이다)를 증식(②)하려는 목적에서 개인 각자가 자기 이익을 추구하는 세계(③)이다.'

자본 세계에 대한 이런 정의에 근거해 호모 사피엔스가 이러한 자본 세계에 성공적으로 적응할 수 있을지를 살펴보자.

첫째(①과 관련), 화폐뿐만 아니라 이보다 더 복잡한 주식**까지 등장했는데, 이에 대한 호모 사피엔스의 적응과 관련한 문제다.

고대 호모 사피엔스는 많은 양의 숫자를 다룰 일이 없었다. 수렵 채집 활동 동안에는 동물을 사냥할 때는 사냥감 자체가 중요했고,

---

* 『사피엔스』(유발 하라리 지음, 김영사, 2015년) 454쪽.
** 주식은 어떤 증서에 어떤 재산적 권리가 담기면서 화폐적 가치를 지니므로 단순 화폐보다 복잡하다. 또한 화폐는 액면가 자체는 불변이나, 주식은 주식시장에서 그 가치가 실시간 변동되므로 복잡하다.

나무에 달린 과일을 채집할 때는 많이 따서 서로 나누면 그만이었다. 그러니 굳이 숫자의 개념을 등장시킬 필요가 없었다.

그렇지만 오늘날 사용하는 화폐와 화폐적 가치를 지닌 주식 모두 그 근산은 '숫자'다. 현대 자본 세계에 적응하기 위해서는 넘치는 외부 자료를 숫자로 번역하고 해석하는 법을 알아야 한다. 하지만 안타깝게도 인간의 뇌는 숫자를 처리하는 데 적응하지 못했다. 물론 진화와 적응을 위한 시간 자체가 없었다는 변명이 뒤따르겠지만, 현생 인류는 숫자 정보에 멍청할 수밖에 없는 것이 현실이다. 호모 사피엔스의 DNA에는 숫자 판독 기능이 배양되지 못했으므로, 숫자 정보가 가득한 상황에 처해지면 우리의 뇌는 멍해진다. 즉 돈 앞에서 우리의 뇌는 멍청해질 수밖에 없다.

주식은 이러한 비극을 더욱 부추기는 데 기여했다. 주식은 본래 돈을 해당 지분만큼 기업에 빌려주고 받은 증서다. 이때 기업에 돈을 빌려준 사람을 주주라 한다. 주주는 기업의 주인에 해당하고, 기업은 주주에게 그동안 장사했던 결과를 회계(이것이 재무제표다)를 통해 보고해야 한다. 그래서 주주는 회계를 알아야 장사의 결과를 이해할 수 있다. 즉 기업이 장사를 잘했는지, 그렇지 못했는지를 알려면 회계를 알아야 한다. 그런데 이 회계는 숫자 정보로 가득한 문서이고, 우리 대부분은 회계를 보면 뇌가 그대로 정지할 수밖에 없다. 단순 숫자의 나열도 해독이 어려운데, 복잡한 원리에 의해 꼬인 회계는 얼마나 더 어려운가?

🏔 우리 족속은 애초에 뭔가를 모으지 않는다

둘째(②와 관련), 호모 사피엔스가 화폐, 주식 등을 통해 화폐적 가치를 저장하고 증식하는 데 적응할지의 문제다.

호모 사피엔스는 30만 년 전에 출현해 7만 년 전부터는 아프리카에서 퍼져나와 중동, 유럽으로 이동했다. 일부는 아시아를 거쳐 북아메리카와 남아메리카에 이르렀고, 또 다른 일부는 동남아시아를 거쳐 오세아니아에 이르렀다. 호모 사피엔스 무리의 이동은 수백 킬로미터에 이르렀고, 이들은 유랑을 거듭하며 수많은 위험에 맞서 생존을 위한 치열한 삶을 살았다.

고대 호모 사피엔스는 동물을 사냥하고 식물 등을 채집하는 수렵 채집 생활을 했다. 대부분의 호모 사피엔스 무리는 먹거리를 찾아 긴긴 유랑을 했을 것이다. 이들이 유랑을 거듭하면서 계절과 기후의 급변, 혹독한 추위, 다른 인류종과의 집단 전쟁, 맹수에 의한 피습, 자연재해, 동물떼의 연례 이동, 대형 동물과의 조우 등을 겪었을 것이다. 이들이 수렵 채집했던 동식물의 대부분은 저장이 불가했기 때문에 당장 소비해야 했다.

무리가 수백 킬로미터를 이동하며 생활했기 때문에 가지고 다니는 물건 또한 제한적이었고, 필요한 물건은 임시 정착한 지역에서 그때그때 만들어 써야 했다. 1만 년 전 농업혁명이 일어난 후에야 정착 생활의 형태가 나타나고 가축을 기르는 생활양식이 발달하기 시작했으므로, (가축조차 없었던) 그 이전의 수렵 채집 생활에서는 대부

분의 물건을 버리고 이동해야 해서 반드시 보유해야 할 재산의 개념
이 없었을 것이다. 또한 먹거리를 찾아 떠나는 긴 유랑 생활에서도
먹이나 물건 등을 저장하거나 증식시키는 것이 가능하지 않았을 것
이다.

이와 같이 호모 사피엔스는 그 역사의 오랜 기간 대부분을 유랑
생활로 보냈기 때문에 보유해야 할 재산의 개념 자체가 없었을 뿐
아니라 먹이나 필요한 물품을 저장하는 것조차 불가능했다. 따라서
그들은 재산이 있더라도 증식이 불가했다.

현생 인류가 고대 호모 사피엔스의 피를 물려받았을 뿐만 아니라
그들의 심리적 기제를 그대로 가지고 있다면, 우리가 재산을 저장하
고 증식하는 데 어떠한 능력을 가지고 있을지 쉽게 가늠할 수 있을
것이다.

⚜ 나 혼자만이 이기적일 수 있을까?

셋째(③과 관련), 호모 사피엔스는 무리 짓기를 통해 생존해왔는데,
그들이 현대 자본 세계에서 이기적으로 자신의 이익을 극대화시킬
수 있는지에 관한 문제다.

호모 사피엔스가 신체적 약점을 극복하고 지구의 긴 역사에서 유
일하게 살아남은 인류종이 될 수 있었던 중요한 이유는 무리 짓고
협동하는 능력이었다. 앞의 호모 사피엔스 성공 요인에서 살펴보았
듯이 인류종 중에서도 호모 사피엔스만이 150명 이상의 대규모 집

단으로 협동할 수 있었다.

호모 사피엔스의 대규모 무리 짓기와 협동 능력에는 샤먼이라는 주술적 리더의 힘이 큰 역할을 했다. 호모 사피엔스 무리는 원초적인 두려움을 이기기 위해 영적인 힘을 가진 샤먼에 의존하고 그를 추종하면서 협동 능력을 키웠다. 이는 개인이 스스로의 판단에 따라 주체적으로 행동하는 것이 아니라 남들이 하는 대로 함께 행동하려는 성향이라고 할 수 있다.

더군다나 고대 호모 사피엔스는 무리 전체가 수백 킬로미터를 이동하며 수렵 채집 생활을 했기 때문에 개인을 포함한 무리 전체의 생존 자체가 중요하지, 개인이 특정 재산을 향유할 필요성이 크게 중요하지 않았다. 실제로 고대 수렵 채집인은 집단 공동체 생활을 했으므로 사유 재산이라는 개념 자체가 없었다는 것이 많은 진화인류학자들의 공통된 견해다.

고대 호모 사피엔스는 무리 짓기에 의한 집단 공동체 생활을 영위해왔으므로 그들은 본성적으로 무리의 이익을 우선시하고 무리와 같은 행동을 했다. 현생 인류가 그들의 본성 DNA를 세습하고 있다면, 현대 자본 세계에서 자신의 이익을 극대화시키는 방향으로 행동할 수 있을까?

언제나 불안한 현생 인류는 여전히 샤먼과 같은 리더를 찾아 추종하고, 무리 짓기와 같은 행동을 할 것이다. 아무리 개인이 자기 이득을 중요시한다고 하더라도, 무리 짓기 행동에 동참하고 있다면 그건 이미 자기 이득이 아닌 무리의 이득을 좇고 있는 것임에 틀림없다.

4장

자본 세계 속
호모 사피엔스,
돈 채집 기술을
익혀라

자본 세계에 최적화된 호모 이코노미쿠스

호모 이코노미쿠스는 누구인가?

앞에서 우리의 조상은 호모 사피엔스라고 했다. 고대 조상으로부터 세습된 본성 DNA는 우리를 현대 자본 세계에서 실패하게끔 만든다. 결국 호모 사피엔스의 위대한 수렵 채집 기술은 무용지물이 되고, 오히려 자본 세계에서 돈 채집을 방해할 뿐이다.

인류 역사상 이제 막 태동한 돈과 자본의 세계에서 살아남기 위해서는, 과거로부터 불가피하게 세습된 본성 DNA를 버리고 돈 채집 기술을 새롭게 익혀야 한다.

◎ 새로운 인류, 돈 채집 기술을 익히다

현대 자본 세계에 직면해 제대로 된 돈 채집 기술을 후천적으로 학습하고 자체적인 생존 능력을 가진 인류를 필자는 '호모 이코노미쿠스'라고 명명한다. 학술적 용어로 흔히 쓰이는 호모 이코노미쿠스를 번역하면 '경제적 인간*'이라고 할 수 있는데, '돈 채집 기술'을 가지고 있는 인간이라는 뜻과 크게 다르지 않다.

즉 호모 이코노미쿠스는 비록 고대 호모 사피엔스의 DNA를 그대로 가지고 있지만, 후천적인 노력으로 '돈 채집 기술'을 터득해 자신의 재산을 극대화시키고자 한다.

그럼 호모 이코노미쿠스를 좀 더 정확히 이해해보자. 앞에서 화폐가 출현하면서 인류는 큰 변화에 직면했다고 했다. 이러한 상황에서 다음과 같은 지점을 논의해보자.

첫째, 화폐가 출현한 후 모든 재화에 가격이 부여되고, 필요한 재화가 있으면 그에 합당한 돈을 지불해야 했다. 이와 관련해서 화폐는 교환가치가 있는 것으로 간주되기 시작했다. 여기서 개인은 필요한 재화에 부여된 가격이 합당한지 아닌지를 비교하고 평가해야 했다. 만약 (다른 곳에서 싸게 살 수 있는데도) 값비싼 가격을 치르면 추가로 치른 금액만큼 손해를 감수하는 것이기 때문이다. 이와 반대로 (다른 곳에서 비싸게 사야 하는데도) 값싼 가격을 치르면 절감된 금액만큼 이익을 창출할 수 있기 때문이다. 따라서 호모 이코노미쿠스라면 언제나 재화에 부여된 '현재 가격의 적정성'을 판단해 자신의 재산을 극대

---

* 오로지 '경제적 합리성'에만 기초를 두고, 이기주의적으로 행동하는 인간을 의미한다. 이는 최초 애덤 스미스가 상정한 인간 모형인데, 이후 경제학에서 흔히 이 모형을 채택한다.

화시키고자 한다.

만약 재화의 가격이 싸다면 해당 가격에 사서 비싼 가격에 팔아 차익을 남길 수도 있다. 혹은 재화의 보관이 가능해 미래에 비싼 가격에 팔 수 있다면 이 경우에도 차익을 남길 수 있다. 어쨌든 재화를 싸게 사서 현재나 미래의 어느 시점에 비싸게 팔면 재산을 불릴 수 있다.

◎ 호모 이코노미쿠스에게 중요한 것은 가치이다

둘째, 화폐의 보급으로 개인은 당장 재화를 구입하지 않고 미래에 그것이 필요한 때 구입해 소비할 수 있게 되었다. 소비에 대한 개인의 만족도가 현재 시점에 높을 경우 현재에 재화를 소비하고, 그렇지 않을 경우 미래에 재화를 소비한다. 결국 개인이 재화의 소비 시점을 선택할 수 있게 된 이유는 화폐라는 가상의 존재가 가치를 저장하기 때문이다.

현재 재화가 필요하다면 화폐를 이용해 이를 사서 소비하면 되지만, 지금 당장 필요하지 않다면 미래에 사서 소비하는 것을 결정하면 된다. 그런데 어떤 사람이 돈을 현재가 아닌 미래에 사용할 예정이라면, 미래에 돈을 받기로 약속한 뒤 그 돈을 누군가에게 빌려줄 수도 있다. 이 경우 돈을 빌리는 사람은 그 대가를 지불해야 마땅하므로(빌려주는 사람은 미래까지 소비를 참아야 하기 때문에 이러한 희생에 대한 합당한 대가를 받아야 돈을 빌려줄 것이다) 원래 빌리는 돈에 일정 금액을 추가해 미래에 돈을 갚아야 한다. 보다 어려운 말로, 화폐는 시간의 흐름에 따라 그 값어치가 달라진다고 해서 화폐에는 시간가치가 있다고 한다. 현재의 100만 원의 돈이 미래에는 100만 원을 초과하는 가치, 예를 들면 120만 원과 같다. 이처럼 돈은 가치를 저장하기도 하지만 증식하기도 한다.

그래서 호모 이코노미쿠스라면 재화를 소비하기 전에 화폐의 '시간가치'를 고려해야 한다. 즉 (그게 가능하다면) 시간을 들여 돈의 가치를 증식시킴으로써 자신의 재산을 극대화시키려고 한다. 다른 말로 과거 수렵 채집인이라면 고려하지 않았을 재산의 '미래 가치'를 고려할 것이다.

복잡한 내용이었지만, 정리하면 다음과 같다. 호모 이코노미쿠스라면 재화에 부여된 '현재 가격(현재 가치)의 적정성'을 판단해야 하며, 재산의 '미래 가치'까지 고려해야 한다.

따라서 호모 이코노미쿠스는 첫째, 현재 이용 가능한 모든 정보와 팩트를 숫자화해 재화의 현재 가격을 평가해야 한다. 둘째, 당장 소비를 하지 않더라도 재화를 값싸게 사서 값비싸게 팔고자 할 것이다. 셋째, 이 경우 재화와 화폐의 미래 가치를 고려할 것이다. 이와 같은 세 가지 행동 방식이 바로 호모 이코노미쿠스의 '돈 채집 기술'이다.

호모 이코노미쿠스의 '돈 채집 기술'을 다시 한 번 이해하기 쉽게 설명해보겠다. 현재 접근 가능한 모든 팩트를 이용해 재화의 현재 가격을 평가한다. 만약 다른 재화 간 가격 갭이 있으면 값싼 재화를 사서 다른 곳에서 값비싸게 파는 것이다. 또는 재화의 미래 가치가 오를 것으로 예상되면 재화를 현재의 싼 가격에 사서 미래에 다시 파는 것이다.* 이처럼 교환가치와 시간가치를 활용해서 차익을 남기는 것이다.

주식시장에서는 거래되는 재화가 주식이므로, 호모 이코노미쿠스의 돈 채집 기술이 동일하게 적용될 수 있다. 지금부터는 돈 채집 기술을 보유한 호모 이코노미쿠스의 (주식시장에서의) 행동 방식이 세습된 본성에 충실한 호모 사피엔스의 그것과 무엇이 다른지 살펴볼 것이다.

🌲 호모 이코노미쿠스는 무엇이 다른가?

앞서 보았던 2017년 노벨 경제학상을 수상한 미국 시카고대 교수 리처드 세일러(Richard Thaler)의 발언을 다시 보자.

"당신과 나의 차이는, 당신은 사람들이 당신만큼 영리하다고 믿는 것이고, 나는 사람들이 나만큼 어리석다고 믿는 것이다(The difference between us is that you assume people as smart, as you are, while I assume people as dumb, as I am)."

이 발언을 인간을 두 종류로 구분한 것이라고 할 수 있다. 하나는 감정의 지배를 받아 어리석게 행동하는 호모 사피엔스고, 다른 하나는 이성적으로 사고하는 호모 이코노미쿠스다.

---

* 만약 돈을 남에게 빌려주어 미래에 차익을 남긴다면 이도 역시 동일한 논리이다.

◎ 감정이냐? 아니면 냉혈이냐?

호모 사피엔스는 감정, 탐욕 및 공포로부터 자유롭기는커녕 오히려 그러한 감정들에 의존해 생존해왔다. 호모 사피엔스는 불확실한 외부 환경에 직면하여 감정이나 본능적 느낌에 의한 행동을 통해 그들의 생존 가능성을 높일 수 있었다. 그래서 오늘날 우리에게 세습된 호모 사피엔스의 본성에는 감정에 반응하고 행동하는 메커니즘이 새겨져 있다.

반면 호모 이코노미쿠스는 자신이 느끼는 감정 따위는 무시한다. 그들의 돈 채집 기술에는 감정이라는 단어 자체가 없다. 언제나 모든 판단의 출발은 현재 이용 가능한 팩트이자 정보다. 자신에게 이득이 되는 방식으로 현재 주어진 팩트를 분석하고 차익 거래를 수행하며 미래 가치를 극대화시키고자 하는 것이다.

앞에서 말한 호모 이코노미쿠스의 행동 방식을 주식시장의 관점에서 다시 써보자. 현재 접근 가능한 모든 팩트를 이용해 주식의 현재 가격을 평가하고자 한다. 만약 현재 주가 간 갭이 있으면 현재 값싼 주식을 값비싸게 팔고자 한다. 또는 미래의 가치가 오를 것으로 예상되면 현재의 싼 가격에 사서 미래에 팔고자 한다. 그렇게 해서 차익을 남기는 것이다

이처럼 호모 이코노미쿠스는 호모 사피엔스의 '감정적' 행동 방식과는 달리, 어떠한 감정에도 흔들리지 않고 팩트와 숫자로 판단하는 '이성적' 사고를 통해 다소 이기적인 방식으로 자신의 이득을 극대화하는 의사 결정을 한다.

◎ 추종할 것인가? 아니면 관찰할 것인가?

이러한 관점에서 호모 사피엔스와 호모 이코노미쿠스의 행동 방식을 비교해보자.

호모 사피엔스 Vs. 호모 이코노미쿠스

	호모 사피엔스	호모 이코노미쿠스
① 행동 근거	감정을 중시	이성적 사고
② 관점	단기적 관점을 중시	미래 가치와 장기적 관점을 고려
③ 판단 근거	소문, 허구적 스토리를 추종	팩트나 숫자 정보를 중시
④ 행동 성향	무리 짓기 행동에 동조	무리 짓기 행동을 관찰

첫째, 호모 사피엔스는 두려움, 공포와 같은 감정에 근거해 판단하고 행동한다. 이때 무리 짓기 본성에 의해 집단감정은 더욱 증폭될 수 있다. 반면 호모 이코노미쿠스는 개인 및 집단감정은 무시하거나 그것에 동조하지 않는다. 대신 팩트와 숫자에 근거해 이성적으로 사고하고 행동한다.

둘째, 호모 사피엔스는 지금의 생존이 절실한 만큼 현재의 시장이 가하는 위협에 단기적인 관점으로 대응한다. 반면 호모 이코노미쿠스는 재산의 미래 가치와 증식을 고려하므로 장기적 관점에서 대응한다.

셋째, 호모 사피엔스는 주식시장에 팽배하는 소문이나 허구적 스토리를 쉽게 추종한다. 특정 소문이나 허구적 스토리에 대한 집단적 믿음이 커질수록 개인의 추종 의지도 강해진다. 반면 호모 이코노미쿠스는 특정 전문가나 채널의 해석, 전망과 같은 허구적 스토리를 시장 반응을 예측하기 위해 고려하긴 하지만 맹목적으로 추종하지는 않는다. 모든 판단과 의사 결정은 허구적 스토리가 아닌 팩트(숫자나 데이터 포함)에서 출발하기 때문이다.

넷째, 언제나 불안감에 시달리는 호모 사피엔스는 무리 짓기 행동을 통해 위안을 삼으려고 할 것이다. 무리 짓기 행동만이 집단의 생존은 물론 자신의 생존까지 보장해주었기 때문이다. 시장에서 일시에 무리 짓기 행동이 일어나면 어떠한 판단이나 근거 없이 본능적으로 이를 추종하고자 한다. 반면 호모 이코노미쿠스는 무리 짓기 행동에 대한 무조건적인 동참은 자신의 이득이 아닌 무리의 이득을 좇는 행위임을 알고 있다. 그래서 그들은 무리 짓기 행동의 반대편에서 개인적 이득이 발생할 수 있는지를 관찰한다.

현생 인류가 제아무리 실력을 갖추었다고 해도 고대 호모 사피엔스의 본성 DNA를 세습받았다는 사실에는 변함이 없다. 이런 굴레를 벗어나기 위해서는 호모 이코노미쿠스의 행동 방식을 후천적으로 연마해야 한다. 시장 변동에 내 감정이 소용돌이 치더라도 이에 빠져드는 대신 한 발짝 떨어져 집단감정을 관찰해야 한다. 그 이후 철저히 팩트와 숫자에 의해 이성적인 판단을 하는 것만이 자본 세계에서의 생존 가능성을 높일 수 있다. 최소한 남들이 무리 지어 달아나는 방향으로 무작정 뛰지는 말자!

호모 이코노미쿠스로 진화하기 위한 행동 지침들

🏔️ 원칙 1 : 시장의 무리 짓기 행동을 관찰하라

우리 호모 사피엔스는 대규모 무리 짓기와 협동 능력이라는 배타적 능력을 통해 대형 포유류와 다른 인류종을 멸종시키며 세계를 정복해왔다. 우리의 DNA는 집단감정에 동조하고 집단행동에 동참하도록 설계되어 있다. 이러한 본성 DNA는 현대에 이르러서도 바뀐 것이 없다. 우리 모두의 본성 DNA는 시도 때도 없이 집단행동에 동참하도록 이끈다.

우리 개개인이 잘났든 그렇지 못하든 모두 다 그저 호모 사피엔스의 족속일 뿐이다. 시장의 급등락에 나의 감정은 소용돌이를 치고, 그러한 감정들은 나의 능력과 상관없이 무작정 행동하게 만든다. 특히 시장 패닉은 집단 전체가 생존의 위협을 일시에 느꼈을 때 발생한다. 이러한 시장 패닉에서는 나도 남들이 무리 지어 달아나는 방향으로 뛰는 것이 상책이다. 그래야만 살아남을 수 있다고 나의 본능이 말한다.

◙ 남들이 달아나는 방향으로 뛰어봤자 절벽이다

그러나 안타깝게도 자본 세계에서 급작스런 무리 짓기 행동을 한 결과는 언제나 비참할 수밖에 없다. 집단의 격한 무리 짓기 행동에 동참해봤자 그곳에 정작 돈은 없다. 호모 사피엔스 무리는 돈이 아닌 생물을 뒤쫓거나 생물로부터 도망가는 행동을 하도록 설계되어 있을 뿐이다. 이러한 집단행동의 목적지에는 돈도 없고, 이득도 없다. 오히려 그러한 행동을 취하는 과정에서 우리의 돈은 흘려지고 버려진다.

우리가 호모 이코노미쿠스로의 진화에 성공하려면, 우선 한 발짝 멀리서 시장과 집단의 행동을 한참 동안 관찰해야 한다. 하지만 이것은 생각보다 쉽지 않다. 당신이 (다른 이성말고) 무언가를 아무런 욕심이나 의도 없이 관찰만 해본 적이 있는지 생각해보면 쉽게 이해될 것이다.

시장과 집단의 무리 짓기 행동을 오랫동안 관찰하면 반드시 그 속의 감정이 보일 것이다. 사바나 평원의 물소들이 평온히 풀을 뜯다가 갑자기 집단적으로 뛰기 시작한다. 이를 가만히 관찰만 해보면 분명히 보인다. 이 물소떼에게 무슨 일이 닥쳤는지 짐작이 되고, 집단적으로 어느 방향을 향해 뛸지도 보인다.

◘ 함께 뛰지 말고, 잠시 서서 관찰하려고 노력하라

혹자는 '집단의 행동을 관찰한다고 그 내면이 보일까?'라는 의문을 제기할 수도 있다. 이는 집단 일체감에 빠져 있기 때문에 생기는 의문이다. 당신이 진정 어떤 대상을 관찰하려는 노력을 한 적이 있는지를 다시 상기해보자. 어떤 대상을 한 발짝 떨어져서 관찰하려는 노력만으로도 이미 나의 시각은 객관화되어 있음을 쉽게 깨달을 수 있다. 우리는 무언가를 관찰하려는 노력을 기울이는 대신, 너무도 많은 탐욕에 목말라 있다. 모든 성과를 지금 당장 해치우고자 하는 탐욕이 결국 나의 시야를 막는다. 그러니 어떤 대상도 관찰할 수 없는 것이다.

지금 당장 시장에서 한 발짝 떨어져서 무리의 집단행동을 한참 동안 관찰해보라. 하루를 두고 주기적으로 해도 좋고, 한 달을 두고 주기적으로 해도 좋고, 일 년을 두고 주기적으로 해도 좋다. 중요한 것은 관찰을 하겠다는 마음가짐이다.

이러한 경우를 놓고 비교했을 때, 당신이 어떤 주식에 풀베팅한 다음 주가가 오르기를 바라는 마음으로 집단행동을 관찰하겠다고 다짐하는 것은 어불성설이다. 이미 아프리카 어느 정글의 늪지에 빠져 있는데, 늪지 속에 일어나는 끔찍한 일들을 평온히 관찰하겠다는 것과 별반 다름이 없다.

우리가 무언가를 관찰한다는 행위에는 특별한 이해관계가 없어야 한다. 즉 우리가 관찰하는 대상과 중대한 이해를 같이하고 있으면 관찰이 잘 되지 않는다.

그래서 주식을 매수하기 위한 타이밍을 잡을 때는, 앞에서 역설한 '나의 운의 시기'를 포착한 시장과 기업을 워칭(Watching)해야 한다. 일단 풀베팅을 해놓고 관찰하겠다는 억지는 버려라. 관찰 이전에 나의 주식 바구니를 비워두는 것부터 시작하라.

'나의 운을 포착하고 시장을 오랫동안 관찰하라! 그 이후에 기업의 숫자를 분석한 다음 주식을 매수하라!' 이것이 필자가 역설하는 주식투자에 성공하기 위한 절대 법칙이다.

🏔️ 원칙 2 : 집단 공포는 절체절명의 기회다

집단의 행동을 관찰하는 것에 대해 좀 더 얘기해보겠다. 집단의 행동은 집단 구성원의 감정 일체감에서 기인한다. 집단행동이 과격힐수록 집단감징의 일체감도 크다.

우리 호모 사피엔스가 느끼는 여러 감정 중에 가장 강한 감정을 아는가? 혹은 서로 함께 격하게 반응할 수밖에 없는 감정이 무엇인 줄 아는가? 그건 바로 '공포'다.

다시 말해 무리 짓기 행동 유발 요인 중 가장 격하고 파괴력이 큰 감정이 바로 '공포'라는 것이다. 주식시장에서 때로 발생하곤 하는 이 '집단 공포'는 우리가 각별히 눈여겨볼 수밖에 없는 가장 중요한 감정이다.

◎ 집단 공포가 감지된다면 꼭 반대편을 주시하라

집단 공포는 반드시 과격한 집단행동을 유발한다. 이는 지극히 감정적인 행동에 불과해 그 행동에는 아무런 이득도 없다. 당신이 호모 이코노미쿠스라면 이러한 기회를 질대 놓칠 수 없다. 집단 공포에 의해 유발된 집단행동의 방향과 맞은 편에 설 기회를 언제나 주시해야 한다. 무리의 단체 행동 뒤편에 개인의 이득이 도사리고 있기 때문이다. 특히 그 행동이 공포에 의해 유발된 것일수록 그 행동은 오류에 가깝다. 그러니 그 반대편을 주시하라.*

지금까지 살면서 당신은 "시장 공포에는 역발상 투자로 대응하라"는 조언을 들어본 적이 있을 것이다. 그 논리는 '그래서 부자가 되었다'라는 경험에 의존할 것이다. 필자도 그런 경험과 용기를 가진 투자자들을 존중하고 존경한다. 워런 버핏(Warren Buffet), 피터 린치(Peter Lynch), 존 템플턴(John Templeton) 등 위대한 투자 그루(Guru)들도 이러한 역발상 투자로 지금의 엄청난 성과를 이루어냈을 것으로 짐작된다.

---

* 이 경우 시장 지표와 시장 차트는 보조적으로 사용 가능할 것이다. 여기서는 한 기업의 지표를 말하는 것이 아닌 기업이 모인 시장의 지표를 말한다. 이러한 시장 지표를 통해 시장의 움직임에서 정상적인 파동의 큰 이탈이 이루어졌는지를 참고할 수 있겠다. 시장 PER 밴드, 시장 RSI 지표, 시장 Bollinger Band 지표 등 시장 지표를 통해 시장의 현 위치가 과매수와 과매도 국면인지를 가늠할 필요가 있다.
예를 들어, 시장 PER 밴드를 얘기해보자. 시장 PER 밴드는 시장 PER의 과거에서부터 현재까지 변화를 보여준다. 어떤 시점의 시장 PER이 낮다는 것은 전체 기업의 이익 수준에 비해 낮은 주가지수가 형성되어 있다는 것인데, 이는 미래 이익 수준이 현재보다 나빠질 것이라는 심리가 반영되어 있다. 만약 KOSPI PER이 역사적 최저점 부근에 있다면, 미래 이익에 대해 과도하게 비관적인 시장 기대가 형성된 것은 아닌지 합리적 의문을 가져야 한다. 즉 과매도 구간일 수 있음을 인지하고 관찰에 임해야 한다. 이러한 시장 지표에 대한 보다 자세한 분석은 필자가 쓸 다음 책에서 다루기로 하자.

◎ 집단 공포가 클수록 그 이면엔 더 큰 이익이 있다

그러나 필자는 이 지면을 빌려 분명한 무언가를 역설하고 있다. '우리도 역발상 투자 경험을 따라하면 성공하지 않을까?'라는 안일한 생각으로 단지 부자들의 경험만을 믿고 이를 추종하자는 것이 아니다.

지금 필자는 우리 인류 역사상 30만 년이라는 오랜 기간 가운데 증명된 분명한 원칙을 역설하는 것이다. 당신에게 '시장 공포에 직면한 당신이 왜 그와 같은 행동을 취해야만 하는지'를 설득하고 있는 것이다. 즉 필자가 지금 역설하고자 하는 바는 '시장 공포에 의한 집단행동이 왜 우리에게 절대적으로 기회가 될 수밖에 없는지'라는 절대적인 법칙에 관한 것이다. 그 절대 법칙은 '시장 공포가 크면 클수록 그 이면(반대편)에 더 큰 이득이 도사리고 있다'는 불변의 사실을 말해준다. 여기서 끝이 아니라 중요한 한 가지 사실이 너 남아 있다. '반대편에 큰 이득이 있으니 무작정 뛰어들어라'가 결코 아니다. 그 절대적인 기회 앞에서도 무심하게 한 발짝 떨어져서, 집단행동을 반드시 관찰해야 한다는 것이다! 그러면 보일 것이다.

다시 강조한다. 군중의 공포는 절체절명의 기회다. 군중의 공포가 크면 클수록, 그리고 공포로 인한 행동이 집단적으로 과해질수록(그리고 단일한 방향일수록), 돈을 손쉽게 긁어모을 기회가 도사리고 있다. 그렇지만 충동적으로 행동하기에 앞서 반드시 집단의 감정과 행동을 관찰해야 한다는 사실을 명심하길 바란다.

🔆 원칙 3 : 가짜 샤먼을 추종하지 마라

고대 호모 사피엔스는 맹수와 환경의 위협 속에서 하루도 생존을 장담할 수 없는 삶을 연명해나갔다. 그들은 항상 원초적인 두려움에 떨었으며, 영적인 힘을 가진 샤먼 리더에 의존하고 그들을 추종하고자 했다.

우리에게 세습된 '샤먼 추종의 DNA 코드'는 현대 자본시장이라는 환경에서도 현대적 샤먼(이들은 주술과는 관련 없다)이 창조한 허구적 스토리를 추종하고 싶게 만든다. 허구적 스토리는 다양한 기관, 매체와 채널에 의해 매 순간 창조되고, 개인은 강한 카리스마나 브랜드를 가지거나 다른 무리가 공히 추종하는 현대적 샤먼들의 스토리를 믿고 싶어한다.

이를테면 시장에서는 적중률이 높았던 현대적 샤먼이 등장하기도 한다. 때론 브랜드 있는 증권사들의 과단성 있는 예측과 정보가 흐르기도 한다. 모든 언론사는 매일 증권 시황을 내보내고, 시장의 상황에 대한 나름의 해석을 제시한다. 모두가 그럴듯한 논리와 스토리를 가지고 있으며, 개인들은 이러한 논리와 스토리에 감흥하며 이를 수용한다. 문제는 '스토리가 팩트냐 그렇지 않느냐는 중요하지 않다'는 것이다. 사람들에게는 현대적 샤먼이 누구인지, 그리고 어떤 기관이나 채널인지가 더 중요할 뿐이다.

◎ 강한 리더를 추종해봐야 남는 건 먹이의 잔해뿐이다

강한 리더를 추종했던 개인은 성공을 하기도 하고 실패를 하기도 하지만, 한 가지 사실에는 변함이 없다. 어떤 샤먼을 지속적으로 추종하든, 단발적으로 바꿔가며 추종하든 몇 번은 성과를 얻을 수 있겠지만 궁극적으로 추종하는 것만으로는 성공할 수 없다는 것이다.

왜 그럴까? 허구적 스토리는 아무리 짜임새가 있더라도 결국 허구일뿐이기 때문이다. 물론 스토리 중간중간에 삽입된 데이터는 진실성이 있을 수도 있다. 그러나 일부분의 진실한 데이터가 스토리 자체의 진실을 담보하지는 못한다. 개인은 스토리의 팩트 부분과 허구 부분을 구분하지 않고, 오직 전체 스토리를 의심 없이 추종한다. 물론 스토리가 진실에 명확하게 적중하지 못하면 샤먼 자체를 바꿀 것이다.

이 과정에서는 무엇이 문제일까? 스토리가 진실하든 허구이든 핵심은 개인이 '스토리에 따라(추종하여) 행동하고 있는지' 혹은 '팩트에 근거해 직접 의사 결정을 하는 것인지'에 있다.

◎ 누군가를 추종하면서 내 의사 결정을 책임진다고?

허구적 스토리를 신뢰하고 이에 맞게 행농하면 개인이 의사 결정한 것으로 믿게 된다. 투자 손실에 대한 책임은 본인이 전적으로 부담하게 되므로, 본인의 의사 결정으로 믿는 것이다. 그런데 이는 명백한 착각이다. 자존심이 상하지만, 이러한 행위는 특정 허구적 스토리를 믿고 추종하는 행위에 불과하다.

물론 투자 손실에 대한 책임은 본인이 부담할 것이다. 그러나 본인이 책임을 부담하는 것이 본인이 의사 결정을 하는 것과는 다른 의미다. 예를 들어보자. 당신이 고대 수렵 채집인이고 주술적인 힘을 가진 샤먼의 말, "너는 첫 전사로 나서 용맹하게 싸워서 살아올 것이니 그리 하라"를 믿고 다른 부족과의 싸움에서 첫 번째 전사로 참전했다. 당신이 전장에 뛰어든 지 얼마 되지 않아 그때 마침 적이 나무에서 던진 칼에 맞아 죽어버렸다. 이때 책임은 누가 지는가? 본인의 목숨이므로 본인이 전적으로 책임을 질 것이다. 한 번 더 질문을 해보자. "당신이 첫 번째 전사가 됨을 스스로 결정했는가? 아니면 샤먼의 말을 전적으로 믿고 따른 것인가?" 우리는 의사 결정과 책임을 혼동해서는 안된다.

　여기서 호모 이코노미쿠스가 가진 돈 채집 기술의 힘이 나온다. 호모 이코노미쿠스는 누군가의 말이나 스토리 자체를 추종하지 않는다. 스토리든 뉴스든 그들은 단지 정보상의 숫자와 데이터와 같은 팩트만을 추출할 뿐이다. 당신이 팩트를 많이 모으면 모을수록 팩트가 의사 결정의 힘이 됨을 분명 알 수 있을 것이다. 누군가 또는 무언가를 추종하지 않고, 스스로 이용 가능한 팩트를 모아 전적으로 자신이 판단하는 것이 바로 호모 이코노미쿠스의 행동이다.

◎ 말을 추종하지 말고, 그저 팩트를 모아라

　누군가의 말을 추종하지 마라. 신뢰성 있는 기관, 매체와 채널의 해석과 전망을 추종하지 마라. 그 어떤 소문도 추종하지 마라. 오직

이들이 말하는 내용을 읽거나 들어라. 어떤 내용이든 읽거나 듣기만 해라. 이 중에서 이용 가능한 팩트, 특히 숫자와 데이터를 모아라. 그러한 팩트를 직접 기록하라. 그리고 적은 팩트를 반복해서 읽어라. 읽으면 행간이 보일 것이다.

앞선 내용과 다소 구별되지만, 읽거나 듣는 모든 정보를 핵심만 요약해서 적어보는 것도 좋다. 무언가를 적는 행위에서 불필요한 호모 사피엔스적 감정들은 걷어지기 마련이다. 다 적고 나면 자연히 팩트 부분과 허구 부분을 구분하고 싶어진다. 나아가 팩트 부분조차 팩트인지 아닌지 확인하고 싶어질 것이다.

쉽게는 다음과 같이 실행해보자. 마치 라디오에 나오는 소리를 듣거나 신문에 적힌 기사를 읽는 것처럼 아무 감정 없이 듣고 읽는다. 이때 '나와 당장은 상관없지만 일단 요약하거나 기록을 해두자'라는 생각으로 적는 것도 좋다. 물론 이 중 신뢰성 있는 숫자가 있다면 이것은 따로 메모해둔다. 필요에 따라 이러한 숫자나 데이터의 진위를 확인해본다. 이렇게 확인을 거친 메모는 가능한 한 반복해서 보는 것이다.

역설적이게도 우리 호모 사피엔스종은 정작 중대한 판단을 내릴 때는 팩트 확인을 하지 않는다. 왜냐하면 생존이 달린 중대한 사건에서는 감정이 가장 빠른 대응을 유발하기 때문이다. '팩트를 확인하면 생존은 이미 물 건너간다'는 DNA 코드가 새겨져 있기 때문이다. 맹수가 있다는 느낌이 들 때 당신은 어떤 행동을 취하겠는가? 그 순간 맹수가 진짜 그곳에 있는지 확인할 것인가?

요컨대 호모 이코노미쿠스가 되려면, 허구적 스토리를 믿거나 무조건적으로 따르지 말아야 한다. 중요한 것은 애초에 어떤 말, 주장, 해석, 소문, 정보 등을 믿거나 추종하겠다는 마음을 버리는 것이다. 정보의 근원지가 누구든, 어떤 기관이든 무의미하다. 다시 말하지만 어떤 믿음과 추종도 없다. 언제나 팩트를 모으고 가려낸 후, 당신이 모든 판단과 의사 결정을 직접 내려야 할 뿐이다.

🏠 원칙 4 : 이용 가능한 팩트와 숫자를 수집하라

앞에서 필자는 호모 이코노미쿠스를 '현대 자본 세계에 직면해 제대로 된 돈 채집 기술을 후천적으로 학습함으로써 자체적인 생존 능력을 가진 인류'로 명명했다.

이어 호모 이코노미쿠스의 '돈 채집 기술'을 다음과 같이 세 가지로 정의했다. 첫째, 현재 이용 가능한 모든 정보와 팩트를 숫자화해 재화의 현재 가격을 평가해야 한다. 둘째, (당장 소비를 하지 않는다면) 재화를 값싸게 사서 값비싸게 팔아야 한다. 셋째, 이러한 경우 재화와 화폐의 미래 가치를 고려해야 한다.

호모 이코노미쿠스라면 재화를 값싸게 사서 값비싸게 팔기 위해 우선 재화에 부여된 '현재 가격(현재 가치)의 적정성'을 판단해야 한다. 이렇게 현재 가격의 적정성을 판단하기 위해서 해야 할 가장 중요한 절차가 바로 '현재 이용 가능한 모든 숫자와 데이터를 포괄하는 팩트를 수집하는 것'이다.

◎ 왜 하필 쳐다보기도 싫은 숫자와 데이터인가?

한편 팩트를 수집할 때 유독 숫자와 데이터를 우선순위로 두는 이유는 무엇일까? 그 이유는 간명하다. 통상 말이나 서술은 바꿔 말하기가 가능하고 해석하기 나름이므로 팩트적인 요소가 부족하다. 반면 숫자나 데이터는 팩트의 진위를 비교적 쉽게 확인할 수 있다.

그런데 우리는 숫자와 데이터가 포함된 팩트를 수집하기 위한 절차를 수행하는 것이 생각보다 쉽지 않다는 것을 알게 될 것이다. 그건 왜일까? 우리 호모 사피엔스의 DNA에는 숫자 판독력 자체가 없어 숫자를 보게 되면 뇌가 작동을 멈추기 때문이다. 이 말은 숫자나 데이터를 보면 졸립기 때문에 처음부터 외면하기 쉽다는 말과 같다. 즉 숫자와 데이터는 무심코 지나쳐버리기 십상이다. 우리는 생존을 위해 들어야 하는 말만 듣고 봐야 할 것만 본다.

그런데 1만 년 전까지만 해도 숫자나 데이터가 우리의 생존을 위해 중요하지도 않았을 뿐 아니라 아예 필요 없다시피 했다. 그래서 숫자나 데이터를 보면 그냥 외면하고 싶어지는 것이다. 대개는 '그 숫자나 데이터가 맞겠지' 하고 수긍하며 끝낸다.

◎ 숫자와 데이터는 모이면 모일수록 그 힘이 커진다

호모 이코노미쿠스라면 무엇보다 숫자나 데이터를 중시한다. 숫자나 데이터의 진위는 명백히 존재하며, 이에 대한 확인 절차만 취하면 된다. 팩트가 확실한 숫자나 데이터를 (극단적으로는 더 이상 모을 수 없을 정도로) 모으면 모을수록, 그들은 의사 결정을 내릴 때 남다른 힘을 가지게 된다는 사실을 알고 있다. 진위가 확인된 팩트를 근거로 자신이 직접 판단하고 의사 결정하는 것이 호모 이코노미쿠스의 행동이다.

호모 이코노미쿠스에게 숫자와 데이터 중심의 팩트는 그 사체로 중요하다. 그런데 그들이 숫자와 데이터 중심의 팩트를 믿고 의지하는 이유는 더 존재한다. 그것에는 인간의 감정이 개입되어 있지 않기 때문이다. 모든 현상에서 인간의 감정을 걷어내면 그 실체가 선명하게 드러나게 마련이다. 모든 현상을 왜곡하는 것은 인간의 감정이다.

숫자와 데이터에는 감정이 없다. 숫자는 '팩트이냐 아니냐'만 있을 뿐이다. 만약 그것이 진실한 팩트라면, 그리고 그러한 팩트가 오랜 기간 축적되면 의사 결정을 할 때 엄청난 힘이 된다. 이러한 관점에서, 이어지는 제5부에서 필자는 숫자 정보의 핵심인 재무제표 보는 법을 친절하게 안내할 것이다. 모든 복잡하고 지엽적인 내용은 배제하고 주식투자자가 반드시 눈여겨봐야 할 숫자를 설명할 것이니, 필자의 안내에 따라 그 절차를 실천해보길 권한다.

🎋 원칙 5 : 근시안을 접고 돈의 길목에 서라

호모 사피엔스는 '잡아먹느냐 아니면 잡아먹히느냐'의 생존 문제를 안고 하루를 시작한다. 우리 조상들은 하루의 생존도 장담할 수 없는 삶을 살았다. 외부의 위협적인 환경에서 오감으로 들어오는 감각에 따라 기민하게 대응해야 했다. 지금 당장 눈에 보이는 것과 같은 순간의 감각에 몰입해야 했다.

◎ 우리는 언제나 그렇듯 지금 눈앞만 본다

호모 사피엔스는 오늘 하루를 생존하기 위해 오감이 인식하는 순간의 감각에 몰입하다 보니, 언제나 적기의 대응만이 시급했다. 즉 외부환경의 변화에 대한 '단기 대응'에만 집중하다 보니, 미래를 염두에 두고 어떤 행동을 할 여지가 없었다. 그렇기 때문에 현재와 미래 사이에서 오직 지금 이 순간만이 중요한 '근시안적 사고'를 하기 쉬웠다.

더군다나 호모 사피엔스는 대부분의 생애 동안 수백 킬로미터 이상을 유랑하면서 수렵 채집 생활을 했으므로, 그때 그때 먹이 생물을 소비했고, 재산의 축적은 불필요했다. 미래를 위해 재산을 축적하거나 증식할 필요성이 없었으므로, 그들의 사고 자체는 자연히 근시안적일 수밖에 없었다.

오늘날 화폐의 보급으로 개인은 재화를 현재에 소비할지, 미래에 소비할지 선택할 수 있게 되었고, 가치(재산)를 저장하거나 증식할 수도 있게 되었다. 이는 현재의 가치만큼 미래의 가치를 중요하게 고려해야 한다는 것을 의미한다. 그러나 현생 인류의 비극은 이러한 환경의 변화에도 우리의 사고가 여전히 눈앞의 순간만을 고려하는 조상들의 근시안적인 사고에 머물러 있다는 데 있다.

심지어 우리는 머릿속에 미래에 먹고 살 걱정이 가득 차 있을지라도, 당장은 오감에 들어오는 감각의 지시에 따르는 근시안적인 행동을 하게 마련이다. 우리가 아무리 다른 사고를 하려 해도 나의 본성 DNA의 지시에 따라 행동하기 때문이다. 즉 아무리 미래를 준비하면서 살고 싶어노 나의 행동은 언제나 지금 이 순간에 머물러 있는 것이다.

결국 우리는 환경 변화에 대해 근시안적으로 맞대응하는 악순환에 빠지기 쉽다. 이러한 악순환에서 벗어나려면, 우리는 우리에게 세습된 원초적인 본성이 새로운 환경에서 하등 쓸모없다는 사실을 먼저 깨달아야 한다. 내가 습관적인 오류에 빠지는 이유를 정확히 알아야 악순환의 늪에 더 이상 빠져들지 않을 수 있다.

◎ 내 사냥터는 지금뿐만 아니라 미래라는 걸 깨닫자

다시 말해, 무엇보다 중요한 것은 내가 이러한 악순환에 빠져드는 이유를 인지하는 것이다. 왜? 내가 인지하지 못하면 나는 나의 본성 DNA에 의해 결국 다시 악순환에 빠져버리기 때문이다.

앞서 말했듯이, 호모 이코노미쿠스의 돈 채집 기술의 세 번째는 '재화와 화폐의 미래 가치를 고려하는 것'이다. 지금 당장 일어나는 사건과 상황에 대해 지나친 가중치를 부여하는 것이 근시안적 사고의 핵심이다. 그것을 행동재무학에서는 '근시안적 오류'라고 한다. 이러한 근시안적 오류를 반복하는 호모 사피엔스와는 달리, 호모 이코노미쿠스는 현재 가치만큼 화폐의 시간가치를 고려한 미래 가치를 중시한다.

호모 이코노미쿠스는 현재와 미래를 오가면서 최소한의 시간가치를 벌 수 있다는 사실을 중요시한다. 이는 화폐의 기본적인 증식 기능을 활용한 것이다. 그들은 지금 바로 (소비가 필요 없어) 소비하는 대신 남들에게 돈을 빌려주어 최소한 화폐의 시간가치만큼은 벌고자 할 것이다. 즉 (그게 가능하다면) 시간을 들여 돈의 가치를 증식시키려고 한다는 것이다. 이처럼 그들은 과거 수렵 채집인이라면 고려하지 않았을 재산의 증식을 위한 '미래 가치'를 고려하게 되었다.

어쨌든 중요한 점은 이성적 사고의 핵심은 근시안에서 벗어나 미래 가치를 함께 고려하는 것이다. 지금 당장 일어나는 사건과 상황에 대해 지나친 가중치를 부여하는 것에서 탈피해, 언제나 의사 결정을 할 때는 '시간'과 '미래'를 염두에 두어야 한다.

어떤 사건으로 주식이 오르거나 내릴 때 오감에 지나치게 의존하거나 단기 대응을 하는 것이 아니라, 시간과 미래 가치를 감안해 미래 시점에서 재산의 증식 가능성을 판단해야 한다. 이러한 판단을 내릴 때, 앞서 설명한 것과 같이 '집단감정의 관찰'과 '팩트의 중시'라는 관점을 함께 견지해야 한다.

◪ 나의 운의 시기가 언제인지 알아야 한다

필자는 앞에서 '나의 운의 시기'를 포착해 주식 매매하는 시기를 신중히 선택해야 할 필요성에 대해 역설했다. 사주명리를 통해 주식운을 본다는 것은 내가 지금 당장의 사건과 상황에 집중하는 것이 아닌, 미래의 어느 시점을 고려해 주식을 매매하고자 하는 (오감이나 지금의 스팟성 정보에 의존하지 않는) 신중한 노력이다.

나의 주식운을 포착하고자 할 때는 오감이나 근시안을 사용하지 않는다. 오감이나 근시안이 작용할 여지가 없으면 최소한 우리에게 치명적인 영향을 끼칠 호모 사피엔스적 '근시안적 오류'를 막아줄 수 있다. 언제나 근시안적 오류는 가장 높은 확률로 실패를 안겨주니, 이를 피하는 것만으로도 최악은 면할 수 있는 것이다.

실제로 나의 운을 아는 것은 일종의 미래를 위한 방향키가 되어, 지금 순간의 시장의 출렁거림이나 주식 시세 변동으로부터 탈피해 좀 더 객관적으로 시장과 기업을 관찰하게 해준다. 즉 '나의 운의 시기'를 신중히 포착하고자 하는 행동은 분명히 (한 발짝 떨어져) 시장과 기업을 관찰하는 힘을 키워준다. 필자가 설명한 '나의 주식운의 시기'는 시장 변동이나 주가 변동과는 전혀 관련이 없기 때문에 시장과 주가로부터 한 발짝 떨어져 있게 해준다.

◈ 근시안으로는 절대 화폐를 잡을 수 없다!

지금까지 근시안이 돈 채집에 있어 치명적인 문제로 작용할 수 있음을 역설했다. 여기서 '근시안이 왜 화폐를 잡을 수 없는지'에 대해 좀 더 보충 설명이 필요할 것 같다.

이 문제는 돈의 흐름 및 속도와 관련된다. 쉽게 예를 들어보자. 아주 커다란 어항 속에 한 노란 열대어가 있다. 그 열대어는 빠르게 헤엄치고 있다. 여기서 당신은 어항 위에서 물속의 임의의 '한 곳'을 쳐다보고 있고, 그 열대어가 그곳을 지나갈 때만 조그만 뜰채로 잡을 수 있다. 멀리서 열대어가 다가오거나 움직이고 있는 등 다른 곳은 일절 쳐다볼 수 없다는 사실이 중요하다.

당신은 어항 위에서 한 곳만 쳐다보는 동시에 조그만 뜰채로 빨리 움직이는 열대어를 낚아챌 수 있을까? 물론 손이 빠르면 잡을 수도 있다. 그렇지만 열대어가 정말로 재빠르게 움직이는 놈이라면 잡기가 쉽지 않을 것이다.

이 재빠른 열대어가 바로 '돈'이다. 돈의 흐름과 속도는 (너무나 큰 과장이긴 하지만) 빛의 속도와 견주어 볼 수 있을 만큼 빠르다. 또한 당신이 어항 위의 한 곳만 쳐다보는 행위가 바로 '근시안'이 된다. 이처럼 한 곳만 고정해서 쳐다보는 근시안을 가지고 재빨리 움직이는 돈을 낚는 것은 결코 만만치 않은 일임에 분명하다.

◎ 돈의 길목에 서는 것이 가능하다!

그렇다면 어떻게 해야 돈을 잡을 수 있을까? 모든 것에 앞서 당신은 먼저 돈의 속도를 인정해야 한다. 돈의 탄생 목적이 유통에 있는데, 오늘날 각종 시장과 금융 기관의 발달 등으로 그 유통 속도는 가늠하기 힘들 만큼 빨라졌다. 과거 수렵 채집인의 먹이인 생물의 이동 속도와 비교하는 것 자체가 우스꽝스러운 일일 만큼 말이다.

돈은 생물처럼 뒤쫓아서는 여간해서 잡기가 쉽지 않다. 그러니 돈이 움직일 길목에 미리 가 있는 방법밖에 뾰족한 수가 없다. 그런데 애초에 눈이 지금 현재로 고정된 근시안을 통해서는 돈의 길목을 발견할 수 없다. 그러니 눈을 어딘가에 고정시켜놓는 대신 아주 멀리

서부터 돈을 관찰해야 한다.

즉 시간의 경과에 따라 돈이 다가오고 나갈 경로를 먼 곳에서부터 눈으로 관찰하며 지켜봐야 한다. 그러고 나서 (돈이 지나갈) 가능성이 가장 높은 길목에 서서 돈을 맞이할 준비를 해야 한다.

물론 '돈이 지나갈 길목'을 찾는 것은 쉽지 않겠지만, 그 가능성을 충분히 높일 수는 있다. 그 첫 번째가 '나의 운의 시기'를 포착하는 것이며, 그 시점에서 돈의 길목을 찾기 위해 노력해야 한다. 두 번째로, 시장에서 집단감정을 읽고 관찰해야 한다. 그래서 시장 패닉과 같은 과격한 집단행동이 표출된다면 그곳이 바로 길목일 가능성이 높다. 마지막으로 팩트와 숫자의 보고인 재무제표를 통해 내가 투자할 기업에 대해 속속들이 알아야 한다. 이것이 바로 호모 이코노미쿠스의 돈 채집 기술의 핵심이다.

기업의 재무제표는 호모 이코노미쿠스가 그토록 찾아 헤맸던 팩트와 숫자의 보고다! 이 재무제표를 외면한 채 돈을 채집할 수 없다는 분명한 사실을 받아들여야 한다. 당신이 갖은 핑계를 대면서 팩트와 숫자를 외면한다면 당신은 결국 30만 년 전 수렵 생활을 하던 원시인과 다를 바가 없다!

제 **5** 부

〔주식투자의 제3법칙〕
기업의 재무제표만을
신뢰하라

1장

왜 워런 버핏은
재무제표를
볼까?

돈이 지나갈 길목에서 황금 세계로 향하는 방법

어떤 버스가 황금 세계로 향할까?

지금까지 우리는 '돈이 지나갈 길목'을 찾고자 했다. 이를 위한 방법은 다음과 같다. 첫 번째는 '나의 운의 시기'를 포착하는 것이며, 두 번째는 시장에서 집단감정을 읽고 관찰해서 과잉 감정이 표출될 때를 주시하는 것이다.

이제는 그 길목에서 내가 투자할 기업에 올라타야 할 차례다. 내가 주식운이 좋을 때 올라타는 기업은 분명 결과적으로 좋은 기업일 것이라고 확신해도 좋다.

그런데 올라탈 기업이 버스라고 가정한다면, 길목 한가운데 서서 지나가는 버스를 무작정 올라타면 될까? 이렇게 아무 버스나 올라타도 그 버스가 당신을 황금 세계로 인도해주리라 생각했다면 그건 큰 착각이다.

만약 당신이 돈이 있을 길목을 겸허히 찾았다면 무엇을 해야 할까? 맞다. 황금 세계로 향해 달릴 버스에 올라타면 된다. 다시 말해, 그 버스는 다른 물고기의 입을 향해서는 안 되고, 반드시 황금 세계를 향해야 한다.

만약 어떤 버스가 누군가의 먹잇감을 위해 사람을 태우는 중이라면, 누군가는 당신도 버스에 태우려고 안달이 났을 것이다. 온갖 달콤한 말로 당신의 귀를 즐겁게 하면서 당신의 눈을 멀게 할 것이다.

여기서 확실한 진실은 바로 황금 세계로 향해 나아갈 버스는 반드시 당신의 눈으로 직접 찾아야 한다는 것이다!

그렇다면 황금 세계로 향해 가는 버스는 과연 어떤 버스일까? 그 답은 당신이 생각하는 것만큼 복잡하지 않다. 누구나 알 수 있는 명백한 표식이 있다. 물론 황금 세계로 향하는 버스가 '종착역: 황금 세계'라고 표시된 표지판을 붙이고 다니지는 않는다.

당신은 내가 그만 뜸을 들이고 얼른 당신이 궁금해하는 답을 알려주기를 바랄 것이다. 그 답을 말해주겠다. 그건 주식시장의 역사가 증명해온 만고불변의 진리다. 바로 '실적이 좋은 주식'이다. 그런데 한 가지 중요한 사실이 있다. 여기서 실적은 '진짜 실적'이어야만 한다는 것이다.

의외로 쉽고 간결한 답에 당신은 다소 실망했을 것이다. 그렇지만 답이 아무리 간략하더라도, 많은 사람들이 생각만큼 실적을 보지 않는다는 사실을 알아야 한다. 더구나 '진짜 실적'에 대해서는 무지하기까지 하다.

왜 그럴까? 사람들은 왜 진짜 실적에 대해 이렇게도 무지할까? 어떻게 보면 그럴 수밖에 없다. 사람들 잘못이 아니다. 왜냐하면 현행 회계 기준 실적이 표시되는 재무제표의 작성을 기업에 맡겨두고 있기 때문이다.

물론 감시와 감독이 있겠지만, 기업은 마음만 먹으면 충분히 재무제표의 숫자를 (일시적으로) 이쁘게 꾸미거나 심지어 위장할 수도 있다. 그래서 사람들이 위장된 재무제표의 실적을 보고 착각할 수 있다는 사실은 그다지 놀라운 일이 아니다.

당신 눈으로 직접 '진짜 실적'을 확인하라

본론으로 돌아오자. 우리는 돈의 길목에 서 있을 수 있게 되었다. 이제 황금 세계로 향해 가는 버스에 올라타기만 하면 된다. 그러기 위해서는 당신의 눈으로 직접 기업이 발표하는 재무제표를 확인하고 진짜 실적을 알아내야 한다.

앞서 강조했지만, 기업의 재무제표는 호모 이코노미쿠스가 그토록 찾아 헤맸던 팩트와 숫자의 보고다! 이 재무제표를 외면한 채 돈을 채집할 수 없다는 분명한 사실을 받아들여야 한다. 당신이 갖은 핑계를 대면서 팩트와 숫자를 외면한다면, 당신은 결국 30만 년 전에 수렵 생활을 하던 원시인과 다를 바가 없다!

그렇지만 당신은 여전히 실적이나 재무제표가 두려울 것이다. 그런데 전혀 두려워할 필요가 없다. 당신은 그저 지금까지 방법을 모르고 있었을 뿐이다. 당신은 누구인가? 주식투자자다. 그러니 주식투자자에게 맞는 재무제표 사용법을 익히면 된다. 그러니 외국어 공부하듯이 재무제표를 기초부터 공부할 필요가 없다. 주식투자자는 주가와 직결되어 있기 때문에 주가와 관련된 중요한 항목들만 읽어낼 수 있으면 그만이다.

필자는 제5부에서 주식투자에 꼭 필요한 재무제표와 관련한 몇 가지 사항만 확실히 전달할 것이다. 주식투자자라면 반드시 체크해야 할 재무제표 항목을 제한된 지면을 활용해서 명확하게 전달할 것이다(좀 더 자세히 알고 싶다면, 필자의 전작 『재무제표를 알면 오르는 주식이 보인다』를 참고했으면 한다). 다시 말하지만, 재무제표를 내 눈으로 직접 보고 투자하는 것과 아무것도 모르는 상태로 투자하는 것은 천지 차이다.

필자의 지인인 박세익 체슬리투자자문 대표의 말을 전하면서 다음 내용으로 넘어가겠다. "주식시장에서 부의 이동은 '재무제표를 모르는 사람으로부터 재무제표에 능숙한 사람에게 돈이 흘러가는 구조'를 따른다."

졸립기 그지없는
재무제표를 보는 이유

워런 버핏은 왜 재무제표를 볼까?

워런 버핏, 벤저민 그레이엄, 짐 로저스, 필립 피셔, 피터 린치, 월리스 웨이츠, 마틴 휘트먼, 메이슨 호킨스 등 세계적인 주식 부자들은 예나 지금이나 한결같은 주식투자의 원칙을 가지고 있다. 이는 놀랍도록 간단한데, '주식 부자들은 무조건 재무제표를 본다. 재무제표를 토대로 알짜 기업에 투자해 수익률을 극대화한다'는 점이다.

여기에 예외는 없다. 투자자들이 재무제표를 믿건 안 믿건, 이용하든 안 하든, 주식 부자들은 재무제표를 통해 기업에 대한 합리적 믿음을 갖는다는 것이다.

이들은 왜 재무제표를 반드시 볼까? 밤에 잠이 오지 않아서 잠에 들기 위해 어려운 재무제표를 보는 것일까? 설마 그들이 밤잠을 자지 않고 재무제표를 볼지언정, 잠을 자려고 재무제표를 보지는 않을 것이다.

흔히 재무제표가 뒷북이라고 주장하는 분들이 많다. 그분들은 사실 재무제표를 읽어보지 않는 분들일 수 있다. 기업을 운영하는 목적이 뭔가? 장사를 잘해서 이윤을 남기는 것 아닌가? 뒷북이 되었든 앞북이 되었든 '기업이 장사를 잘하고 있는지' 알고자 하는 태도는 기본이다.

다시 질문으로 돌아오자. 주식부자들은 왜 재무제표를 볼까? 재무제표에는 기업이 장사를 잘하고 있는지, 그리고 앞으로도 계속 잘할 수 있는지에 대한 모든 팩트가 담겨 있기 때문이다.

그런데 많은 투자자들은 재무제표를 외면한다. 그저 '실적이 좋았다 혹은 나빴다'라는 뉴스 보도만 주워 담는다. 재무제표상의 중요한 팩트는커녕 최소한의 실적조차도 확인하지 않는 게 지금의 현실이다.

주식투자자인데도 '재무제표가 무슨 도움이 되겠어?'라는 회의적인 시각을 가지고서 재무제표를 간과하게 되면 생각지도 못한 큰 손실에 직면하기 쉽다. 기업이 돈을 잘 벌면 재무제표에 가시적으로 나타나게 마련이지만, 그렇지 못한 기업의 상황도 재무제표에 어떤 형태로든 나타날 수밖에 없다. 기업이 처한 나쁜 상황을 재무제표를 통해 정확하게 확인하지 않으면, 뜻밖의 큰 손재를 겪을 가능성이 높아지게 된다.

🔺 뉴스와 많은 정보는 팩트 그 자체가 아니다

우리는 모두 각종 뉴스와 많은 정보를 섭렵하고자 노력한다. 아는 것이 힘이고, 정보력이 힘이 되기 때문이다. 그런데 우리가 확신하는 것과 사실은 별개다.

문제는 다음이다. 우리가 많은 뉴스와 정보를 취득했다고 하자. 그 정보들 가운데 무엇이 팩트일까? 당신은 팩트를 선별해낼 수 있는가? 누군가는 이게 가능할지 모르겠지만, 나는 공시되지 않은 정보로부터 정확한 팩트를 선별해낼 자신이 없다.

진실은 우리 대부분이 각기 다른 방향들을 가리키는 수많은 정보로부터 팩트를 가려낼 수 없다는 것이다. 왜냐하면 기업에 대한 팩트는 기업이 공시하지 않는 한 알 수 없기 때문이다. 기업을 이해하기 위해서는 기업에 대한 팩트를 챙겨야 한다. 기업에 대한 모든 팩트는 어딘가에 반드시 있는데, 그 어딘가가 바로 재무제표다!

요컨대, 기업을 이해하고자 수많은 뉴스와 정보에 함몰될 필요는 없다. 그중에 팩트가 있을 수는 있지만, 어차피 무엇이 팩트인지 간별해낼 수 없다면 그러한 정보를 섭렵하는 게 무슨 소용이겠는가?

우리는 무엇보다 기업에 관한 모든 팩트가 담겨져 있는 재무제표를 챙겨야 한다. 기업의 팩트를 먼저 챙기고 나면, 수많은 뉴스와 정보의 홍수 속에서도 정신을 똑바로 차리고 기업을 직시할 수 있지 않을까?

팩트의 창고인
재무제표에 접근해보자

⚡ 완전한 재무제표를 보려면 다트에 들어가보자

주식투자자가 가장 쉽게 재무제표에 접근할 수 있는 방법은 크게 두 가지다. 하나는 당신이 사용하는 증권사 HTS이다. 그리고 다른 하나는 네이버 금융이다.

그렇지만 증권사 HTS나 네이버 금융 모두 완전한 재무제표를 제공하는 것은 아니다. 그들은 투자자들이 흔히 관심 갖는 가장 기본적인 손익 정보나 재무 정보 등 요약적인 정보만을 보여준다.

그렇다면 우리가 완전한 재무제표를 보기 위해 어떻게 접근해야 할까? 인터넷 검색 사이트에서 'dart' '다트' '전자 공시'라는 이름으로 검색해보자. 정확한 명칭은 '금융감독원 전자 공시 시스템'이고 영어 약어로는 'dart(다트)'다. 인터넷 주소는 http://dart.fss.or.kr/ 이다. 이곳에서 무료로 재무제표를 다운받을 수 있다.

여기에 들어가면 처음에 다음과 같은 화면이 나올 것이다.

Dart에서의 검색 화면

출처: Dart

회사명에 당신이 검색하고자 하는 회사의 이름을 입력하는데, 당신이 관심을 갖고 있는 공시를 선택해볼 수 있다. 완전한 형식을 갖춘 재무제표를 입수하려면 정기 공시로 들어가 사업 보고서, 반기 보고서, 분기 보고서 등을 체크해 검색하면 된다.

사업 보고서를 검색하면 그 안에 완전한 재무제표가 들어 있다. 앞서 보았지만, 사업 보고서는 연간 발행되는 보고서의 정식 명칭이다. 분기 보고서는 각 분기에 해당하는 기간 동안 재무제표가 포함된 보고서이고, 반기 보고서는 매년 상반기(1월~6월) 기간을 대상으로 한다. 분기·반기·사업 보고서는 기간은 다르지만 모두 사업 보고서에 해당한다.

그럼 실제로 따라해보자. 회사 검색창에 'SK하이닉스'를 입력해보자. 검색할 때 유가 증권시장에 거래되는 종목은 회사명 앞에 '유'가 있고, 코스닥 시장에 거래되는 종목은 회사명 앞에 '코'가 있다. SK하이닉스는 유가 증권시장에 상장되어 있으므로 '유'자를 선택하면 된다. 이후 정기 공시로 들어가 사업 보고서, 반기 보고서, 분기 보고서 등을 체크해 검색해보면 된다.

아래는 SK하이닉스의 사업 보고서(2022년도)를 조회한 것이다.

Dart에서의 사업 보고서 조회

출처: Dart, 회사별검색>정기공시>사업보고서

사업년도는 2022년 1월 1일부터 12월 31일까지다. 공시일은 2023년 3월 21일이다. 왼편의 목차 중에 붉은색 박스를 보면, 연결 재무제표, 연결 재무제표 주석, 재무제표, 재무제표 주석 등이 보인다. 사업 보고서에 포함된 이들 재무제표가 바로 완전한 재무제표다. 사업 보고서 중에는 재무제표 외에도 'Ⅱ. 사업의 내용'에 포함된 기업의 사업과 제품에 대한 설명이 있는데 기업을 이해하는 데 많은 도움을 준다.

한편 검색창 위쪽의 박스를 보면, 첨부 서류에 감사 보고서, 연결 감사 보고서 등 세부 서류가 나온다. 감사 보고서는 완전한 재무제표와 더불어 감사인의 의견을 포함하는 보고서다. 이 감사 보고서에는 감사인의 각종 의견들이 있는데, 이것 또한 반드시 읽어봐야 한다. 이와 관련해서는 뒤에서 좀 더 살펴보기로 하자.

2장

투자자는
중요 항목만
체크하면 된다

투자자가 체크해야 할
4대 중요 항목

지금부터는 주식투자자가 재무제표를 제대로 살펴보는 방법에 대해 알아보자. 흔히 재무제표를 대할 때는 백화점에 나열된 상품을 살펴보듯이 재무제표의 각 항목들을 훑어보게 되는데, 이런 방식은 주식투자자에게 별 도움이 되지 않는다.

주식투자자로서 재무제표를 제대로 보는 방법은 바로 주가와 직결되는 중요한 항목에 집중하는 것이다. 이와 같이 주가와 관련되는 중요한 항목은 크게 네 가지로 집약할 수 있다.

영업이익 체크는 기본이다

가장 기본적인 첫 번째 항목은 영업이익인데, 영업이익은 기업이 생산 및 판매 활동이라는 가장 본원적인 활동에서 벌어들인 이익이므로 이러한 영업이익이 성장하는지, 아니면 정체 또는 감소하는지를 살펴봐야 한다. 그래서 영업이익은 그 규모와 성장을 함께 보는 것이다.

영업이익 관련 지표는 크게 영업이익률과 영업이익 성장률을 들수 있다. 이것은 기업이 장사를 잘하는지 보여주는 가장 기본적인 지표라고 할 수 있다.

'영업이익률'은 영업이익을 매출액으로 나눈 지표다. 높은 영업이익률은 그 기업 제품이나 서비스의 우수성과 시장 지배력을 잘 보여준다.

'영업이익 성장률'은 전기에 비해 당기에 영업이익이 얼마나 성장했는지 보여준다. 기업의 영업이익이 지속적으로 성장하게 되면 해당 기업의 주가도 지속적으로 상승할 원동력을 갖게 된다.

주가보 순이익도 고려해야 한다. 순이익은 기업의 가장 본원적인 영업활동의 영업이익에 비경상적 활동의 이익을 포함한다. 여기서 비경상적 활동의 이익은 규모가 큰 수익과 비용과 관련해서 일어났던 사건을 재무제표의 주석을 통해 체크할 수 있다.

사업 보고서의 재무제표를 열면 뒷부분에 주석이 자세하게 기재되어 있으니 지레 겁먹지 말고 궁금한 내용이 있으면 주석을 읽어보도록 하자. 추가적으로, 재무제표를 보는 자세한 방법이 궁금하면 필자의 전작 『재무제표를 알면 오르는 주식이 보인다』를 참조하길 바란다.

한편 이러한 이익 지표를 볼 때는 공시된 실적뿐만 아니라 증권사의 애널리스트가 예측한 다음 분기나 연도의 이익 예측치의 평균을 반드시 체크해야 한다. 각 증권사의 HTS에 들어가면 기업 분석의 재무 정보 중 컨센서스가 보일 텐데, 바로 이것이 애널리스트의 예측치다. 각 증권사의 애널리스트들이 각자 다음 분기나 연도의 매출액, 영업이익, 순이익 등을 예측하는데, 이를 평균한 것이다.

아래 화면은 키움증권의 HTS 화면 중 일부이다.

애널리스트 컨센서스 (POSCO홀딩스)

IFRS (연결)	분기		2022/12	2023/03	2023/06	2023/09(P)	2023/12(E)	2024/03(E)
매출액			192,475	193,809	201,214	190,000	211,201	206,915
전년동기대비		(%)	-9.78	-9.17	-12.55	-10.18	9.73	6.76
컨센서스대비		(%)	-1.79	-3.25	-3.07	-5.67	-	-
영업이익			-4,254	7,047	13,262	12,000	12,946	13,254
전년동기대비		(%)	적전	-68.79	-36.79	30.50	흑전	88.08
컨센서스대비		(%)	적전	20.61	9.05	1.67	-	-
당기순이익			-7,370	8,403	7,760	-	8,003	8,751
전년동기대비		(%)	적전	-55.93	-56.87	-	흑전	4.14
컨센서스대비		(%)	적전	95.69	-7.77			

출처: 키움증권 영웅문S

🔺 영업현금흐름을 봐야 진짜 실적을 안다

둘째, 영업이익에 이어 다음으로 확인할 것은 '영업현금흐름'이다. 영업이익과 영업현금흐름은 각각 '회계장부상의 이익'과 '현금 관점에서의 이익'이라는 차이가 있다.

영업이익이 중요하긴 하지만 그 수치는 기업이 조정하거나 심지어 최악의 경우에는 조작할 수도 있으므로, 이를 그대로 받아들이면 곤란하다. 반면 영업현금흐름은 마치 금고 속의 현금과 같아 조정이나 조작이 불가능하다. 그래서 금고 속의 현금과도 같은 영업현금흐름을 반드시 같이 확인해야 한다. 즉 영업이익과 영업현금흐름의 방향성이 일치하는지를 확인해야 하는 것이다. 영업현금흐름은 어떤 기업의 장사가 잘 되고 있는지 그 실상을 그대로 보여주기 때문이다.

예를 들어, 영업이익은 흑자인데 영업현금흐름이 좋지 않다면 영업이익은 가짜 흑자일 가능성이 높다. 반대로 영업 적자임에도 불구하고 영업현금흐름이 폭발적으로 증가하고 있다면 장사가 잘되고 있다는 것이다.

그래서 영업이익의 성장과 함께 영업현금흐름도 동반되어 성장하고 있다면 해당 기업의 실적은 진실로 성장하고 있는 것이다. 그러므로 주식투자자로서 재무제표를 볼 때는 영업현금흐름의 성장을 체크하고, 영업이익과 영업현금흐름의 방향성이 일치하는지를 확인해야 한다. 영업현금흐름은 진짜 실적과 직결되어 있어 주식투자자에게 매우 중요하기 때문에 이와 관련해서는 뒤에서 좀 더 살펴보기로 하자.

셋째, 현금 조정 항목이다. 영업 성과로써 영업현금흐름 수치 자체도 중요하지만, '영업이익과 영업현금흐름의 차이를 조정하는 항목'을 통해 영업이익에 숨겨진 진실을 우리는 정확히 파악할 수 있다. 이러한 조정 항목은 현금흐름표와 재무제표의 주석에 기재된다. 조정 항목은 크게 '비현금성 수익·비용'과 '운전자본의 변동'을 들 수 있다.

예를 들면, 현대차가 21년 3분기에 발표한 2조 1,300억 원의 품질 관련 비용은 현금 지출이 없는 비용(비현금성 비용)이다.

한편 운전자본은 매출 채권과 재고 자산을 합한 다소 복잡한 개념인데, 간단히 말하면 이러한 매출 채권이나 재고 자산이 늘어나면 영업이익이 과도하게 왜곡될 여지가 크다.

다른 건 몰라도, '재고 자산이 얼마만큼 늘어났는지'는 꼭 확인해야 한다. 재고 자산이 늘면 자동적으로 그만큼 영업이익이 늘어나기 때문이다. 재고 자산 증가액과 영업이익의 크기를 단순 비교해보고, 재고 자산 증가액의 크기가 상당하면 이런 경우엔 가짜 실적으로 봐도 무방하다.

예를 들어, 영업이익이 5백억 원이 늘어났는데, 재고자산도 5백억 원이 늘었다면 사실상 순영업이익은 늘어난 것이 없음을 알아두어야 한다. 이 부분은 뒤에서 좀 더 자세히 살펴보기로 하자. 적자 기업은 이 방법으로 쉽게 적자를 탈피해서 흑자를 이룰 수 있다. 이 부분도 영업현금흐름과 함께 뒤에서 알아보도록 하자.

🔺 전환사채 발행 등이 반복되면 조심하라

넷째, 대규모의 투자와 자금 조달이다. 여기서 자금 조달 방식과 관련해서는 유상증자와 사채 발행에 한정해서 살펴보도록 하겠다.

특히 전환사채나 신주인수권부사채, 교환사채 등 특수 사채의 발행은 주가와 직결되므로 이를 위주로 체크해야 한다.

먼저 대규모 투자를 얘기해보자. 기업이 대규모 투자를 감행한다는 것은 유형과 무형의 자산을 취득하는 것을 말한다. 이러한 항목은 재무상태표상의 자산으로 기록된다.

다만 주식투자자가 재무제표를 살펴볼 때는 현금흐름표를 봐야한다. 대규모 투자를 감행한 내역은 현금흐름표상 '투자활동현금흐름'에 명시된다. 현금흐름표의 투자활동현금흐름 내역에 투자를 수행한 내역이 자세히 나와 있다. 이를 보면 기업이 어디에 투자를 수행했는지 쉽게 알 수 있다. 대규모로 투자한 내역이 있으면 그것만보면 된다.

다음은 대규모 자금 조달이다. 사채 발행이나 유상증자 등 기업이 대규모의 자금을 조달하는 경우 현금흐름표의 '재무활동현금흐름'에 나타난다. 현금흐름표의 재무활동현금흐름 내역을 보면 어디에서 자금을 조달했는지 알 수 있다. 자금 조달은 부채로써 조달하거나 자본을 발행해 조달하는 것을 말한다. 대규모로 자금을 융통한내역이 있으면 집중해서 살펴봐야 한다.

특히 유심히 봐야 할 것은 전환사채 발행, 제3자 배정 유상증자다. 이러한 내역이 많이 보이면 각별히 조심해야 한다. 이 부분은 꼭 피해야 할 기업을 다루는 장에서 살펴보기로 하자. 따라서 대규모 투자 지출과 자금 조달이 이루어진 이유와 조건을 확인해보면, 숨겨진가치나 위험을 정확히 파악할 수 있다.

이 책에서는 지면의 제약으로 여기까지만 간단히 언급하기로 하자. 투자활동 및 재무활동현금흐름을 파악하는 보다 자세한 방법은 필자의 전작 『재무제표를 알면 오르는 주식이 보인다』를 참조하면 좋겠다.

부채비율과 이자 보상 배율은 체크만 하자

어느 정도의 부채가 적당할까?

부채는 회사의 의지로 채권자에게 자금을 빌리는 빚이라는 측면에서 의무 이행을 위한 압력이나 각종 제한 사항이 매우 강력하다. 각종 부채에 대해서 원금 상환, 이자 지급 그리고 각종 채무 이행 조항 등 회사는 상당한 수준의 의무를 갖는다. 회사의 부채가 증가하면 회사가 부담하는 위험은 그 이상으로 커지게 된다.

그래서 주식시장은 적절한 부채 수준까지는 받아들이더라도, 과도한 부채 수준에 대해서는 경계하게 마련이다. 회사의 부채 수준이 과도하게 증가하면 '회사가 계속 기업으로서 존속할 수 있을지'에 대한 의구심을 증폭시키기 때문이다.

그럼 어느 정도의 부채가 적정할까? 이러한 질문에 대한 답을 얻기 위해 학술적으로도 많은 연구가 진행됐다. 1958년 모디글리아니와 밀러가 자본 구조(부채비율로 봐도 무방하다)가 기업 가치에 영향을 미치지 않는다는 이론을 발표한 이후에도 부채의 적정 수준에 대한 연구는 계속되고 있다. 그렇지만 아직까지 이론적으로 명쾌하게 해답이 제시되지는 않았다.

〰 부채비율, 이자 보상 배율, 부채 증가 규모

다만 과도한 부채를 사용하는 기업은 부도 위험이 클 것이므로 기업의 위험도 관점에서 다음과 같은 두 가지 지표를 고려해볼 수 있다. 첫째는 말 그대로 자본 대비 부채의 비율을 나타내는 부채비율이고, 둘째는 벌어들인 이익으로 이자를 갚을 수 있는지 보여주는 이자 보상 배율이다.

재무제표를 살펴볼 때, 각각의 부채에 대해서 회사가 갖는 의무의 내용과 수준을 주의 깊게 살펴보면 좋기는 하다. 각 부채마다 원금 상환, 이자 지급, 그리고 각종 채무 이행 조항 등이 상당히 다르기 때문이다. 그러나 투자자로서 일일이 부채별로 조건을 보면서 위험도를 판단하는 것은 사실상 쉽지 않다.

그래서 '회사의 부채비율(부채/자본)이 과도한가?'를 위주로 큰 그림에서 살펴보게 된다. 부채비율은 총부채를 자본 총액으로 나눈 뒤 100을 곱해 산출한다. 부채비율은 회사가 갚아야 할 부채에 대해 자본이 어느 정도 충분한지 보여준다.

예를 들면, 어느 회사의 부채비율이 300%라면 부채가 회사의 자본보다 세 배 많다는 것을 의미한다. 통상적으로 200% 이하 기업을 재무 구조가 우량한 업체로 간주한다(최근에는 그 기준치를 보다 낮게 보는 경우가 많아졌다).

그런데 산업마다 그리고 개별 기업마다 적정한 부채비율은 다를 수 있다. 그래서 200% 이하의 부채비율이라고 무조건 재무 구조가 건전하다고 결론짓는 것 또한 위험하다. 부채비율을 확인할 때는 동종 산업의 기업들에 비해 부채비율이 과도한지에 초점을 맞추면 좋다. 만약 부채비율이 동종 기업보다 현격히 높다면 투자에 앞서 회사의 상황에 대해 좀 더 자세히 살펴볼 필요가 있다.

🏠 최근의 부채 증가 속도가 중요하다

부채비율이 높은지 낮은지보다 중요한 것은 최근 부채가 얼마나 증가하고 있는지이다. 부채의 규모가 과거와 같은 수준으로 유지되고 있다면 큰 문제가 안 될 수 있지만, 최근에 부채가 급속히 증가하고 있다면 이는 위험 신호가 될 수 있다.

그래서 관심 기업의 부채를 보았는데, 전분기 대비 또는 전년도 대비 부채가 과도하게 증가했을 때 경계해야 한다. 부도 위험이 증가하고 있다는 뜻이기 때문이다. 이런 상황일 경우 이자 보상 배율을 반드시 함께 참고해야 한다.

그리고 당연히 부채 증가 사유를 확인해야 한다. 부채가 급속히 증가했음에도 사유를 확인하기 귀찮은 정도의 마음 상태라면 애초에 투자는 포기하는 것이 좋다. 해당 기업의 투자에 관심이 있다면 부채 증가의 사유를 확인하는 것은 기본이다. 그 사유가 장사가 잘되는 사업이나 신성장 사업에 대한 투자를 위해서일 수도 있으니 좀더 상황을 알아보면 되겠다. 그런데 종업원 급여를 지급해야 하거나 그 밖의 급전이 필요한 상황이라면, 그 기업에 대한 투자는 관심을 끊는 것이 좋다. 부채 증가 사유는 사업 보고서의 재무제표 뒷부분 주석에 잘 나와 있으니 어려워하지 말고 꼭 확인하자.

특히 무엇보다 전환사채의 발행이 계속되고 있으면 유의해야 한다. 계속되는 영업 적자나 재고 자산이 누적되고 있다면, 소위 전환사채로 연명하는 기업에 해당한다. 즉 망조가 든 기업이라는 것이다.

이자 보상 배율은 부도 위험과 직결된다

부채비율은 자본 대비 부채의 규모를 비교하는 것이지만, 회사가 실질적으로 부채를 감당할 수 있는지 확인하기 위해서는 이자 보상 배율이라는 지표가 보다 유용하다. 부채에 지나치게 의존하는 기업은 감당할 수 있는 범위를 넘어선 과도한 이자 비용을 부담하게 된다. 만약 업황이 악화되어 영업 적자가 누적된다면 운영 자금의 고갈로 원금은커녕 이자조차도 갚지 못하는 상황에 직면할 수 있다.

이자와 단기 부채를 제때 갚지 못하는 상황에 직면하면 채권자는 채무불이행을 겪게 되고, 결국 부도 위험에 빠지게 된다. 경우에 따라서는 불리한 조건에 장기 부채를 발행해 단기 부채를 상환하기도 하지만 이는 여전히 이자 부담을 가중시킬 뿐이다.

이자 보상 배율은 영업이익을 총이자로 나눈 뒤 100을 곱해 산출한다. 이자 보상 배율(영업이익/총이자)은 회사가 벌어들인 영업이익으로 총이자를 상환하기에 충분한지에 관한 능력을 보여준다.

만약 이자 보상 배율이 1이면, 영업이익으로 이자를 다 갚고 나면 남는 게 없다는 뜻이다. 만약 이자 보상 배율이 1보다 작으면, 영업이익으로 이자조차도 다 지불하지 못한다는 것이므로 상당히 위험하다는 뜻이다.

국내 상장 기업의 경우를 살펴보자. 한국은행 발표 자료를 보면, 2022년도에 이자 보상 배율이 1보다 작은 기업이 전체 상장 기업의 약 36.4%다. 2023년 1분기 기준 이자 보상 배율이 1 미만인 기업은 전체 상장 기업의 약 46%이다. 이러한 데이터는 '전체 상장 기업의 40% 이상이 벌어들인 영업이익으로 이자조차도 못 갚고 있다!'는 것을 의미한다.

우리가 투자자로서 종목을 선별할 때 이자 보상 배율과 같은 이자 상환 능력을 살펴봐야 할 필요성은 너무도 자명하다. 여러분도 증권사 HTS에 들어가면 관심 종목의 이자 보상 배율을 손쉽게 확인할 수 있다.

3장

영업현금흐름이
진짜 실적이다

영업현금흐름이
진실을 말한다

앞서 영업이익은 기업이 본연의 영업활동을 수행해 창출한 이익이므로 가장 먼저 봐야 할 항목으로 지목했다.

그런데 이러한 영업이익과 같은 손익계산서상 이익들은 모두 기업 회계 기준에 의해 인식한 수익과 비용에 따라 산정된 것이다. 기업 회계 기준은 거래의 실질에 따라 회사가 판단해 수익과 비용을 인식하도록 하고 있다. 그 말은 기업 회계 기준은 회사의 판단에 의한 것인 만큼 조정 여지도 크다고 볼 수 있다.

예를 들어보자. 10억 원의 상품을 고객에게 팔았다고 하자. 그런데 현금은 나중에 받기로 했다고 치자. 이 경우 회사의 판단에 따르기로 했으므로, A회사는 10억 원의 수익을 기록했는데 유사한 거래에 대해 B회사는 수익을 기록하지 않을 수 있다.

이 거래에서 현금 유입은 없었다는 점은 같지만, 한 회사는 수익으로 인식했고, 다른 회사는 그렇지 않았다고 볼 수 있다. 모든 거래에는 이러한 개별적인 판단이 개입될 여지가 있으며, 이에 따라 회사마다 수익과 비용의 기록이 달라질 수 있다.

이와 같이 손익계산서는 기업 회계 기준에 따라 작성되므로 수익, 비용 그리고 이익에 관한 실체적 사건을 잘 반영하고 있지만, 현금 유입과 유출은 정확히 반영하지 못하는 그저 장부상의 금액에 불과하다.

궁극적으로 영업이익과 영업현금흐름은 개념적으로는 유사하나, 하나는 수익과 비용이고, 다른 하나는 현금 수입과 현금 지출이라는 점이 차이를 만든다. 그런데 수익과 비용을 기록할 때는 회사의 판단이 개입되므로 영업이익의 경우에는 임의로 조정될 여지가 크다고 할 수 있다.

🌲 영업현금흐름이 진짜 실적이다

경영자는 기업 실적이 좋지 않을 때 이익 수치를 조정하려는 동기가 강해진다.

특히 상장 기업은 영업 적자가 수년간 지속되면 관리종목으로 지정되거나 상장 폐지가 될 위험이 크다. 이러한 불상사를 막기 위해 회사 측에서는 영업이익과 당기순이익을 임의로 조정해 영업 적자에서 장부상의 영업 흑자로 전환시킬 수 있다.

이렇게 장부를 조정해 이익 수치를 그럴듯하게 만들 수는 있다.

그러나 영업현금흐름은 마치 금고 속의 현금과도 같아서 임의로 조정이 불가능하다. 그래서 이익 지표와 함께 반드시 영업현금흐름을 확인해봐야 한다.

다음 사례를 보자. 아래 XXX사는 2018년과 2019년 모두 영업이익과 당기순이익의 흑자를 보여준다. 뿐만 아니라 2019년 매출, 영업이익 그리고 당기순이익이 2018년에 비해 크게 증가했음을 보여준다. 언뜻 손익계산서상의 정보만 보면 이 회사의 이익 지표는 매우 좋다.

XXX사의 영업이익과 영업현금흐름

(단위: 원)

	2018년	2019년
매출액	2,669,931,350,749	3,605,644,015,670
영업이익	361,633,241,425	558,977,519,864
영업이익 성장률		54.6%
당기순이익	232,911,621,323	408,847,437,502

	2018년	2019년
영업현금흐름	(1,417,708,585,008)	(2,914,536,859,734)
영업현금흐름 성장(감소)률		-105.6%

출처: XXX사의 2019년도 사업 보고서상 연결재무제표

이제 영업이익과 영업현금흐름을 비교해보자.

2019년도 영업이익을 보면, 전년도 보다 54.6% 성장해 훌륭한 영업이익 실적을 보여주고 있다. 그런데 동사의 영업현금흐름을 보면 2018년 이후 지속적으로 적자였으며, 2019년에는 지난해보다

-105.6% 감소하면서 상황이 더욱 악화되었음을 보여준다. 실제로 동사의 주가는 2019년도 내내 떨어져서 반토막이 났다.

물론 위에서 예시한 기업이 사실상 적자 기업이었다고 단정지어서는 안된다. 다만 영업현금흐름이 영업이익과 동일한 방향으로 움직인다면 영업이익 수치를 신뢰할 수 있지만, 만약 그렇지 않다면 영업현금흐름이 말하는 메시지를 보다 더 신뢰해야 한다. 그게 안전하다.

⚶ 영업 적자 기업이 손쉽게 턴어라운드할까?

코스닥 상장 기업의 경우 4개년 연속해 영업 적자를 보이면 관리종목으로 지정되고, 5개년 연속 적자이면 상장 폐지를 당한다. 코스피 상장 기업도 그 내용은 유사하다.

그래서 경영자나 대주주가 관리종목 지정이나 상장 폐지를 면하기 위해 영업 적자를 감추는 경우가 빈번하게 이루어진다. 최악의 경우 작전 세력과 결탁해 영업 적자를 둔갑시킴으로써 주가를 부양하고 이를 통한 차익을 실현하기도 한다.

이렇게 영업 적자를 둔갑시키기 위한 가장 대표적인 방법이 바로 재고 자산의 조정이다.

XXX사는 2017년에 영업 적자에서 탈피해 흑자를 이룬다. 그런데 영업현금흐름은 적자의 상황이 오히려 확대되고 있으니 진정한 턴어라운드(Turnaround)가 아니라는 의심을 준다.

㈜XXX사의 영업이익과 재고자산

(단위: 백만 원)

	제49기 (2016년)	제50기 (2017년)	증감액	증감률
매출액	286,513	431,646		50.7%
매출원가	271,804	382,993		40.9%
영업이익(손실)	(13,980)	20,675	34,655	흑자 전환
영업이익률	-4.9%	4.8%		
재고자산	29,728	59,095	29,367	98.8%

출처: ㈜XXX사의 사업 보고서상 연결재무제표

　그런데 재고자산을 보니 이전 년도에 비해 거의 2배가 늘었다. 재고자산이 급증할 경우 회사가 의도적으로 재고를 비축했을 수도 있지만, 많은 경우에는 회사의 물건이 안 팔리고 있다는 것을 의미한다. 이는 회사의 영업 상황이 좋지 않다는 사실을 말해준다.

　바로 여기에 엄청난 함정이 있다. 물건이 안 팔리면 기말 재고는 급증하는 반면 매출원가는 급감하는데, 이로 인해 영업이익이 좋아지는 아이러니가 숨어 있는 것이다.

　이러한 아이러니는 매출원가 산정 방식에서 기인한다. 당기 총매입분(기초의 재고 포함)에서 기말 재고를 빼는 공식으로 매출원가를 역산하기 때문에, 기말 재고가 늘면 매출원가는 자동적으로 줄어드는 것이다. 다소 복잡한 내용이니, 여기서는 결과만 기억하자.

　다른 건 몰라도, '재고자산이 얼마만큼 늘어났는지'는 꼭 확인해야 한다. 재고자산이 늘면 자동적으로 그만큼 영업이익이 늘어난다. 재고자산 증가액과 영업이익의 크기를 단순 비교해보고, 재고자산 증가액의 크기가 상당하다면 가짜 실적으로 봐도 무방하다.

정리해보자. 영업이 잘 안 돼서 재고자산이 창고에 계속 쌓인다. 이러한 과도한 기말 재고 때문에 매출원가가 급감한다. 이는 영업 흑자로 턴어라운드하거나 영업이익을 급증하게 한다.

지금까지 우리는 영업이익 수치를 그대로 믿으면 안 되는 이유에 대해 살펴보았다. 진짜 실적을 알기 위해서는 영업현금흐름을 파악하고, 재고자산을 확인해야 한다.

영업현금흐름이
진짜 실적이니 추종하라

　　스마트한 주식투자자가 되기 위해서는 발표되는 실적을 액면 그대로 믿는 것이 아니라, 진짜 실적을 추종해야 한다. 기본적으로 기업의 가장 본원적인 활동인 경상적 영업활동에서 발생한 영업이익에 주목해야 한다. 그 이유는 향후 지속 가능성이 높기 때문이다.

　　그렇지만 영업이익 수치를 그대로 받아들이면 곤란하다. 그 이유는, 회사마다 회계 처리 기준이 다르고, 회사가 이익 수치를 임의로 조정할 수 있기 때문이다. 또한 대개의 경우 현금의 실질적인 유출입이 없는 비현금성 항목의 비중이 크므로 영업이익이 그대로 영업 성과의 진실은 될 수 없다.

　　그렇다면 영업 성과에 대해 보다 큰 진실을 말해주는 항목이 뭘까? 그건 바로 앞서 강조했던 영업현금흐름이다. 영업이익과 영업현금흐름은 각각 '회계장부상의 이익'과 '현금 관점에서의 이익'이라는 차이가 있다. 영업현금흐름은 금고 속의 현금과도 같아서 회계장부 상의 이익과 달리 조정이나 조작이 불가능하다.

주가는 영업현금흐름과 맥을 같이한다

미국의 빅테크 기업들을 보면, 장기적 주가는 영업현금흐름과 맥을 같이 하는 것을 손쉽게 알 수 있다. 구글(Google)의 경우 2010년부터 현재까지 매년 영업현금흐름이 성장했는데, 2010년 말 104억 달러에서 2020년 말 650억 달러로 6배 가까이 성장했다. 주가도 2010년 말 297달러에서 2020년 말 1,752달러로 대략 6배 성장했음을 확인할 수 있다. 참고로 구글의 영업현금흐름은 2021년 이후

구글의 주가 그래프(년봉)

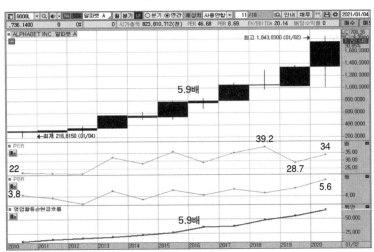

*영업이익은 2010년 104억 달러에서 2020년 412억 달러로 4배 성장함

2023년 10월까지 지속적으로 성장했고, 2022년 7월 1:20의 주식 분할을 감안하더라도 2023년 10월 주가는 2,700달러에 이르렀다.

각 증권사 HTS에서 확인해보면 마이크로소프트, 애플, 엔비디아, 메타, 아마존, 테슬라 등 다른 빅테크 기업도 모두 유사한 패턴을 보임을 알 수 있다.

특히 테슬라와 같이 실적이 턴어라운드하면서 급등하는 주식은 무엇보다 영업현금흐름에 주목해야 한다. 이익이 흑자 전환하는 동시에 영업현금흐름도 흑자 전환을 하면 진짜 실적의 턴어라운드를 뒷받침할 수 있는 것이다.

아래 표와 그림에서 볼 수 있듯이, 테슬라의 영업이익은 2019년 3분기에 흑자 전환했다. 그런데 이전 분기인 2019년 2분기부터 영업

테슬라의 흑자 전환

■ **테슬라 분기 실적** (단위: 억 달러)

	19/1 분기	19/2 분기	19/3 분기	19/4 분기
매출액	45.4	63.5	63.0	73.8
영업 이익	-4.8	-0.5	2.6	3.5
영업 현금 흐름	-6.4	8.6	7.6	14.3

	20/1 분기	20/2 분기	20/3 분기
매출액	59.9	60.4	87.7
영업 이익	2.8	3.3	8.1
영업 현금 흐름	-4.4	9.6	24.0

출처: 키움증권 영웅문S 글로벌

현금흐름은 흑자 전환했었고 그 추세가 유지된 것으로 보인다.

당시 전기차 시장을 주도할 테슬라의 이익 실적은 시장에서 초미의 관심사였다. 스마트 투자자의 경우, 영업이익의 흑자 전환을 뒷받침할 수 있는 영업현금흐름의 흑자 전환이 지속되는 상황을 파악함으로써 이익 실적을 신뢰하고 투자했었다.

이처럼 장기 성장주의 주가 상승 원동력은 영업현금흐름의 성장에 있다. 물론 그 성장이 꺾이거나 주춤하면 주가도 그러하리라고 예상할 수 있다.

여기서 필자가 강조하고 싶은 것은 미국의 주식시장에서 거래되는 빅테크 주식 등과 같은 많은 기업의 실적을 볼 때, 영업현금흐름 지표는 무엇보다 신뢰도가 높기 때문에 참고하는 게 좋다는 점이다. 당신이 미국 주식을 거래할 때는 이익과 함께 영업현금흐름 추이를 같이 살펴보는 것을 강권한다.

◎ 분기 재무제표를 통해 왓칭을 해야 한다

주가의 장기 상승이 영업현금흐름과 맥을 같이 한다는 말은 우리에게 중요한 진실을 전달한다. 그 말에는 '우리는 호흡을 길고 차분히 가져야 한다'는 숨은 뜻이 서려 있다. 성급한 마음은 우리의 두 눈을 근시안으로 만들어 큰 흐름을 놓치게 하기 때문이다.

주식투자자들은 흔히 매일 같이 시시각각 변화하는 시세에 집착한다. 그러다 보면 주식 시세에 따라 일희일비하다가 이성을 잃고 결국 큰 손실을 보게 된다.

하지만 기업의 재무제표를 주기적으로 워칭하면서 한 발짝 멀리 떨어져서 차분히 관찰하게 되면, 기업의 미래와 실적이 자연스레 보인다. 성공적인 투자를 위해서는 당신만의 야성적인 충동도 필요하지만 냉정한 눈이 더욱 절실히 요구된다.

우리가 주식투자자로서 가장 좋은 호흡을 유지하는 방법은, 분기별로 발표되는 재무제표를 워칭하는 것이다. 쉽게 말해 '기업이 잘하고 있나 그렇지 않은가'를 분기별 재무제표를 통해 지켜봐야 한다는 소리다.

그러니 당신이 주주가 된다면 실시간 주가는 쓰레기통에 버리고, 주기적으로 분기별 재무제표를 점검하라. 당신이 주식을 매입한 알짜 기업은 절대 1분기 만에 망하지 않을 테니 시세에 대한 관심은 버려라.

4장

주식투자자라면
꼭 피해야 할
기업

네 가지 유형의
꼭 피해야 할 기업

우리가 기업에 대한 소문이나 뉴스 또는 남의 말만 믿고 주식투자를 한다면, 엄청난 대가를 치를 수 있다. 왜일까? 우리는 그 뉴스와 정보의 진위 여부를 잘 모르기 때문이다. 만약 그 뉴스와 정보를 믿고 주식을 샀는데 그게 진실이 아니라면, 나아가 누군가가 작업을 하기 위한 것이라면 어떻게 될까?

재무제표에는 기업의 실적뿐만 아니라 사실적 정보도 담겨 있다. 재무제표에 대한 경영자의 책임이 막중하기 때문에 만약 재무제표에 허위가 담겨 있다는 것이 밝혀지면 경영자는 처벌을 면하기 어렵다. 이처럼 기업에 대한 많은 실체적 정보가 바로 재무제표에 담겨 있다. 어떤 뉴스와 정보든 그 실체에 접근하기 위해서는 먼저 재무제표부터 확인해야 한다.

주식투자자는 잘못된 정보로 큰 손재를 당하지 않기 위해, 다음에 언급되는 네 가지 사항을 우선해 체크해야 한다.

첫째, 앞서 누차 강조했지만 영업현금흐름이다. 어떤 기업이 지속적으로 영업 적자를 보이다가 턴어라운드를 하는 경우 영업현금흐름을 살펴봐야 할 필요가 있다. 이러한 경우 뉴스 등을 통해 지속적으로 호재가 공급되기도 한다.

앞에서 언급했듯이, 코스피 기업도 마찬가지지만 코스닥 기업의 경우 4개년 연속해 영업 적자를 보이면 관리종목으로 지정되고, 5개년 연속 적자이면 상장 폐지를 당한다. 많은 기업이 영업 흑자를 달성하는 데 어려움을 겪고 있다. 그들은 계속되는 영업 적자를 탈피하기 위해 주기적으로 장부상의 흑자를 만들 수 있다. 이런 경우를 대비하기 위해서 반드시 영업현금흐름도 함께 호전되고 있는지를 봐야 한다. 만약 그렇지 않다면, 발표되는 뉴스나 입수한 최신 정보의 신뢰성을 의심해봐야 한다.

둘째, 매출 채권과 재고자산이다. 운전자본, 즉 매출 채권과 재고자산이 급증하는 경우다. 매출 채권은 급증해 외상 매출은 상승하는데 판매 대금 회수가 안 되고 있는 것이다. 물론 우량 기업들이야 산업 특성상 혹은 일시적 이유로 그러한 경우가 있지만, 영업이익이 부실한 기업에서 매출 채권이 급증한다면 매출 수치의 진위를 각별히 의심해야 한다.

특히 재고자산의 경우 일반 투자자가 이를 제대로 확인할 수 없기 때문에 정확한 정보를 인지하기가 어렵다. 물론 회사가 의도적으로 재고를 비축할 수도 있지만, 부실 기업의 경우 재고자산이 급증하면 회사의 물건이 시장에서 팔리지 않고 있다는 것으로 해석될 여지밖에 없다.

앞서 살펴본 것처럼, 재고자산이 급증하면 매출 원가는 급감하기 때문에 영업이익과 당기순이익은 자동적으로 급증한다는 사실을 상기해야 한다. 어쨌든 재고자산이 급증함으로써 이익이 좋아진 것이라면 이익 수치는 무조건 의심하라!

유상증자와 전환사채 등은 쉽게 악용된다

셋째, 주기적으로 유상증자를 감행하거나 전환사채 등을 발행하는 기업에는 일단 투자를 멈추어라. 부실 기업이 주기적으로 유상증자를 하는 이유는 자본 총계를 늘려 부채비율을 낮추거나 자본 잠식을 막기 위해서다. 그래야 관리종목 지정, 상장폐지 등 법적 규제를 피할 수 있기 때문이다.

이를 손쉽게 확인할 수 있는 방법은 자본 항목에서 자본잉여금이나 이익잉여금의 규모가 쪼그라들었는지를 보는 것이다. 항상 자본 잠식을 막는 정도로 유상증자를 할 테니 자본의 잉여금 항목이 최소 규모로 유지되고 있을 것이 분명하다.

한편 기업은 일반 사채를 발행하지 않고 왜 전환사채와 같은 특수

사채를 발행할까? 기업이 신규 상장되었거나 사업 초기에 연구 개발 등 많은 자금이 필요할 때 일반 사채를 발행하면 재무구조가 나빠지고 이자 부담에 발목이 잡힐 수 있다. 이때 요긴하게 사용될 수 있는 것이 전환사채 등 특수 사채다. 이는 나중에 언제든지 자본으로 전환될 수 있기 때문에 재무구조를 나쁘게 하지 않으면서, 통상 이자가 싸기 때문에 이자 부담도 적다.

이렇게 성장을 위해 자금이 필요한 경우는 문제가 안 되지만, 영업이 잘 안 되는 부실 기업의 경우에는 문제가 완전히 다르다. 즉 부실 기업의 경우에는 전환사채 등을 발행하지 않으면 회사가 종업원 월급조차 주지 못할 정도로 생존이 위태로울 수 있다. 이러한 경우 전환사채 등을 발행하는 방식으로 기업의 존립을 연명한다. 어쨌든 전환사채 여부는 매우 중요한 사항이니, 앞으로 좀 더 얘기해보도록 하자.

🔺 감사 보고서에서 확인해야 할 문구

마지막으로 감사 보고서 중에서 하나의 문구만 확인하자. 테마주든, (영업 상태가 좋지 않은) 호재성 뉴스가 따르는 기업의 주식이든, 관심 기업이라면 사업 보고서에 첨부된 감사 보고서를 무조건 확인해야 한다.

DART를 열어 최근 감사 보고서를 다운받은 후, 감사 보고서 중에 감사 의견이나 강조 사항 등을 확인해야 한다. 다음 예시를 보자.

㈜XXX사의 2019년 감사 보고서 중 '강조 사항'

> **강조 사항**
>
> 감사 의견에는 영향을 미치지 않는 사항으로서 이용자는 다음 사항들에 주의를 기울여야 할 필요가 있습니다.
>
> (1) '코로나바이러스감염증-19(COVID 19)'의 확산에 따른 재무적 영향
>
> 회사의 주석39에 기술되어 있는 바와 같이 2020년 초 '코로나바이러스감염증-19'의 확산 우려로 인한 국내 경기 침체 영향으로 회사의 매출 채권의 회수 가능성, 재고자산 및 유무형자산의 손상, 이연 법인세 자산의 실현 가능성 사업 등과 관련된 불확실성이 클 수 있습니다. 그러나 위에서 언급한 전반적으로 어려운 경제 상황이 회사의 재무 상태에 미칠 궁극적인 영향은 현재로서는 측정할 수 없으며 회사의 재무제표는 이로 인한 영향이 반영되지 아니하였습니다.
>
> **계속기업 관련 중요한 불확실성**
>
> 재무제표에 대한 주석42에 주의를 기울여야 할 필요가 있습니다. 재무제표에 대한 주석42은 2019년 12월 31일로 종료되는 보고 기간에 영업 손실 2,007백만 원 및 당기순손실 2,437백만 원이 발생하였고, 재무제표일 현재로 기업의 유동부채가 유동자산보다 9829백만 원 만큼 초과하며, 총부채가 총자산을 2130백만 원 만큼 더 많음을 나타내고 있습니다. 주석42에서 기술된 바와 같이, 이러한 사건이나 상황은 주석42에서 설명하고 있는 다른 사항과 더불어 계속기업으로서의 존속 능력에 유의적 의문을 제기할 만한 중요한 불확실성이 존재함을 나타냅니다. 우리의 의견은 이 사항으로부터 영향을 받지 아니합니다.

출처: XXX사의 2019년 사업 보고서에 첨부된 감사 보고서 중 일부

위의 예시를 보면, 강조 사항 중에서 '계속기업 관련 중요한 불확실성' 문구가 보일 것이다(박스 부분). 동사에 대한 감사 의견은 적정 의견이지만, 감사인이 재무제표 이용자에게 동사의 계속기업으로서의 존속 능력에 의문을 제기하고 있다.

어떤가? 이 기업에 굳이 투자를 해야 할까? 이런 기업이 상장된 기업 중에 꽤 많다. 아마 그 비율을 알면 놀랄 것이다. 감사 보고서를 열었는데 어딘가에 '계속기업 관련 중요한 불확실성'이라는 문구가 보인다면, 당장 도망가야 한다.

정례적 유상증자와 사채 발행은 위험하다

기업이 성장하기 위해서는 투자 자금이 필요하다. 영업적 성장을 목표로 대규모의 재원을 마련하기 위해 유상증자를 하기도 하고, 사채 발행을 하기도 한다. 그러나 당장의 운영 자금이 필요해서 혹은 임박한 이자 납입과 부채 원금을 지급할 자금이 모자란다는 이유로 유상증자나 사채 발행을 감행한다면 기업의 상황이 상당히 좋지 않다고 볼 수 있다.

어쨌든 유상증자와 사채 발행은 기업이 단행하는 커다란 사건으로 해석되며, 이는 주가에 지대한 영향을 미친다. 자본과 부채의 변동 사항 중 초미의 관심사가 바로 유상증자와 사채 발행이라고 해도 결코 과언이 아니다.

🔺 정례적 유상증자는 주가에 좋지 않다

기업의 자본 변동 사항 중 가장 중요한 항목이 바로 유상증자다. 대부분의 다른 자본 변동 사항은 자금이 유입되지 않으나, 유상증자는 기업 외부에서 자금이 유입된다.

기업이 유상증자를 하면 기존 주주나 제3자에게 때론 불특정 다수에게 주식을 배정하게 된다. 통상적으로 시가보다 할인되어 발행되므로 당장은 현재의 주가에 부정적인 영향을 미친다. 다만 시가보다 높게 할증 발행되는 경우는 주가에 긍정적인 영향을 미친다.

이렇게 유상증자 시 할인 발행하게 되면 단기적으로는 할인액만큼 주가에 부정적이지만, 장기적으로 보면 유상증자를 실시하는 사유가 주가 변동에 결정적인 영향을 미치게 된다.

기업이 유상증자를 하는 이유는 크게 두 가지로 요약할 수 있다. 첫째는 성장 기업이 유상증자를 하는 긍정적 사유로, 매출이나 영업 확대를 위한 설비 증설, 각종 영업 인프라 확대 및 연구 개발 투자 등 유형이나 무형의 자산에 대규모 투자가 필요한 경우다.

둘째는 부실 기업이 유상증자를 하는 부정적 사유로, 자본 총계를 늘려 부채비율을 낮추거나 자본 잠식을 막기 위해서다. 부실 기업이 재무구조를 개선하거나 관리종목 지정, 상장폐지 등 법적 규제를 피하기 위해서 유상증자를 하는 것이다.

성장 기업이 대규모 투자 자금이 필요해 유상증자를 하게 되면, 주로 시장성 있는 신사업 성장을 위해 자금을 투자하는 것이므로 기업의 역량에 따라 장기적으로 기업의 가치에 긍정적인 영향을 주게 마련이다. 그러나 단지 단기차입금이나 이자를 막기 위해, 부채비율을 낮추기 위해, 자본 잠식을 막기 위해 유상증자를 한다면 그건 실로 악재라고 볼 수 있다. 그것도 정례적인 유상증자를 통해서만 기업의 생명을 유지하고자 한다면 큰 문제다!

🔺 대규모 유상증자와 사채 발행의 이유를 알자

회사가 대규모 자금이 필요한 경우 유상증자와 같이 자본을 발행해 마련할 수도 있고, 사채 발행과 같은 다른 방법으로 자금을 조달할 수도 있다. 두 가지 방식은 각각의 이점이 있어 회사마다 유리한 방식에 따라 선택하게 된다.

사채 발행의 경우 일반 회사채를 발행할 수도 있고, 전환사채 옵션부사채를 발행할 수도 있다. 특정한 조건을 배제하면 일반 회사채보다 옵션부사채의 영향이 주가에 더 부정적이다.

마찬가지로 사채 발행도 성장 재원을 위해 이루어지고 있다면 단기적으로는 악재가 될 수 있어도 장기적으로 사업의 성장 여부에 따라 긍정적 영향을 줄 수 있다. 반면 당면한 단기차입금 상환이나 이자 지급을 위해 사채를 발행한다면 그건 매우 위험한 신호이다.

회사가 대규모 설비 투자 등을 감행하기 위해 재원이 필요한 경우라면, 자본에 의한 조달보다는 부채에 의한 조달을 우선적으로 검토한다. 왜냐하면 유상증자와 같은 자본에 의해 조달하는 방식은 주주에게 손을 빌리는 행위이므로 주주에게 큰 부담을 주는 것과 동시에 유통 물량이 증가해 수급에도 부정적이므로 당장의 주가에 부정적인 영향을 주기 때문이다.

특히 전환사채와 같은 옵션부사채에 대해서는 극히 주의해야 한다. 전환사채를 인수하는 투자자는 최소 채권 원금만큼 보장받으면서 주가 상승에 따른 이익도 함께 향유할 수 있다는 장점이 있다. 회사의 사정이 갑작스레 나빠지면 급전은 필요한데 일반 사채 발행은 어렵기 때문에, 전환사채 등을 인수할 투자자에게 일종의 특혜(?)를 주면서까지 발행하는 경우가 다반사다.

전환사채는 발행도 쉽고, 이자도 싸다. 영업 실적이 좋지 않아 사채 발행 자체를 할 수 없는 부실 기업은, 전환사채라도 발행하지 않으면 종업원 월급을 주지 못할 만큼 생존이 위태로운 것이다. 이와 같은 상황에서는 급한 불이라도 끄자는 심리에서 전환사채를 발행한다. 이처럼 전환사채 발행을 주기적으로 수행하면서 겨우 연명해 가는 기업을 소위 '전환사채 연명 기업'이라고 한다. 당신이 낙관적인 뉴스나 정보를 우연히 접해 전환사채 연명 기업에 덜컥 투자라도 하게 된다면 큰일이다.

최악의 상황은 작전 세력과 결탁한 경우다. 여기에는 복잡하고 정교한 기법이 동원되는데, 일반 투자자가 이러한 기법을 파악하기란 쉽지가 않다. 그러니 만약 어떤 기업이 주기적으로 전환사채를 발행하고 있다면 일단 도망가는 게 상책이다.

주가를 맞추려 하지 말고,
나의 운을 알자!

단지 운을 몰라서 투자에 실패했다면 그건 오로지 당신 잘못이다! '운이란 것은 없다'라고 애써 외면한다면, 운은 결코 당신의 편이 되어주지 않을 것이다.

운에 대해 크고 복잡하게 생각할 것이 없다. 운이란 것은 엄연히 존재하며, 이를 알기 위해 겸허히 노력하는 행위 자체만으로 운은 우리 가까이에 다가올 수 있다. 운을 알고자 노력하기 시작하는 순간, 운에 대해 경건한 마음이 피어난다. 놀랍게도 운을 경건히 대하는 마음이 나의 운을 읽을 수 있는 눈을 뜨게 해준다.

인간의 4,000년 역사가 알려주는 분명한 진실은, 운을 알고자 한 사람들은 마침내 운을 읽어낼 수 있었다는 것이다. 필연적으로 자신의 운을 알고자 노력했던 사람은 운을 추론할 수 있는 제대로 된 지식과 방법론에 접근할 수 있었다.

결국 사주명리를 통해 나의 운을 추론하다 보면, 이 학문의 논리성과 정교함에 대해 놀라게 마련이다. 뿐만 아니라 내가 살면서 숱하게 범했던 실수와 잘못들이 운의 무지에서 왔다는 깨달음을 얻게 된다.

이 책을 통해 필자는 사주명리가 미신이라는 오해를 불식시키고, 오히려 과학적이라는 사실을 밝혀냈다. 4,000년 전부터 발전해온 사주명리는 이미 현대의 천문학이 발견해낸 태양계의 행성과 그 운행의 법칙을 정확히 반영하고 있었던 것이다. 나아가 아직 밝혀져야할 사실이 남았지만, 3명의 노벨 물리학상 수상자들이 입증한 양자얽힘 이론과 분명 괘를 같이 하는 것도 사실이다. 어쨌든 사주명리는 많은 오해와 비판에도 인간의 오랜 역사와 함께 그 위상을 굳건히 유지해왔다는 사실이 현실 설명력을 반증하고 있다.

투자 실력이 아무리 뛰어나더라도 주가가 오르고 내릴지를 매번 정확히 예측하는 것은 불가능하다. 그런데도 많은 사람들은 이 불가능함을 인정하지 않고 '계란으로 바위 치기'를 하고 있다. 결국에는 바위가 깨지는 것이 아니라 죄 없는 계란만 작살나는 것임을 아무도 모르고 있다. 이들은 대개 운을 염두에 두지 않는 실정이다.

우리는 주가를 맞추려고 노력하기보다, 운을 알고 그에 맞는 시기에 주식투자를 하는 것이 인간으로서 할 수 있는 최선임을 받아들여야 한다. 그래서 사주명리를 통해 주식운을 본다는 것은 '내가 언제 주식을 매매하는 것이 좋은지' 그 시기를 알고자 하는 겸허한 노력에 해당한다고 볼 수 있다.

어쨌든 내가 전쟁터에 뛰어들어 이길 수 있는 가능성이 가장 높은 시기를 추론했다고 하자. 그 다음은 무엇일까? 그 이후는 주식시장이라는 전쟁터에 들어가서 실제 싸움을 해야만 한다. 이러한 싸움에 결국 이기기 위해서는 현재의 시장과 기업에 대해 알고 있어야 한다.

필자는 비단 운의 중요성뿐만 아니라, 인간을 이해하고 기업의 숫자를 알아야 한다는 점을 역설했다. 그래서 주식시장에 참여하는 인간의 집단감정 패턴을 알려주었던 것이다. 모든 것은 호모 사피엔스라는 인류종의 본성으로부터 나오는 필연적인 패턴일 뿐이며, 이러한 패턴을 읽을 수 있다면 시장의 요동에 대해서 그다지 놀랄 일은 없다는 것을 깨닫게 될 것이다. 그러니 시장과 함께 반응하기 전에 시장 내 집단감정을 유심히 관찰해야 한다.

뿐만 아니라 우리는 호모 사피엔스로서 숫자에 대해 무지하다. 우리가 투자하는 기업을 알고자 한다면, 그 기업의-우리가 그리도 외면하고 싶어하는-'숫자'부터 챙겨야 한다. 기업을 이해하는 출발점은 언제나 기업에 대한 숫자에 있어야 하며, 우리에게 필요한 모든 숫자는 재무제표에서 찾을 수 있다. 주식투자자라면 당장 진위를 알 수 없는 수많은 정보에 현혹되지 않고, 냉철하게 기업의 숫자부터 챙길 수 있어야 한다는 것이다.

지면이 한정되어 있어 필자는 주식투자자가 재무제표를 보는 요령에 대한 핵심만 간추려 명확하게 전달하고자 했다. 이것만으로도 여러분들에게 분명 큰 도움이 되었을 것이라고 확신한다.

당신은 결국 주식시장이라는 전쟁터에서 스스로 싸움을 해야 한다. 이순신 장군의 명량해전에 대한 이야기를 마지막으로 필자의 견해를 역설하며, 이 책을 갈무리하도록 하겠다.

"명량해전 당일, 오전 6시 30분경이었다. 물살은 북서 방향의 밀물로 변한다. 물살이 조선 쪽에 극히 불리했다. 11시경, 이순신 장군은 명량해협에서 일본군을 맞는다. 물살은 조선 쪽에 여전히 불리했다. 이순신 장군은 공격 대신 일본군의 접근을 막는 데 힘을 기울여야 했다.

때는 정오다. 조류가 빠르게 썰물로 바뀌며 상황이 조선에 유리해진다. 조선 군대는 물 흐르는 방향으로 자리 잡은 반면, 일본군은 역류에 갇히게 된다. 이순신 장군은 이 틈을 노려 낮 1~2시에 적극적으로 일본 함대를 공격한다. 그리도 막강했던 일본 함대 중 30여 척이 그야말로 삽시간에 침몰된다. 이 공격으로 전 일본 함대들이 후퇴하기 시작한다……"

(한국해양학회지 『바다』 2010년 11월호 일부 인용)

이순신 장군은 단 12척의 배로 330척의 왜적을 상대해야 했다. 그가 무너지면 조국의 앞길은 절벽이었기에 이길 수 없는 싸움에서도 반드시 이겨야만 했다!

이순신 장군은 조류가 아군에게 유리하게 작용하는 순간을 기다렸다. 조류가 그의 편이 되어주는 시기와 상황을 이용해 싸움에서 고지를 점하고자 했던 것이다. 그가 명장이 될 수 있었던 가장 큰 이유는 바로 다음과 같다.

그는 무엇보다 싸움이 가능한 때를 기다렸다! "시기를 선택해야 한다는 것!" 우리 모두 한 번쯤 고민해봐야 할 문제가 아닐까?

당신이 운을 통해 '주식 매매 시기'를 알고자 하며, 주식시장에 참여한 사람들의 요동치는 '집단감정'을 집요하게 관찰하고, 쳐다보기도 싫은 '기업 숫자'를 냉정히 파악할 수만 있다면, 단언컨대 당신은 오르는 주식을 잡을 수 있을 것이다.

참고문헌 ─────────

[사주명리(제3부)]

· 박재완, 『명리요강』, 역문관, 1974.
· 박주현, 『적천수 강의 1-3』, 동학사, 2002.
· 백영관, 『사주정설』, 명문당, 1983.
· 유백온, 무공 옮김, 『적천수』, 뮤위북, 2022.
· 위천리, 최기우 옮김, 『세운세법』, 역학출판사, 2007.
· 위천리, 최기우 옮김, 『팔자제요』, 케이디북스, 2005.
· 이석영, 『사주첩경 1-6』, 한국역학교육학원, 1994.
· 이선종, 『적천수천미 용신분석』, 장서원, 2002.
· 정경대, 『의명보감 1-5』, 의명, 2015.
· 정경대, 『의명학』, 이너북, 2011.
· 『궁통보감』, 중화민국 무릉출판사유한공사.
· 『명리약언』, 중화민국 무릉출판사유한공사.
· 『명리정종』, 중화민국 무릉출판사유한공사.
· 『신봉통고』, 중화민국 무릉출판사유한공사.
· 『연해자평』, 중화민국 무릉출판사유한공사.
· 『적천수』, 중화민국 무릉출판사유한공사.
· 『적천수보주』, 중화민국 무릉출판사유한공사.
· 『적천수징의』, 중화민국 무릉출판사유한공사.
· 『적천수천미』, 중화민국 무릉출판사유한공사.

[인류학, 진화심리학, 행동경제학(제4부)]

· 데이비드 버스, 『진화심리학』, 웅진지식하우스, 2012.
· 문개성, 『스포마니타스: 사피엔스가 걸어온 몸의 길』, 박영사, 2021.
· 유발하라리, 『사피엔스』, 김영사, 2011.
· 이지은, 『가볍게 꺼내 읽는 사피엔스』, 북스힐, 2020.
· 이한용, 『왜 호모사피엔스만 살아남았을까?』, 채륜서, 2020.
· 프랑수아 봉, 『슬기로운 사피엔스 생존기』, 풀빛, 2022.
· Diks, C. and R. van der Weide (2003), Heterogeneity as a natural source of randomness, Technical Report, CeNDEF working paper 03-05, University of Amsterdam. Tinbergen Institute Discussion Paper 2003-073/1.
· Glosten, L., R. Jagannathan, and D. Runkle (1993), The relationship between expected value and the volatility of the nominal excess return on stocks, Journal of Finance 48, pp. 1779-1801.
· Nofsinger, J. R. and R. W. Sias, 1999. Herding and feedback trading by institutional and individual investors, Journal of Finance 54,
· Isaac Marks, *The gift of fear: Survival signals that protect us from violence*, Dell Pub co., 1987,
· Park, B.-J. (2011), Asymmetric herding as a source of asymmetric return volatility, Journal of Banking and Finance 35, pp. 2657-2665.

[재무제표 (제5부)]

· 양대천, 『주식 초보자가 가장 알고 싶은 재무제표 최다질문 TOP 50』, 메이트북스, 2021.
· 양대천, 『재무제표를 알면 오르는 주식이 보인다』, 메이트북스, 2020.
· 양대천, 『재무제표를 꿰뚫어보는 법』, 메이트북스, 2019.

주식투자에 꼭 필요한 재무제표만 담았다.

주식 초보자가 가장 알고 싶은 재무제표 최다질문 TOP 52

양대천 지음 / 18,000원

이 책은 회계에 대한 기초지식이 전혀 없는 투자자들도 쉽게 이해할 수 있도록 재무제표를 초보자 눈높이에 맞춰 친절하게 설명하고 있다. 초보 투자자들에게는 웬만한 자료가 들어 있는 재무제표가 반드시 필요하다. 재무제표의 기초부터 네이버와 DART에서 제공하는 재무제표 사용법, 기업 실적 체크하는 법, 나쁜 기업을 피하는 법, 기업가치평가 방법 등 재무제표에 관한 여러 가지 궁금증들에 대해 명쾌하게 답한다.

재무제표도 모르고 주식투자할 뻔했다

재무제표를 알면 오르는 주식이 보인다

양대천 지음 / 18,500원

현재 회계학 전공 교수인 이 책의 저자는 현장에서의 오랜 경험을 바탕으로 실전경험과 이론을 접목시킬 수 있는 몇 안 되는 전문가로, 재무제표의 중요한 항목을 체크하고, 이를 알아보는 절차와 방법을 소개하고 있다. 불필요하게 지엽적인 것을 배제하고 오로지 주가와 직결되는 중요한 항목만을 담았기에 오르는 주식을 보는 안목을 키워줄 것이다.

'염블리' 염승환과 함께라면 주식이 쉽고 재미있다

주린이가 가장 알고 싶은 최다질문 TOP 77 ❷

염승환 지음 | 값 19,000원

주식 입문서 『주린이가 가장 알고 싶은 최다질문 TOP 77』의 후속편이 출간되었다. 1편에 다 담지 못했던 내용, 개인 투자자들의 질문이 가장 많았던 주제들을 위주로 담았다. 이 책의 저자는 주식투자는 결코 이론만으로 되는 것이 아니며, 투자자 개개인이 직접 경험을 쌓는 것이 중요하다고 강조한다. 이 책은 초보 주식투자자들에게 주식투자라는 성을 완성하는 데 필요한 디딤돌이 될 것이다.

'염블리'염승환과 함께라면 주식이 쉽고 재미있다

주린이가 가장 알고 싶은 최다질문 TOP 77

염승환 지음 | 값 18,000원

유튜브 방송 〈삼프로 TV〉에 출연해 주식시황과 투자정보를 친절하고 성실하게 전달하며 많은 주린이들에게 사랑을 받은 저자의 첫 단독 저서다. 20여 년간 주식시장에 있으면서 경험한 것을 바탕으로 주식투자자가 꼭 알아야 할 지식들만 알차게 담았다. 독자들에게 실질적으로 도움이 되고자 성실하고 정직하게 쓴 이 책을 통해 모든 주린이들은 수익률의 역사를 새로 쓰게 될 것이다.

김학주 교수가 들려주는 필승 투자 전략

주식투자는 설렘이다

김학주 지음 | 값 18,000원

우리는 왜 투자한 돈 이상으로 수익을 얻기 위한 주식투자에서 번번이 돈을 잃기만 하는 것일까? 여의도 최고의 애널리스트로서 펀드매니저부터 최고투자책임자에 이른 김학주 교수가 개인투자자들을 위한 투자전략서를 냈다. 최고의 애널리스트는 주식시장의 흐름을 과연 어떻게 읽는지, 그리고 어떤 철학과 방법으로 실전투자에 임하는지 이책을 통해 배운다면 당신도 이미 투자에 성공한 것이나 다름이 없을 것이다.

미래를 읽고 부의 기회를 잡아라

곽수종 박사의 경제대예측 2024-2028

곽수종 지음 | 값 19,000원

국내 최고 경제학자 곽수종 박사가 세계경제, 특히 미국과 중국 경제의 위기와 기회를 살펴봄으로써 한국경제의 미래를 예측하는 책을 냈다. 미국과 중국경제에 대한 중단기 전망을 토대로 한국경제의 2024~2028년 전망을 시나리오 분석을 통해 설명하고 있는이 책을 정독해보자. 세계경제가 당면한 현실과 큰 흐름을 살펴봄으로써 경제를 보는시각이 열리고, 한국경제가 살아남을 해법을 찾을 수 있을 것이다.

인플레이션 시대를 이겨내는 스마트한 투자법

AI도 모르는 부의 비밀

손병택(블랙) 지음 | 값 18,000원

돈 버는 투자에 힘을 실어주는 책이다. 수익을 극대화할 수 있는 투자하기 편한 환경은거시경제로 알 수 있다. 거시경제의 흐름에 기반해 투자 전략을 제시한 유튜브 '블랙,쉽게 배우는 재테크'의 운영자 손병택(블랙)이 인플레이션 시대의 투자에 대해 말한다.이 책은 위기와 기회가 모두 공존해 있는 이 상황에서 현재와 미래의 투자에 고민 중인사람들에게 성공적인 투자를 위한 투자전략을 제시한다.

나의 꿈 부자 할머니

박지수 지음 | 값 17,000원

안정된 부를 일구고 많은 사람들에게 선한 영향력을 끼치는 노년의 모습은 누구나 꿈꾸는 모습이다. 그런 노년을 위해 나는 지금 어떤 준비를 하고 있는가? 이 책은 평범한 워킹맘인 주인공 지윤이 이웃의 부자 할머니 정여사와 대화하며 경제를 보는 관점을 배우고 돈에 대한 개념을 새롭게 하며 성장해가는 경제소설이다. 부자 할머니가알려주는 실전 투자법과 철학을 체화한다면 미래의 나도 '부자 할머니'가 될 수 있을것이다.

돈의 흐름을 아는 사람이 승자다
다가올 미래, 부의 흐름

곽수종 지음 | 값 18,000원

국가, 기업, 개인은 늘 불확실성의 문제에 직면한다. 지금 우리가 직면한 코로나19 팬데믹과 러시아-우크라이나 전쟁 등은 분명한 '변화'의 방향을 보여주고 있다. 국제경제에 저명한 곽수종 박사는 이 책에서 현재 경제 상황을 날카롭게 진단한다. 이 책에서는 인플레이션 압력과 경기침체 사이의 끝을 가늠하기 어려운 경제위기 상황 속에서 이번 위기를 넘길 수 있는 현실적인 방안을 모색한다.

쉽게 읽히는 내 생애 첫 경제교과서
경제지식이 돈이다

토리텔러 지음 | 값 18,500원

이 책의 저자인 토리텔러는 초보 투자자들을 포함한 경제 초보자들이 가장 궁금해할 만한 경제 개념과 용어를 그들의 눈높이에 맞춰 쉽게 설명한다. 주식투자, 부동산, 세금, 미래 기술과 산업, 다양한 투자상품과 재테크를 위한 기초 테크닉 등 경제상식의 A부터 Z까지를 담았다. 알짜배기만을 담은 이 책 한 권이면 경제 문외한이라도 경제 흐름을 파악하고, 투자의 달콤한 수익도 맛볼 수 있을 것이다.

싸게 사서 비싸게 파는 최강의 실전 트레이딩 스킬
주식 멘토 김현구의 주식 잘 사고 잘 파는 법

김현구 지음 | 값 19,000원

'이데일리TV' '머니투데이' 등의 방송과 유튜브 '김현구 주챔TV'에서 초보투자자들의 코치로 이름을 떨친 주식 전문가 김현구의 첫 책이 출간되었다. 20년 넘게 투자자들의 아픔과 기쁨을 함께 느끼면서 진실한 주식 멘토로 자리매김해온 저자는 이 책에서 매매에 나선 개인투자자들이 알아두어야 할 주식의 기본원칙은 물론 시장파악, 종목발굴, 마인드 세팅 등 실전 매매기술과 관련된 모든 노하우를 공유한다.

황족의 한 권으로 끝내는 차트투자
오르는 주식을 사들이는 차트매매법

황족 지음 | 값 19,000원

진정성 있는 주식정보를 제공해 많은 주식 투자자들에게 사랑받는 황족의 두 번째 저서가 출간되었다. 이 책에서는 그동안 저자의 투자 승률을 높여준 60가지 차트매매 기술을 총정리했다. 반드시 알아야 할 주식투자 기초 지식, 주가 흐름의 분석 기준, 종목과 수급의 고찰, 매수·매도 타이밍 잡는 법, 멘탈 관리법 등을 담아낸 이 책을 통해 자신만의 투자법을 정립해나간다면 주식시장 상황이 어떠하든 살아남을 수 있을 것이다.

한국의 경제리더 곽수종 박사의 경제강의노트

혼돈의 시대, 경제의 미래

곽수종 지음 | 값 16,000원

코로나19 팬데믹으로 인해 어떤 개인과 기업들은 부자가 될 기회를 맞이한 반면, 누군가는 위기를 맞았다. 마찬가지로 국가도 무한경쟁 시대를 맞이하게 되었다. 이 책은 시대의 역동성을 이해하는 법과 대한민국이 앞으로 나아갈 길을 경제·인문학적으로 분석한 책이다. 글로벌 질서 전환의 시대에 대한민국의 현재 좌표는 물론 기업과 개개인이 나아가야 할 방향을 이해하며 경쟁력을 갖추는 데 이 책이 도움이 될 것이다.

넥스트 노멀 시대의 경제와 금융의 미래

앞으로 10년, 세상을 바꿀 거대한 변화 7가지

임동민 지음 | 값 16,000원

저자는 평소 세계 석학들과 투자 구루들의 어깨 위에 올라타 멀리 내다보는 노력을 꾸준히 해왔다. 그 결과물인 이 책은 미래 사회전망에 대한 근거를 설득력 있게 제시한다. 세계 주요국들의 정부 정책 변화 히스토리와 지금까지 진행된 경제 현상에 대한 세계 석학들의 분석 등을 총망라했다. 친절한 설명과 입체적인 분석을 통해 독자들은 책의 내용을 쉽게 이해하고, 자신만의 미래관을 세울 수 있을 것이다.

밀레니얼 주식투자 지침서

주식의 시대, 밀레니얼이 온다

한국경제신문 증권부 지음 | 값 17,000원

이 책은 특별히 개인투자자 중에서도 급부상하고 있는 밀레니얼 투자자들에 주목한다. 한국경제신문 증권부 기자들이 밀레니얼 세대의 성공적인 투자를 돕기 위해, 젊은 투자자들의 생생한 경험담과 노하우, 국내 전설적 투자자들의 조언, 증권업계의 실무 간부들이 들려주는 실천적 지침을 책에 담았다. 자산을 불리기 위한 장기 투자 레이스의 시작점에 선 밀레니얼이라면 반드시 명심해야 할 귀중한 메시지들이 가득한 책이다.

기술이 경제를 이끄는 시대의 투자법

테크노믹스 시대의 부의 지도

박상현·고태봉 지음 | 값 17,000원

테크노믹스란 기술이 경제를 이끄는 새로운 경제적 패러다임이다. 이 책은 사람들의 일상과 경제의 흐름을 완전히 바꿔놓은 코로나 팬데믹 현상을 계기로, 테크노믹스 시대를 전망하고 이를 투자적 관점으로 바라보는 내용을 담고 있다. 현 시대의 흐름을 하나의 경제적 변곡점으로 바라보며 최종적으로 미래의 부가 움직일 길목에 대해 진지하게 고민한 흔적이 담긴 이 책을 통해 투자에 대한 통찰력을 얻을 수 있을 것이다.

■ **독자 여러분의 소중한 원고를 기다립니다** ─────────────

메이트북스는 독자 여러분의 소중한 원고를 기다리고 있습니다. 집필을 끝냈거나 집필중인 원고가 있으신 분은 khg0109@hanmail.net으로 원고의 간단한 기획의도와 개요, 연락처 등과 함께 보내주시면 최대한 빨리 검토한 후에 연락드리겠습니다. 머뭇거리지 마시고 언제라도 메이트북스의 문을 두드리시면 반갑게 맞이하겠습니다.

■ **메이트북스 SNS는 보물창고입니다** ─────────────

메이트북스 홈페이지 matebooks.co.kr

홈페이지에 회원가입을 하시면 신속한 도서정보 및 출간도서에는 없는 미공개 원고를 보실 수 있습니다.

메이트북스 유튜브 bit.ly/2qXrcUb

활발하게 업로드되는 저자의 인터뷰, 책 소개 동영상을 통해 책에서는 접할 수 없었던 입체적인 정보들을 경험하실 수 있습니다.

메이트북스 블로그 blog.naver.com/1n1media

1분 전문가 칼럼, 화제의 책, 화제의 동영상 등 독자 여러분을 위해 다양한 콘텐츠를 매일 올리고 있습니다.

메이트북스 네이버 포스트 post.naver.com/1n1media

도서 내용을 재구성해 만든 블로그형, 카드뉴스형 포스트를 통해 유익하고 통찰력 있는 정보들을 경험하실 수 있습니다.

STEP 1. 네이버 검색창 옆의 카메라 모양 아이콘을 누르세요.   STEP 2. 스마트렌즈를 통해 각 QR코드를 스캔하시면 됩니다.
STEP 3. 팝업창을 누르시면 메이트북스의 SNS가 나옵니다.